CB057263

SIGMUND
FREUD
OBRAS COMPLETAS

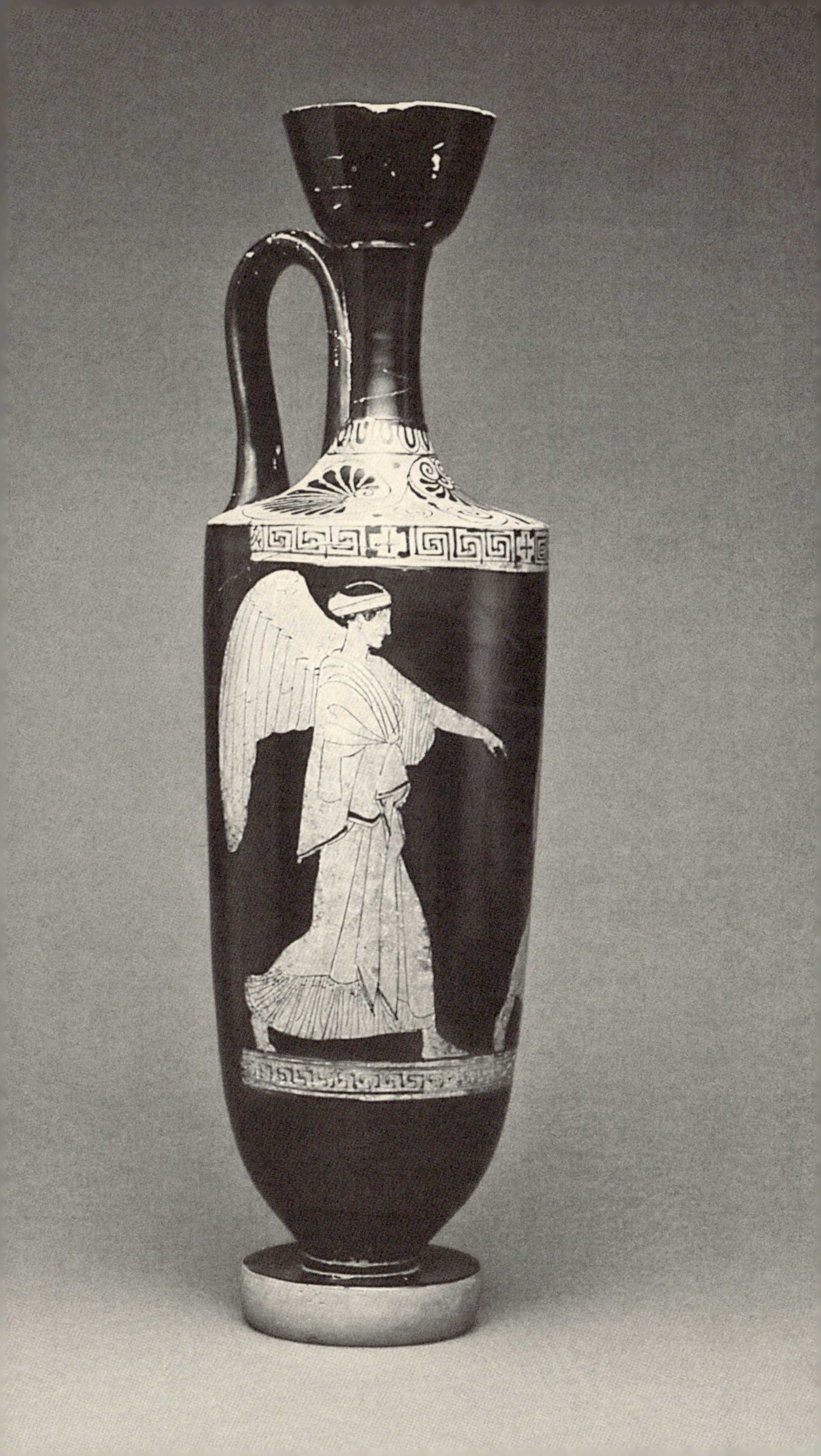

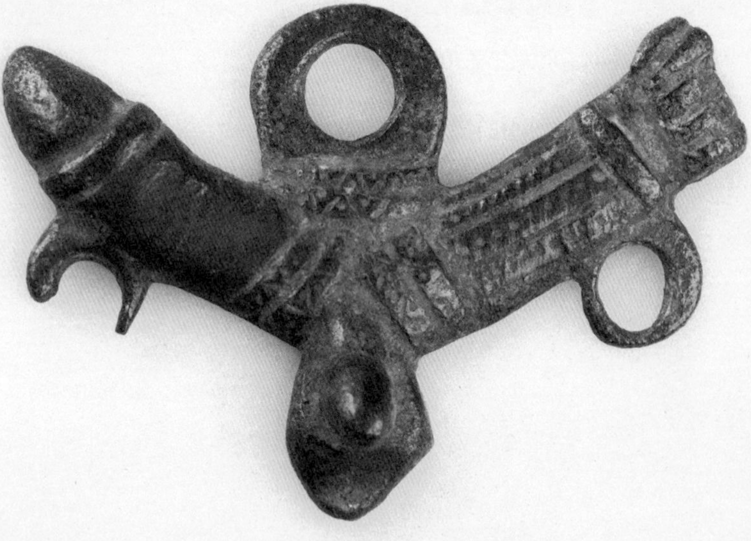

SIGMUND FREUD

OBRAS COMPLETAS VOLUME 2

ESTUDOS SOBRE A HISTERIA
(1893-1895)

EM COAUTORIA COM JOSEF BREUER

TRADUÇÃO LAURA BARRETO
REVISÃO DA TRADUÇÃO PAULO CÉSAR DE SOUZA

12ª reimpressão

COMPANHIA DAS LETRAS

Copyright da tradução © 2016 by Laura Barreto
Copyright da organização © 2016 by Paulo César Lima de Souza

Grafia atualizada segundo o Acordo Ortográfico da Língua Portuguesa de 1990, que entrou em vigor no Brasil em 2009.

Os textos deste volume foram traduzidos de *Gesammelte Werke*, volume I (Londres: Imago, 1952; edição sem os capítulos de Breuer) e da edição completa (Frankfurt: Fischer Taschenbuch, 1970).

Capa e projeto gráfico
warrakloureiro

Imagens das pp. 3 e 4, obras da coleção pessoal de Freud:
Jarro para óleo com a deusa Eos, Atenas, *c.* 450 a.C., 37,4 cm
Amuleto com falo, Roma, bronze, 5 × 8 × 1,7 cm
Freud Museum, Londres.

Preparação
Célia Euvaldo

Índice remissivo
Luciano Marchiori

Revisão
Huendel Viana
Ana Maria Barbosa

Dados Internacionais de Catalogação na Publicação (CIP)
(Câmara Brasileira do Livro, SP, Brasil)

Freud, Sigmund, 1856-1939.
    Obras completas, volume 2 : estudos sobre a histeria (1893-1895) em coautoria com Josef Breuer / Sigmund Freud; tradução Laura Barreto; revisão da tradução Paulo César de Souza — 1ª ed. — São Paulo: Companhia das Letras, 2016.

Título original: Gesammelte Werke
ISBN 978-85-359-2680-4

1. Freud, Sigmund, 1856-1939 2. Psicanálise 3. Psicologia 4. Psicoterapia I. Breuer, Josef, 1842-1925, II. Título.

16-00025   CDD-150.1952

Índice para catálogo sistemático:
1. Sigmund, Freud: Obras completas: Psicologia analítica   150.1952

Todos os direitos desta edição reservados à
EDITORA SCHWARCZ S.A.
Rua Bandeira Paulista, 702, cj. 32
04532-002 — São Paulo — SP
Telefone: (11) 3707-3500
www.companhiadasletras.com.br
www.blogdacompanhia.com.br
facebook.com/companhiadasletras
instagram.com/companhiadasletras
twitter.com/cialetras

SUMÁRIO

ESTA EDIÇÃO 9

ESTUDOS SOBRE A HISTERIA (1893-1895)

PREFÁCIO À PRIMEIRA EDIÇÃO 14
PREFÁCIO À SEGUNDA EDIÇÃO 16

I. SOBRE O MECANISMO PSÍQUICO DOS FENÔMENOS HISTÉRICOS 18

II. CASOS CLÍNICOS 39
1. SRTA. ANNA O. (BREUER) 40
2. SRA. EMMY VON N..., 40 ANOS, DA LIVÔNIA (FREUD) 75
3. MISS LUCY R., 30 ANOS (FREUD) 155
4. KATHARINA... (FREUD) 180
5. SRTA. ELISABETH VON R... (FREUD) 194

III. CONSIDERAÇÕES TEÓRICAS (BREUER) 261
1. TODOS OS FENÔMENOS HISTÉRICOS SÃO IDEOGÊNICOS? 263
2. A EXCITAÇÃO TÔNICA INTRACEREBRAL — OS AFETOS 272
3. A CONVERSÃO HISTÉRICA 287
4. ESTADOS HIPNOIDES 303
5. IDEIAS INCONSCIENTES E INSUSCETÍVEIS DE CONSCIÊNCIA — CISÃO DA PSIQUE 314
6. PREDISPOSIÇÃO ORIGINAL; DESENVOLVIMENTO DA HISTERIA 340

IV. A PSICOTERAPIA DA HISTERIA (FREUD) 358

ÍNDICE REMISSIVO 428

ESTA EDIÇÃO

Esta edição das obras completas de Sigmund Freud pretende ser a primeira, em língua portuguesa, traduzida do original alemão e organizada na sequência cronológica em que apareceram originalmente os textos.

A afirmação de que são obras completas pede um esclarecimento. Não se incluem os textos de neurologia, isto é, não psicanalíticos, anteriores à criação da psicanálise. Isso porque o próprio autor decidiu deixá-los de fora quando se fez a primeira edição completa de suas obras, nas décadas de 1920 e 30. No entanto, vários textos pré-psicanalíticos, já psicológicos, serão incluídos nos dois primeiros volumes. A coleção inteira será composta de vinte volumes, sendo dezenove de textos e um de índices e bibliografia.

A edição alemã que serviu de base para esta foi *Gesammelte Werke* [Obras completas], publicada em Londres entre 1940 e 1952. Agora pertence ao catálogo da editora Fischer, de Frankfurt, que também recolheu num grosso volume, intitulado *Nachtragsband* [Volume suplementar], inúmeros textos menores ou inéditos que haviam sido omitidos na edição londrina. Apenas alguns deles foram traduzidos para a presente edição, pois muitos são de caráter apenas circunstancial.

A ordem cronológica adotada pode sofrer pequenas alterações no interior de um volume. Os textos considerados mais importantes do período coberto pelo volume, cujos títulos aparecem na página de rosto, vêm em primeiro lugar. Em uma ou outra ocasião, são reunidos aqueles que tratam de um só tema, mas não foram publicados sucessivamente; é o caso dos artigos sobre a técnica psicanalítica, por exemplo. Por fim, os textos mais curtos são agrupados no final do volume.

Embora constituam a mais ampla reunião de textos de Freud, os dezessete volumes dos *Gesammelte Werke* foram sofrivelmente editados, talvez devido à penúria dos anos de guerra e de pós-guerra na Europa. Embora ordenados cronologicamente, não indicam sequer o ano da publicação de cada trabalho. O texto em si é geralmente confiável, mas sempre que possível foi cotejado com a *Studienausgabe* [Edição de estudos], publicada pela Fischer em 1969-75, da qual consultamos uma edição revista, lançada posteriormente. Trata-se de onze volumes organizados por temas (como a primeira coleção de obras de Freud), que não incluem vários textos secundários ou de conteúdo repetido, mas incorporam, traduzidas para o alemão, as apresentações e notas que o inglês James Strachey redigiu para a *Standard Edition* (Londres, Hogarth Press, 1955-66).

O objetivo da presente edição é oferecer os textos com o máximo de fidelidade ao original, sem interpretações de comentaristas e teóricos posteriores da psicanálise, que devem ser buscadas na imensa bibliografia sobre o tema. Informações sobre a gênese de cada obra também podem ser encontradas na literatura secundária. Para questionamentos de pontos específicos e do próprio conjunto da teoria freudiana, o leitor deve recorrer à literatura crítica de M. Macmillan, R. Wilcocks, F. Cioffi, E. Gellner e outros.

Após o título de cada texto há apenas a referência bibliográfica da primeira publicação, não a das edições subsequentes ou em outras línguas, que interessam tão somente a alguns especialistas. Entre parênteses se acha o ano da publicação original; havendo transcorrido mais de um ano entre a redação e a publicação, a data da redação aparece entre colchetes. As indicações bibliográficas do autor foram normalmente conservadas tais como ele as redigiu, isto é, não foram substituídas por edições mais recentes das obras citadas. Mas sempre é fornecido o ano da publicação, que, no caso de remissões do autor a seus próprios textos, permite que o leitor os localize sem maior dificuldade, tanto nesta como em outras edições das obras de Freud.

As notas do tradutor geralmente informam sobre os termos e passagens de versão problemática, para que o leitor tenha uma ideia mais precisa de seu significado e para justificar em alguma medida as soluções aqui adotadas. Nessas notas são reproduzidos os equivalentes achados em algumas versões estrangeiras dos textos, em línguas aparentadas ao português e ao alemão. Não utilizamos as duas versões das obras completas já aparecidas em português, das editoras Delta e Imago, pois não foram traduzidas do alemão, e sim do francês e do espanhol (a primeira) e do inglês (a segunda).

No tocante aos termos considerados técnicos, não existe a pretensão de impor as escolhas aqui feitas, como se fossem absolutas. Elas apenas pareceram as menos insatisfatórias para o tradutor, e os leitores e profissionais que empregam termos diferentes, conforme suas diferentes abordagens e percepções da psicanálise, devem sentir-se à vontade para conservar suas opções; que cada qual seja "feliz à sua maneira", como disse aquele famoso rei da Prússia, citado por Freud.

P.C.S.

ESTUDOS SOBRE A HISTERIA (1893-1895)

TÍTULO ORIGINAL: *STUDIEN ÜBER HYSTERIE*. PUBLICADO PRIMEIRAMENTE EM *NEUROLOGISCHES ZENTRALBLATT*, V. 12, N. 1 E 2, E *WIENER MEDIZINISCHE BLÄTTER*, V. 16, N. 3 E 4 (1893) E DEPOIS COMO VOLUME AUTÔNOMO, LEIPZIG E VIENA: DEUTICKE, 1895. TRADUZIDO DE *GESAMMELTE WERKE* I, PP. 77-312 (EDIÇÃO SEM OS CAPÍTULOS DE BREUER) E DA EDIÇÃO COMPLETA, FRANKFURT: FISCHER TASCHENBUCH, 1970. O ÚLTIMO CAPÍTULO TAMBÉM SE ACHA EM *STUDIENAUSGABE, ERGÄNZUNGSBAND* [VOLUME COMPLEMENTAR], PP. 49-97.

PREFÁCIO À PRIMEIRA EDIÇÃO

Em 1893, publicamos uma "Comunicação preliminar"[1] com nossas experiências relativas a um novo método de investigação e tratamento dos fenômenos histéricos, e nela incluímos, de maneira bastante sucinta, as concepções teóricas a que havíamos chegado. Essa "comunicação preliminar" é aqui reproduzida, como a tese que deverá ser ilustrada e demonstrada.

A ela acrescentamos agora uma série de observações clínicas que, lamentavelmente, não pudemos selecionar apenas por critérios científicos. Nossas experiências provêm da clínica particular numa classe social cultivada e afeita à leitura, e seu conteúdo diz respeito, de várias maneiras, à vida e ao destino mais íntimos de nossos doentes. Seria um grave abuso de confiança publicar informações desse tipo, com o risco de elas serem reconhecidas e de fatos que apenas ao médico foram confiados se difundirem no círculo social dos pacientes. Por isso tivemos de renunciar a observações bastante instrutivas e comprobatórias. Isto, naturalmente, concerne sobretudo àqueles casos em que os relacionamentos sexuais e conjugais têm importância etiológica. Daí vem o fato de só podermos apresentar de forma incompleta a prova para nossa concepção de que a sexualidade tem papel fundamental na patogênese da histeria, como fonte de traumas psíquicos e como motivo da "defesa",

---

1 "Sobre o mecanismo psíquico dos fenômenos histéricos". *Neurologisches Zentralblatt*, n. 1 e 2, 1893.

PREFÁCIO À PRIMEIRA EDIÇÃO

da repressão de ideias da consciência. Tivemos de excluir da publicação precisamente as observações de natureza marcadamente sexual.

Após as histórias clínicas há uma série de considerações teóricas, e num capítulo final sobre a terapêutica expomos a técnica do "método catártico", tal como se desenvolveu nas mãos do neurologista.

Se em algumas passagens sustentam-se opiniões diversas, até mesmo contraditórias, não se veja aí uma oscilação nas concepções. Isso provém das naturais e legítimas diferenças de opinião de dois observadores que concordam no tocante aos fatos e pontos de vista básicos, mas cujas interpretações e suposições nem sempre coincidem.

abril de 1895
J. Breuer, S. Freud

PREFÁCIO À SEGUNDA EDIÇÃO

O interesse que cada vez mais é dedicado à psicanálise parece agora se estender também aos *Estudos sobre a histeria*. O editor deseja uma nova edição do livro esgotado. Este é aqui publicado em reimpressão inalterada, embora as concepções e métodos expostos na primeira edição tenham experimentado um vasto e profundo desenvolvimento desde então. No que me toca, não me ocupei ativamente da matéria desde aquela época, não tenho participação em seu significativo desenvolvimento e não saberia acrescentar nada de novo àquilo apresentado em 1895. Assim, pude apenas desejar que minhas duas contribuições ao livro fossem reeditadas sem modificação.

Breuer

A reprodução inalterada do texto da primeira edição era a única decisão possível também no tocante à minha participação neste livro. O desenvolvimento e as transformações que minhas concepções experimentaram, no decorrer de treze anos de trabalho, são demasiado amplos para serem considerados em minha exposição daquela época sem lhe destruir completamente o caráter. Por outro lado, falta-me qualquer motivo para eliminar esse testemunho de minhas opiniões iniciais. Ainda hoje não as vejo como erros, mas como primeira, estimável aproximação a conhecimentos que apenas depois de longo e continuado esforço puderam ser mais plenamente alcançados. O leitor atento poderá descobrir, já neste livro, os germes de todos os ulteriores componentes da teoria da catarse (como o papel dos fatores psicossexuais e do infantilismo, o significado dos sonhos e da simbologia do inconsciente). E, para quem se interessa pelo desenvolvimento que levou da catarse à psicanálise, não posso dar conselho melhor do que iniciar com os *Estudos sobre a histeria*, fazendo assim o caminho que eu próprio percorri.

Viena, julho de 1908
Freud

I. SOBRE O MECANISMO PSÍQUICO DOS FENÔMENOS HISTÉRICOS

COMUNICAÇÃO PRELIMINAR[1]
(BREUER E FREUD)

---

[1] Trabalho publicado primeiramente no periódico *Neurologisches Zentralblatt*, 1893, Berlim.

I. SOBRE O MECANISMO PSÍQUICO DOS FENÔMENOS HISTÉRICOS

I

Movidos por uma observação casual, há alguns anos investigamos, nas mais diferentes formas e sintomas da histeria, o motivo, a ocorrência que suscitou pela primeira vez, frequentemente muitos anos atrás, o fenômeno em questão. Na grande maioria dos casos não conseguimos determinar esse ponto de partida pelo simples exame do doente, mesmo quando é bastante minucioso, em parte porque muitas vezes se trata de vivências cuja discussão é desagradável para os doentes, mas sobretudo porque eles realmente não se lembram, e muitas vezes não fazem ideia da conexão causal entre o evento desencadeador e o fenômeno patológico. Geralmente é necessário hipnotizar os doentes e despertar, durante a hipnose, as lembranças do tempo em que o sintoma apareceu pela primeira vez; então conseguimos expor de modo mais nítido e convincente aquela conexão.

Esse método de investigação nos propiciou, em grande número de casos, resultados que parecem valiosos tanto no aspecto teórico quanto no prático.

No aspecto *teórico*, porque nos provaram que o fator acidental é determinante para a patologia da histeria num grau que vai muito além daquele conhecido e reconhecido. É evidente que na histeria *"traumática"* foi o acidente que provocou a síndrome, e a relação causal é igualmente visível nos ataques histéricos, quando as manifestações dos doentes permitem depreender que em cada acesso eles tornam a alucinar o mesmo evento que provocou o primeiro ataque. Já nos outros fenômenos é mais obscura a situação.

Nossas experiências nos mostraram, no entanto, que *os mais diferentes sintomas — tidos como produtos espontâneos, por assim dizer idiopáticos, da histeria — acham-se tão forçosamente ligados ao trauma ocasionador quanto os fenômenos acima mencionados, transparentes nesse ponto.* Pudemos fazer remontar a esses fatores ocasionadores nevralgias e anestesias dos mais diversos gêneros e que frequentemente duraram anos, contraturas e paralisias, ataques histéricos e convulsões epileptoides que todos os observadores haviam tomado por verdadeiras epilepsias, *petit mal** e afecções da natureza de tiques, vômito contínuo e anorexia que chegava à recusa de alimento, os mais variados distúrbios da visão, alucinações visuais sempre recorrentes etc. A discrepância entre o sintoma histérico persistente por anos e o motivo único é a mesma que estamos habituados a ver regularmente na neurose traumática; com muita frequência são acontecimentos da infância que produziram um fenômeno patológico de maior ou menor gravidade, por todos os anos subsequentes.

Muitas vezes a conexão é tão clara que fica evidente a razão pela qual o incidente motivador gerou esse fenômeno e não outro. Esse foi, de maneira totalmente clara, determinado pelo motivo precipitador. Tomemos o exemplo, bastante banal, de um afeto doloroso que

---

* "*Petit mal*" (literalmente, "pequeno mal"): forma mais branda de ataque epiléptico, de curta duração e sem perda de consciência; diferencia-se do *grand mal*, a forma mais severa, caracterizada por convulsões. [As notas chamadas por asterisco e as interpolações às notas do autor, entre colchetes, são de autoria da tradutora. As notas do autor são sempre numeradas.]

surge durante a refeição mas é reprimido, então provoca náusea e vômito, e este persiste durante vários meses como vômito histérico. Uma jovem, que vela em atormentada angústia o leito de um doente, cai em estado de obnubilação e tem uma terrível alucinação, enquanto seu braço direito, pendente sobre o encosto da poltrona, fica dormente: daí se desenvolve uma paresia desse braço, com contratura e anestesia. Ela quer rezar e não encontra palavras; finalmente consegue dizer uma prece infantil inglesa. Quando, mais tarde, desenvolve-se uma histeria grave e extremamente complicada, ela fala, escreve e compreende apenas inglês, e a língua materna lhe é incompreensível por um ano e meio. — Uma criança gravemente enferma adormece por fim; a mãe concentra toda sua força de vontade em se manter quieta e não despertá-la. Devido precisamente a essa intenção, ela produz ("contravontade histérica"!) um ruído estalante com a língua. Este se repete mais tarde, numa ocasião em que também quer se manter absolutamente quieta, e disso nasce um tique, que, na forma de estalido da língua, acompanha-a por muitos anos, sempre que fica agitada. — Um homem muito inteligente se encontra junto a seu irmão, quando este, sob narcose, tem a articulação anquilosada de seus quadris estendida. No instante em que ela cede, com um ruído, o homem sente em sua própria articulação dos quadris uma dor violenta, que persiste por quase um ano; etc. etc.

Em outros casos a conexão não é tão simples; existe apenas uma relação simbólica, por assim dizer, entre o motivo precipitador e o fenômeno patológico, como a que a pessoa sã forma no sonho, quando, por exemplo, uma nevralgia se associa a uma dor psíquica ou o vômito ao afeto de repugnância moral. Estudamos doentes que costumavam empregar de forma abundante essa simbolização. Em outros casos ainda, uma determinação desse gênero não é compreensível de imediato; entre eles se incluem precisamente os sintomas histéricos típicos, como hemianestesia e estreitamento do campo de visão, convulsões epileptiformes etc. Temos de reservar a exposição de nosso ponto de vista sobre esse grupo para a discussão mais pormenorizada da matéria.

Tais observações nos parecem demonstrar a analogia, quanto à patogênese, entre a histeria comum e a neurose traumática, e justificar uma extensão do conceito de "histeria traumática". Na neurose traumática não é o ferimento físico insignificante a causa efetiva da doença, mas o afeto de pavor, o *trauma psíquico*. De maneira análoga, para muitos, senão para a maioria dos sintomas histéricos, nossas investigações revelaram causas imediatas que devemos designar como traumas psíquicos. Toda vivência que suscita os penosos afetos de pavor, angústia, vergonha, dor psíquica, pode atuar como trauma psíquico; se isso de fato acontece depende, compreensivelmente, da sensibilidade da pessoa afetada (assim como de uma condição a ser mencionada mais tarde). Não raro se encontram na histeria comum, em vez de um único grande trauma, vários traumas parciais, causas agrupadas, que apenas se somando puderam manifestar efeito traumático, e que formam um conjunto por serem, em parte, componentes de uma única história

I. SOBRE O MECANISMO PSÍQUICO DOS FENÔMENOS HISTÉRICOS

de sofrimento. Em outros casos ainda, são circunstâncias aparentemente indiferentes em si mesmas que, por coincidirem com o evento realmente eficaz ou com um momento de especial excitabilidade, adquiriram uma dignidade como traumas que habitualmente não se esperaria delas, mas que conservam a partir de então.

Mas o nexo causal entre o trauma psíquico motivador e o fenômeno histérico não é tal que o trauma, como *agent provocateur* [agente provocador], desencadeasse o sintoma, que então, tornado independente, permaneceria. Devemos antes afirmar que o trauma psíquico ou, mais precisamente, a lembrança do mesmo age como um corpo estranho que ainda muito depois de sua penetração deve ser considerado um agente atuante no presente, e vemos a prova disso num fenômeno extremamente curioso, que, ao mesmo tempo, confere um notável interesse *prático* a nossas descobertas.

Pois vimos, para nossa grande surpresa inicial, *que cada sintoma histérico desaparecia de imediato e sem retorno, quando conseguíamos despertar com toda clareza a lembrança do acontecimento motivador, assim avivando igualmente o afeto que o acompanha, e quando, em seguida, o doente descrevia o episódio da maneira mais detalhada possível, pondo o afeto em palavras*. Recordar sem afeto é quase sempre ineficaz; o processo psíquico que ocorreu originalmente deve ser repetido da maneira mais viva possível, levado ao *status nascendi* e então "expresso". Nisso, quando se trata de fenômenos envolvendo estímulos, eles (espasmos, nevralgias, alucinações) reaparecem uma vez mais com toda a intensidade e depois desaparecem para sempre. Falhas funcionais, como paralisias e anestesias, desaparecem do mesmo modo, naturalmente sem que sua intensificação momentânea seja nítida.[2]

Pode aparecer a suspeita de que se trata de uma sugestão não intencional; o doente esperaria livrar-se de seu sofrimento pelo procedimento, e essa expectativa, não o expressar mesmo, seria o fator atuante. Contudo, não é assim: a primeira observação dessa espécie, em que um caso extremamente complexo de histeria foi analisado dessa maneira e os sintomas causados separadamente também foram separadamente removidos, provém do ano de 1881, ou seja, de um tempo "pré-sugestivo"; foi possibilitada por auto-hipnose espontânea da doente e suscitou no observador a máxima surpresa.

---

2 A possibilidade de uma terapia assim foi claramente reconhecida por Delbœuf e Binet, como mostram as seguintes citações: Delbœuf, *Le Magnétisme animal*, Paris, 1889: "*On s'expliquerait dès-lors comment le magnétiseur aide à la guérison. Il remet le sujet dans l'état où le mal s'est manifesté et combat par la parole le même mal, mais renaissant*" [Poderíamos explicar agora como o magnetizador promove a cura. Ele recoloca o sujeito no estado em que o mal se manifestou e combate pela palavra o mesmo mal, mas no instante em que ele renasce]. — Binet, *Les Altérations de la personnalité*, 1892, p. 243: "[...] *peut-être verra-t-on qu'en reportant le malade par un artifice mental, au moment même où le symptôme a apparu pour la première fois, on rend ce malade plus docile à une suggestion curative*" [(...) veremos talvez que, usando um artifício mental para levar o doente de volta ao momento em que o sintoma apareceu pela primeira vez, tornamo-lo mais dócil a uma sugestão curativa]. — No interessante livro de P. Janet: *L'Automatisme psychologique*, Paris, 1889, encontra-se a descrição da cura de uma garota histérica, obtida com um procedimento semelhante ao nosso.

I. SOBRE O MECANISMO PSÍQUICO DOS FENÔMENOS HISTÉRICOS

Numa inversão da sentença "*cessante causa cessat effectus*" [cessando a causa, cessa o efeito], bem poderíamos deduzir dessas observações que o acontecimento motivador continua a atuar de alguma forma anos depois, não indiretamente, pela mediação de uma corrente de elos causais interligados, mas imediatamente, como causa precipitadora, mais ou menos como uma dor psíquica lembrada em consciência desperta ainda provoca lágrimas tempos depois: *o histérico sofre sobretudo de reminiscências.*[3]

II

Parece espantoso, a princípio, que vivências há muito tempo ocorridas possam agir tão intensamente; que as lembranças delas não se sujeitem ao desgaste a que vemos sucumbirem todas as nossas lembranças. Talvez as seguintes considerações nos permitam alcançar alguma compreensão desses fatos.

O empalidecimento ou a perda de afeto de uma lembrança depende de vários fatores. O que importa, sobretudo, é se ocorreu ou não uma reação enérgica ao evento afetador. Entendemos aqui por reação toda a série de reflexos voluntários e involuntários em que, como

---

[3] Não podemos separar, no texto dessa comunicação preliminar, o que em seu conteúdo é novo e o que se acha em outros autores como Moebius e Strümpell, que defenderam opiniões semelhantes sobre a histeria. A maior proximidade com nossas explanações teóricas e terapêuticas encontramos em algumas observações de Benedikt publicadas ocasionalmente, das quais nos ocuparemos em outro lugar.

se sabe pela experiência, os afetos se descarregam: do choro até o ato de vingança. Quando essa reação ocorre em grau suficiente, faz desaparecer uma grande parte do afeto; nossa linguagem dá testemunho desse fato, que é de observação cotidiana, em expressões como "desafogar a raiva" [*sich austoben*], "desafogar o choro" [*sich ausweinen*] etc. Se a reação é suprimida, o afeto permanece ligado à lembrança. Uma ofensa que é revidada, ainda que apenas com palavras, é lembrada diversamente de uma que se teve que aguentar. A linguagem também reconhece essa diferença nas consequências psíquicas e físicas e, de modo bastante característico, designa como "agravo"* precisamente o sofrimento suportado em silêncio. — A reação do lesado ao trauma só tem efeito inteiramente "catártico" quando é adequada, como a vingança. Mas o ser humano encontra na linguagem um sucedâneo para a ação, com o auxílio do qual o afeto pode ser "*ab-reagido*" quase do mesmo modo. Em outros casos, a própria fala é o reflexo adequado, como queixa e como enunciação de um segredo que atormenta (confissão!). Quando não ocorre semelhante reação por atos, palavras e, em casos mais leves, pelo choro, a lembrança do episódio conserva, a princípio, o realce afetivo.

---

* No original, *Kränkung*, que significa "ofensa, injúria, humilhação, afronta, mortificação" e, no presente contexto, "adoecimento"; substantivo de mesma raiz etimológica que *Kranke* (doente) e *Krankheit* (doença). "Agravo", opção adotada para traduzi-lo, guarda a significação de *Kränkung* como ofensa, injúria etc., significando igualmente o agravamento, a exacerbação de uma doença.

I. SOBRE O MECANISMO PSÍQUICO DOS FENÔMENOS HISTÉRICOS

A "ab-reação" não é, porém, a única forma de lidar com o trauma psíquico que se acha à disposição do mecanismo psíquico normal da pessoa sadia. A lembrança dele, mesmo quando não foi ab-reagida, entra no grande complexo da associação, ocupa um lugar ao lado de outras vivências que talvez a contradigam, sofre uma correção por outras ideias.* Depois de um acidente, por exemplo, associa-se à lembrança do perigo e à repetição (atenuada) do pavor a lembrança do que ocorreu em seguida, o salvamento, a consciência da segurança atual. A lembrança de um agravo é corrigida pelo estabelecimento correto dos fatos, por ponderações sobre a própria dignidade etc., e assim, por meio de operações associativas, a pessoa normal consegue fazer desaparecer o afeto concomitante.

A isso vem juntar-se aquele esvanecer geral das impressões, aquele empalidecer das lembranças a que chamamos "esquecer", que desgasta sobretudo as ideias não mais eficazes afetivamente.

De nossas observações resulta, pois, que aquelas lembranças que se tornaram motivo precipitador de fenômenos histéricos conservaram-se por longo tempo em admirável frescor e com todo o seu realce de afeto. Mas devemos mencionar, como outro fato notável e que mais tarde aproveitaremos, que os doentes não dispõem dessas lembranças como de outras de sua vida. Pelo contrário, essas vivências faltam por completo na

---

* "Ideias": *Vorstellungen*, que também pode ser traduzido por "representações".

memória dos doentes em seu estado psíquico habitual ou lá estão presentes apenas de forma bastante sumária. Somente quando são eles interrogados na hipnose essas lembranças aparecem com a vividez intocada de acontecimentos frescos.

Assim, ao longo de seis meses uma de nossas doentes reproduziu na hipnose, com alucinatória vividez, tudo o que a havia excitado no mesmo dia do ano anterior (durante uma histeria aguda); um diário de sua mãe, de cuja existência não tinha conhecimento, atestou a exatidão impecável da reprodução. Outra doente reviveu com nitidez alucinatória, parte em hipnose, parte em ataques espontâneos, todos os episódios de uma psicose histérica sofrida dez anos antes e da qual não tinha recordação, em sua maior parte, até o instante de seu reaparecimento. Também certas lembranças etiologicamente importantes, de quinze a 25 anos de existência, revelaram-se nela de espantosa integridade e intensidade sensorial e atuaram, em seu retorno, com toda a força afetiva de novas experiências.

A razão para isso deve estar no fato de que essas lembranças constituem uma exceção no que diz respeito ao desgaste, em todos os aspectos acima discutidos. Evidencia-se, com efeito, que essas lembranças *correspondem a traumas que não foram suficientemente "ab-reagidos"*, e, examinando mais de perto as razões que impediram isso, podemos encontrar pelo menos duas séries de condições sob as quais a reação ao trauma não ocorreu.

No primeiro grupo estão aqueles casos em que os doentes não reagiram a traumas psíquicos porque a na-

I. SOBRE O MECANISMO PSÍQUICO DOS FENÔMENOS HISTÉRICOS

tureza do trauma excluía uma reação, como na perda de uma pessoa amada que parece insubstituível, ou porque as circunstâncias sociais tornavam impossível uma reação ou porque se tratava de coisas que o doente queria esquecer e por isso intencionalmente reprimiu,* inibiu e suprimiu de seu pensamento consciente. Precisamente essas coisas penosas encontramos depois na hipnose como fundamento de fenômenos histéricos (delírios histéricos dos santos e freiras, das mulheres abstinentes, das crianças bem-educadas).

A segunda série de condições é determinada não pelo conteúdo das lembranças, mas pelos estados psíquicos em que se achava o doente quando se deram as vivências em questão. Pois na hipnose também encontramos, como motivo precipitador de sintomas histéricos, ideias que, embora não significativas em si, devem sua manutenção à circunstância de haverem surgido sob graves afetos paralisantes, como o pavor, por exemplo, ou em estados psíquicos anormais, como no semi-hipnótico estado de obnubilação do sonhar acordado, em auto-hipnoses e similares. Nesses, é a natureza desses estados que torna impossível uma reação ao evento.

Ambas as condições podem naturalmente coincidir e, de fato, coincidem. Esse é o caso quando um trauma eficaz em si sobrevém num estado de afeto grave, pa-

---

* Segundo James Strachey, essa é a primeira vez que surge num texto de Freud o verbo "reprimir" (*verdrängen*, que também é possível traduzir por "recalcar"). A mesma observação se aplica aos termos "catarse" e "ab-reação", alguns parágrafos acima.

ralisante, ou de consciência alterada; mas também parece ocorrer que em muitas pessoas o trauma psíquico provoca um daqueles estados anormais, o qual, por sua vez, impossibilita a reação.

É comum aos dois grupos de condições, porém, que os traumas psíquicos não resolvidos por meio de reação também não o possam ser por elaboração associativa. No primeiro grupo é o propósito do doente que quer esquecer as vivências penosas e as exclui da associação tanto quanto possível; no segundo grupo este processamento associativo fracassa porque não existe abundante vínculo associativo entre o estado de consciência normal e os patológicos, em que surgiram essas ideias. Logo teremos ocasião de examinar mais detidamente essa questão.

Pode-se dizer, portanto, que as ideias que se tornaram patogênicas conservam-se tão frescas e vigorosamente afetivas porque o desgaste normal pela ab-reação e pela reprodução em estados de desimpedida associação lhes é negado.

III

Quando comunicamos as condições que, segundo nossa experiência, são decisivas para que fenômenos histéricos se desenvolvam de traumas psíquicos, já então tivemos que falar de estados anormais da consciência em que surgem essas ideias patogênicas, e salientar o fato de que a lembrança do trauma psíquico atuante não se acha na memória normal do doente e sim na memória do hipnotizado. Quanto mais nos ocupávamos desses fenômenos,

I. SOBRE O MECANISMO PSÍQUICO DOS FENÔMENOS HISTÉRICOS

mais segura tornava-se nossa convicção de que aquela *cisão da consciência*, que nos casos clássicos conhecidos é tão evidente na forma de *double conscience, existe de maneira rudimentar em toda histeria, e que a tendência a essa dissociação e, com isso, ao aparecimento de estados anormais da consciência, que reuniremos sob a denominação de "hipnoides", é o fenômeno fundamental dessa neurose*. Coincidimos nessa opinião com Binet e os dois Janet [Pierre e Jules], embora nos falte experiência a respeito das surpreendentes descobertas que fizeram com pacientes anestésicos.

Gostaríamos, então, de pôr ao lado da afirmação frequentemente feita — "A hipnose é uma histeria artificial" — esta outra: o fundamento e condição da histeria é a existência de estados hipnoides. Em toda a sua diversidade, esses estados hipnoides têm entre si e com a hipnose um ponto em comum: as ideias que neles surgem são muito intensas, mas fechadas ao tráfego associativo com o resto do conteúdo da consciência. Esses estados hipnoides são associáveis entre si, e seu conteúdo ideativo pode, por essa via, alcançar graus distintos de organização psíquica. De resto, a natureza desses estados e o grau de seu isolamento do restante dos processos da consciência poderia variar de modo semelhante ao que vemos na hipnose, que se estende da leve sonolência ao sonambulismo, da total lembrança à amnésia absoluta.

Se esses estados hipnoides já existem antes da doença manifesta, eles fornecem o solo sobre o qual o afeto instala a lembrança patogênica, com suas consequências somáticas. Esse comportamento corresponde à histeria por predisposição. Mas nossas observações mostram que um trauma severo (como o da neurose traumática), uma supressão trabalhosa (por exemplo, do afeto sexual), podem efetuar uma dissociação de grupos de ideias mesmo em pessoas não predispostas, e este seria o mecanismo da histeria psiquicamente adquirida. Entre os extremos dessas duas formas deve-se admitir uma série de casos em que a facilidade para a dissociação no indivíduo em questão e a magnitude afetiva do trauma variam em sentido inverso.

Nada temos de novo a dizer sobre a origem dos estados hipnoides predisponentes. Acreditamos que muitas vezes se desenvolvem a partir dos devaneios ou "sonhos diurnos", tão frequentes mesmo em pessoas sadias, e para os quais os trabalhos manuais femininos, por exemplo, oferecem tanta ocasião. A questão de por que as "associações patológicas" formadas em tais estados são tão firmes e influenciam os processos somáticos com intensidade tão maior do que habitualmente fazem as ideias coincide com o problema da eficácia de sugestões hipnóticas em geral. Nossas observações nada trazem de novo acerca disso; por outro lado, lançam alguma luz sobre a contradição que existe entre a asserção de que "a histeria é uma psicose" e o fato de que podemos encontrar, entre os histéricos, pessoas de excepcional clareza de espírito, da mais forte vontade, de grande caráter e inteligência crítica. Nesses casos, tal caracterização é correta para seu pensamento em estado de vigília; em seus estados hipnoides são pessoas alienadas, como somos todos nós nos sonhos. Contudo, enquanto nossas psicoses oníricas não influenciam nosso estado de vigília, os produtos dos estados hipnoides irrompem como fenômenos histéricos na vida desperta.

IV

Podemos repetir para os ataques histéricos quase as mesmas afirmações que fizemos sobre os sintomas histéricos duradouros. Temos, como se sabe, uma descrição esquemática do "grande" ataque histérico, feita por Charcot, segundo a qual se distinguem quatro fases num ataque completo: 1) a epileptoide; 2) a dos grandes movimentos; 3) a das *attitudes passionelles* [atitudes passionais] (a fase alucinatória); 4) a do delírio final. Charcot deriva todas aquelas formas do ataque histérico, que verdadeiramente são observadas com mais frequência que o *grande attaque* completo, da abreviação e do prolongamento, da ausência e do isolamento das fases individuais.

Nossa tentativa de explicação se liga à terceira fase, a das *attitudes passionelles*. Quando ela é pronunciada, há a reprodução alucinatória de uma lembrança que foi significativa para a irrupção da histeria, a lembrança do único grande trauma da chamada histeria traumática κατ' ἐξοχήν [por excelência] ou de uma série de traumas parciais correlatos, como os que estão na base da histeria comum. Ou, por fim, o ataque traz de volta aqueles acontecimentos que, por haverem coincidido com um momento de particular predisposição, foram elevados a traumas.

Entretanto, há também ataques que aparentemente consistem apenas em fenômenos motores e aos quais falta uma *phase passionelle*. Se, em semelhante ataque de convulsões gerais ou de rigidez cataléptica, ou num *attaque de sommeil* [ataque de sono], conseguimos estabelecer um *rapport* com o doente, ou, melhor ainda, conseguimos provocar o ataque durante a hipnose, descobrimos que também aqui subjaz a lembrança do trauma psíquico ou de uma série de traumas, que habitualmente se torna conspícua numa fase alucinatória. Uma garotinha sofre há anos de ataques de convulsões generalizadas que se poderia tomar por epilépticos, como de fato ocorreu. A fim de estabelecer o diagnóstico diferencial, ela é hipnotizada e sofre imediatamente um de seus ataques. À pergunta: "O que vê agora, então?", ela responde: "O cão, o cão vem chegando..."; e, com efeito, verifica-se que o primeiro ataque desse tipo acontecera depois de ela ser perseguida por um cão selvagem. O êxito da terapia completa, em seguida, a decisão diagnóstica.

Um empregado, que se tornou histérico em consequência de maus-tratos por parte de seu chefe, sofre de ataques em que se desmantela no chão, esbraveja e se enfurece, sem dizer uma palavra ou demonstrar alguma alucinação. É possível provocar o ataque na hipnose, e o doente revela então que revive a cena em que o senhor o insulta na rua e o golpeia com uma bengala. Poucos dias depois, ele retorna com a queixa de que tivera de novo o mesmo ataque, e dessa vez se verifica, durante a hipnose, que ele reviveu a cena à qual verdadeiramente se associava a irrupção da doença; a cena na sala do tribunal, quando não conseguiu obter reparação pelos maus-tratos etc.

I. SOBRE O MECANISMO PSÍQUICO DOS FENÔMENOS HISTÉRICOS

As lembranças que aparecem nos ataques histéricos ou que neles podem ser despertadas também correspondem, em todos os demais aspectos, às ocasiões que distinguimos como fundamentos de sintomas histéricos duradouros. Como estas, dizem respeito a traumas psíquicos que escaparam à liquidação por ab-reação ou por trabalho mental associativo; como estas, acham-se totalmente, ou em seus componentes essenciais, fora do alcance da memória da consciência normal, e mostram pertencer ao conteúdo ideativo de estados de consciência hipnoides com associação restrita. Por fim, elas também permitem a prova terapêutica. Nossas observações nos ensinaram com frequência que uma lembrança tal, que até então provocou ataques, torna-se incapaz de fazê-lo quando na hipnose a levamos à reação e à correção associativa.

Os fenômenos motores do ataque histérico podem ser interpretados, em parte, como formas gerais de reação do afeto que acompanha a lembrança (como o agitar de braços e pernas, de que já se serve o bebê); e, em parte, como movimentos diretos de expressão dessa lembrança. Por outro lado, assim como os estigmas histéricos nos sintomas duradouros, também podem furtar-se a essa explicação.

Obtemos uma apreciação particular do ataque histérico se consideramos a teoria há pouco indicada, de que na histeria estão presentes grupos de ideias originados em estados hipnoides que, excluídos do trânsito associativo com os demais, porém associáveis entre si, constituem um rudimento mais ou menos altamente organizado de uma segunda consciência, de uma *con-*

dition seconde. Assim, um sintoma histérico duradouro corresponde a uma penetração desse segundo estado na inervação corporal habitualmente dominada pela consciência normal. Mas um ataque histérico é evidência de uma organização superior desse segundo estado e indica, quando acaba de surgir, um momento em que essa consciência hipnoide apoderou-se de toda a existência, ou seja, uma histeria aguda; quando, porém, trata-se de um ataque recorrente que contém uma lembrança, implica um retorno desta. Charcot já exprimiu o pensamento de que o ataque histérico seria o rudimento de uma *condition seconde*. Durante o ataque, o domínio sobre toda a inervação corporal é passado à consciência hipnoide. A consciência normal, como mostram experiências conhecidas, não é sempre totalmente reprimida quando isso ocorre; ela pode até mesmo perceber os fenômenos motores do ataque, enquanto os processos psíquicos dos mesmos escapam à sua apreensão.

A típica evolução de uma grave histeria é, sabidamente, a seguinte: primeiro forma-se em estados hipnoides um conteúdo ideativo, que então, suficientemente desenvolvido, apodera-se, durante um período de "histeria aguda", da inervação corporal e da existência do doente, cria sintomas duradouros e ataques e, enfim, exceto por alguns vestígios, desaparece. Se a pessoa normal pode recuperar o domínio, o que sobreviveu daquele conteúdo ideativo hipnoide retorna em ataques histéricos e, de tempos em tempos, leva-a novamente a estados semelhantes que são, eles próprios, outra vez influenciáveis e receptivos a traumas. Com frequência se estabelece, então, uma espécie de equilíbrio entre os grupos psíquicos reunidos na mesma pessoa; ataque e vida normal seguem lado a lado, sem influenciarem um ao outro. O ataque sobrevém espontaneamente, como também costumam sobrevir em nós as lembranças, mas pode igualmente ser provocado, assim como toda lembrança pode ser despertada conforme as leis da associação. A provocação do ataque ocorre ou pela excitação de uma zona histerógena ou por uma nova vivência que, pela semelhança, recorda a vivência patogênica. Esperamos poder mostrar que entre as duas condições aparentemente tão diversas não existe uma diferença essencial, e que em ambos os casos se toca numa lembrança hiperestésica. Em outros casos esse equilíbrio é muito instável; o ataque aparece como manifestação do resto de consciência hipnoide sempre que a pessoa normal se esgota e se torna incapaz de trabalhar. Não é de descartar que em tais casos também o ataque, despido de seu significado original, possa retornar como reação motora desprovida de conteúdo.

Resta, como tarefa para pesquisa ulterior, investigar as condições que determinam se uma individualidade histérica se manifesta em ataques, em sintomas duradouros ou numa mistura de ambos.

V

Compreende-se agora por que tem efeito curativo o método de psicoterapia que foi aqui exposto. *Ele anula a efetividade da ideia que originalmente não foi ab-reagida, ao permitir a seu afeto estrangulado o escoamento pela fala, e a leva à correção associativa, impelindo-a para a consciência normal (em hipnose mais leve) ou removendo-a por sugestão médica, como ocorre no sonambulismo com amnésia.*

Consideramos significativo o ganho terapêutico obtido com o uso desse procedimento. Naturalmente, não curamos a histeria enquanto predisposição, e nada obtemos contra o retorno de estados hipnoides. Nosso procedimento tampouco pode impedir que, durante o estágio produtivo de uma histeria aguda, os fenômenos arduamente eliminados sejam logo substituídos por novos. No entanto, decorrido esse estágio agudo e subsistindo seus restos como ataques e sintomas histéricos duradouros, nosso método os elimina com frequência e de modo permanente, por ser radical, e nisso nos parece ultrapassar em muito a eficácia da remoção por sugestão direta, tal como agora é praticada pelos terapeutas.

Se, desvelando o mecanismo psíquico de fenômenos histéricos, avançamos um passo no caminho que Charcot seguiu primeiramente e com tanto êxito, com a explicação e a imitação experimental de paralisias histerotraumáticas, não ignoramos o fato de que assim nosso conhecimento apenas avizinhou-se mais do mecanismo dos sintomas histéricos, e não das causas internas da histeria. Apenas roçamos a etiologia da histeria, e realmente só pudemos iluminar as causas das formas adquiridas, a importância do fator acidental para a neurose.

Viena, dezembro de 1892

II. CASOS CLÍNICOS

1. SRTA. ANNA O.
(BREUER)

A srta. Anna O., com 21 anos à época de seu adoecimento (em 1880), parece ter uma carga neuropática hereditária moderadamente forte, em virtude de algumas psicoses ocorridas em sua extensa família. Os pais, quanto à condição nervosa, são saudáveis. Ela própria sempre fora saudável, sem qualquer nervosismo durante seu período de desenvolvimento; de notável inteligência, intuição aguda e surpreendente capacidade de apreender as coisas; um intelecto vigoroso que teria assimilado sólido alimento espiritual e dele necessitava, mas não o recebeu após deixar a escola. Rico talento poético e dom da fantasia, controlados por um entendimento muito penetrante e crítico. Este último também a tornava *completamente insugestionável*; apenas argumentos, jamais afirmações tinham influência sobre ela. Sua vontade era enérgica, tenaz e perseverante; às vezes beirava a obstinação que só renunciava a seu propósito por bondade, por amor dos outros.

Entre os traços essenciais de seu caráter estava a bondade compassiva. O cuidado e a assistência a alguns pobres e doentes prestavam-lhe, mesmo em sua doença, extraordinários serviços, pois desse modo podia satisfazer um forte impulso. Seus humores tinham sempre uma ligeira tendência ao excesso, de alegria e de tristeza; daí, também, alguma inconstância de ânimo. O elemento sexual era espantosamente pouco desenvolvido; a doente, cuja vida tornou-se transparente para mim como raramente a de um ser humano para outro, jamais tivera um amor e em todas as numerosas alucinações de sua doença nunca emergiu esse elemento da vida psíquica.

Essa garota de vitalidade intelectual transbordante levava, no seio da família de tendência puritana, uma vida extremamente monótona, que ela embelezava de um modo provavelmente decisivo para sua doença. Cultivava sistematicamente o devaneio, que denominava seu "teatro particular". Enquanto todos a julgavam presente, ela vivia contos de fada no pensamento; mas se a chamavam, sempre atendia, de modo que ninguém se apercebia disso. Essa atividade mental desenrolava-se quase continuamente, paralela às ocupações da vida doméstica, das quais cuidava de maneira impecável. Mais tarde, terei de relatar como esses devaneios habituais da jovem saudável transformaram-se diretamente em doença.

A evolução da doença divide-se em várias fases bem diferenciadas; elas são:

A) A incubação latente. De meados de julho de 1880 até mais ou menos 10 de dezembro. Dessa fase que, na maioria das vezes, escapa ao nosso conhecimento, a peculiaridade deste caso proporcionou uma visão tão completa que, já por esse fato, não estimo em pouco seu interesse patológico. Depois exporei essa parte da história.

B) A doença manifesta; uma psicose singular, parafasia, estrabismo convergente, graves perturbações da visão, paralisias com contratura (paralisia completa no membro superior direito e nos dois membros inferiores, parcial no membro superior esquerdo), paresia da musculatura da nuca. Redução gradual da contratura nos membros do lado direito. Alguma melhora, interrompida por um grave trauma psíquico (morte do pai) em abril, ao qual se segue

c) um período de sonambulismo persistente que depois alterna com estados mais normais; continuidade de uma série de sintomas duradouros até dezembro de 1881.

d) Cessação gradual dos estados e fenômenos até junho de 1882.

Em julho de 1880, o pai da paciente, que ela amava apaixonadamente, contraiu um abscesso peripleurítico que não cedeu e ao qual ele sucumbiu em abril de 1881. Durante os primeiros meses dessa doença, Anna dedicou-se a cuidar do enfermo com toda a energia de seu ser, e ninguém se admirou muito de que, pouco a pouco, ela se abatesse profundamente. Ninguém sabia o que se passava dentro dela, talvez nem mesmo a própria doente; porém, gradualmente, seu estado de fraqueza, anemia e repugnância a alimentos tornou-se tão grave que, para sua imensa dor, afastaram-na dos cuidados com o doente. A ocasião imediata para isso foi uma tosse sobremaneira intensa, em virtude da qual a examinei pela primeira vez. Era uma típica tosse nervosa. Logo se evidenciou uma acentuada necessidade de repouso durante a tarde, à qual sucedia, ao anoitecer, um estado de sonolência seguido de forte inquietação.

No início de dezembro apareceu um estrabismo convergente. Um oftalmologista explicou-o (equivocadamente) pela paresia de um nervo abducente. Em 11 de dezembro, a paciente ficou de cama e assim permaneceu até 1º de abril.

Em rápida sucessão, desenvolveu-se uma série de graves transtornos, *aparentemente* novos. Dor na parte posterior da cabeça, do lado esquerdo; estrabismo convergente (diplopia), consideravelmente exacerbado pela emoção; queixa de que as paredes desabavam (afecção do nervo oblíquo). Perturbações da visão dificilmente analisáveis; paresia dos músculos anteriores do pescoço, de modo que a paciente, ao final, só podia mover a cabeça forçando-a para trás, entre os ombros erguidos, e se movimentando com as costas inteiras. Contratura e anestesia do membro superior direito e, algum tempo depois, do membro inferior direito; este, completamente estendido, aduzido e rodado para dentro; mais tarde, essa mesma afecção aparece no membro inferior esquerdo e, por último, no braço esquerdo, no qual, porém, os dedos permaneceram em certa medida móveis. Tampouco as articulações do ombro, dos dois lados, ficaram completamente rígidas. O máximo de contratura afetou os músculos do braço, assim como, mais tarde, quando a anestesia pôde ser examinada com mais precisão, a região do cotovelo revelou o mais alto grau de insensibilidade. No início da doença, o exame da anestesia permaneceu insatisfatório em virtude da resistência da paciente, resultante de sentimentos de angústia.

A doente encontrava-se nesse estado quando assumi seu tratamento e logo pude me convencer da gravidade da alteração psíquica ali existente. Havia dois estados de consciência inteiramente separados que se alternavam com muita frequência e de maneira abrupta, e que, no curso da doença, dissociaram-se cada vez mais. Em um deles, ela conhecia seu ambiente, era triste e angustiada, mas relativamente normal; no outro, alucinava, era "malcriada", isto é, vociferava, jogava almofadas nas pessoas, tanto quanto sua contratura o permitia, arrancava botões de cobertas e roupas com os dedos ainda móveis e outras coisas semelhantes. Se, durante essa fase, algo fosse modificado no quarto, se alguém entrasse ou saísse, ela se queixava de que lhe faltava tempo e assinalava as lacunas na sequência de suas ideias conscientes. Como, na medida do possível, lhe contestavam isso e, à sua queixa de que estava enlouquecendo, tentavam tranquilizá-la, seguiam-se ainda, a cada arremesso de almofadas e atos similares, queixas sobre o que lhe infligiam, a desordem em que a deixavam e assim por diante.

Essas ausências já haviam sido observadas quando ainda não estava acamada; ela detinha-se em meio ao que dizia, repetia as últimas palavras, para prosseguir após breve interregno. Pouco a pouco, isso tomou as dimensões descritas e, no auge da doença, quando a contratura havia afetado também o lado esquerdo, só se mostrava até certo ponto normal, por intervalos bem curtos, durante o dia. Mas também nos momentos de consciência relativamente clara as perturbações intervinham: alteração de humor rapidíssima e em extremos, alegria muito passageira, de resto graves sentimentos de angústia, oposição tenaz contra todas as medidas terapêuticas, alucinações angustiantes em que seus cabelos, cordões e coisas similares apareciam como serpentes negras. Sempre dizia a si mesma, então, que não fosse tão tola, que eram seus cabelos etc. Em momentos de plena lucidez, queixava-se da profunda escuridão de sua cabeça, de como não podia pensar, tornava-se cega e surda, possuía dois Eus, o verdadeiro e um mau que a impelia a coisas más etc.

À tarde, ficava numa sonolência que se estendia até cerca de uma hora após o pôr do sol; em seguida, desperta, queixava-se de que algo a atormentava ou, antes, repetia sempre o infinitivo: atormentar, atormentar.

Pois, simultaneamente à formação das contraturas, ocorrera uma profunda desorganização funcional da linguagem. Primeiro, observou-se que lhe faltavam palavras e isso, pouco a pouco, recrudesceu. Depois, sua linguagem perdeu toda gramática, toda sintaxe, a conjugação inteira dos verbos; por fim, ela empregava apenas infinitivos incorretamente formados, em sua maioria, a partir de um particípio passado de verbo fraco* e nenhum artigo. No desenvolvimento subsequente, também as palavras faltaram-lhe quase por completo; recolhia-as penosamente de quatro ou cinco idiomas e tornou-se quase incompreensível. Em suas tentativas de escrever (no início, até que a contratura o impedisse de todo), usava o mesmo jargão. Por duas semanas, houve mutismo total;

---

* Verbos, em sua maior parte regulares, cujo particípio e pretérito formam-se pela adição do sufixo *t* ao radical (e pelo acréscimo do prefixo *ge* na formação do particípio, se o verbo já não é prefixado).

nas contínuas e extenuantes tentativas de falar, nenhum som era emitido. Aqui, pela primeira vez, o mecanismo psíquico da perturbação ficou claro. Como eu sabia, ela havia se magoado muito com alguma coisa e decidira nada dizer a respeito. Quando o adivinhei e a forcei a falar, a inibição, que antes também tornara impossível qualquer outra manifestação, desapareceu.

Isso coincidiu com a volta da mobilidade dos membros esquerdos, em março de 1881; a parafasia cedeu, mas ela passou a falar apenas em *inglês*, embora, aparentemente, sem o saber; ralhava com a enfermeira, que, por certo, não a compreendia; só vários meses depois consegui convencê-la de que falava em inglês. Contudo, ainda compreendia as pessoas à sua volta, falantes de alemão. Apenas em momentos de grande angústia faltava-lhe por completo a fala ou misturava confusamente os mais diversos idiomas. Nas horas melhores e mais livres, falava francês ou italiano. Entre esses períodos e aqueles em que falava inglês, havia amnésia total. Também o estrabismo diminuiu e, por fim, só aparecia por ocasião de intensa inquietação; voltou a sustentar a cabeça. Em 1º de abril, deixou o leito pela primeira vez.

Então, em 5 de abril, morreu seu adorado pai, que ela, durante sua própria doença, vira apenas muito raramente e por breve período. Era o mais grave trauma psíquico que poderia atingi-la. A uma violenta emoção seguiu-se, por cerca de dois dias, um estupor profundo, do qual emergiu em estado bastante modificado. No início, estava bem mais tranquila, com o sentimento de angústia consideravelmente atenuado. A contratura do braço e da perna direitos persistia, do mesmo modo que a anestesia, não profunda, desses membros. Havia alto grau de estreitamento do campo visual. De um ramalhete de flores, que a alegrava muito, sempre via apenas uma flor de cada vez. Queixava-se de não reconhecer as pessoas. Outrora, reconhecia os rostos sem nisso ter de se empenhar deliberadamente; agora, nesse *"recognising work"* [trabalho de reconhecimento] bastante custoso, precisava dizer a si mesma que o nariz era dessa maneira, os cabelos daquela; por conseguinte, esta devia ser tal ou qual pessoa. Todos lhe pareciam figuras de cera, sem relação com ela. Era-lhe muito penosa a presença de alguns parentes próximos e este "instinto [*Instinkt*] negativo" crescia sem cessar. Se entrava no quarto alguém que habitualmente lhe aprazia ver, ela o reconhecia, mantinha-se presente por um breve momento, depois voltava a imergir em suas ruminações e a pessoa desaparecia para ela. Eu era o único que, ao entrar, ela sempre reconhecia e, enquanto lhe falava, sempre permanecia presente e alerta, exceto nas ausências alucinatórias que intervinham de modo inteiramente imprevisto.

Agora só falava inglês e não compreendia o que lhe diziam em alemão. As pessoas de seu convívio tinham de lhe falar em inglês; mesmo a enfermeira, em certa medida, aprendeu a se fazer entender assim. Anna, porém, lia francês e italiano; se tivesse que fazê-lo em voz alta, lia, com admirável agilidade e fluência, uma primorosa e instantânea tradução do texto para o inglês.

Começou novamente a escrever, mas de maneira singular; escrevia com a mão esquerda flexível, porém em letra de imprensa romana, que recolhera de seu Shakespeare para compor um alfabeto.

Se antes já se alimentava minimamente, agora recusava todo alimento; deixou, porém, que eu a alimentasse, de modo que sua alimentação logo foi reforçada. Pão, no entanto, sempre se recusava a comer. Terminada a refeição, jamais se abstinha de lavar a boca e o fazia mesmo quando, por um motivo qualquer, não havia comido nada: um sinal de como então se encontrava ausente.

A sonolência à tarde e o profundo sopor, próximo à hora do poente, persistiam. Mas quando, depois, desabafava (mais tarde, deverei me ocupar mais detidamente desse ponto), ficava lúcida, tranquila, alegre.

Esse estado relativamente suportável não durou muito. Cerca de dez dias após a morte de seu pai, um médico foi chamado para consulta e, enquanto eu lhe demonstrava todas as suas singularidades, Anna, como fazia com todos os estranhos, ignorou-o inteiramente. *"That's like an examination"* [É como um exame], ela disse, rindo, quando a fiz ler em voz alta, em inglês, um texto francês. O médico interveio, tentou se fazer notar; em vão. Era a autêntica "alucinação negativa" que, desde então, tem sido produzida experimentalmente com muita frequência. Por fim, soprando-lhe fumaça no rosto, ele conseguiu rompê-la. De súbito, Anna viu um estranho, precipitou-se em direção à porta para retirar a chave e caiu ao chão inconsciente; seguiu-se então um breve acesso de cólera — e, depois, um grave ataque de angústia, que acalmei com grande esforço. Infelizmente, na mesma noite precisei partir em viagem e, ao

II. CASOS CLÍNICOS — ANNA O.

regressar, vários dias depois, encontrei a doente em estado muito pior. Abstivera-se de comer todo o tempo, estava repleta de sentimentos de angústia, suas ausências alucinatórias eram tomadas por figuras apavorantes, caveiras e esqueletos. Como, ao vivenciar essas coisas, em parte as representava tragicamente, falando, as pessoas à sua volta quase sempre conheciam o conteúdo dessas alucinações. À tarde, sonolência; próximo à hora do pôr do sol, a hipnose profunda, para a qual ela havia encontrado o nome técnico de *"clouds"* [nuvens]. Se podia relatar então as alucinações do dia, despertava lúcida, serena e alegre, punha-se a trabalhar, desenhava ou escrevia toda a noite, perfeitamente razoável; ia se deitar por volta das quatro horas e, pela manhã, recomeçava a mesma cena, como no dia anterior. O contraste entre a doente desvairada, perseguida por alucinações durante o dia, e a garota de uma lucidez mental plena, à noite, era bastante notável.

Apesar dessa euforia noturna, o estado psíquico agravava-se cada vez mais; surgiram intensos impulsos suicidas que pareciam tornar impraticável sua permanência num terceiro andar. Por isso, contra sua vontade, a doente foi levada para uma casa de campo nos arredores de Viena (7 de junho de 1881). Eu nunca a havia ameaçado com esse distanciamento de casa, o qual abominava, mas ela mesma o havia esperado e temido em silêncio. Nessa ocasião, mais uma vez evidenciou-se a que ponto o afeto de angústia dominava a perturbação psíquica. Assim como, após a morte do pai, havia ocorrido um estado de calma, também agora, quando o que temia aconteceu, ela se acalmou. Contudo, não sem que a transferência à casa de campo se fizesse seguir imediatamente de três dias e noites sem nenhum sono e alimentação, cheios de tentativas de suicídio (na verdade inofensivas, no jardim), quebra de janelas e coisas similares, além de alucinações sem ausência, que ela distinguia das outras muito bem. Depois se acalmava, tomava o alimento dado pela cuidadora e até mesmo, ao anoitecer, cloralose.

Antes de descrever a evolução do caso, devo, mais uma vez, retroceder e expor uma particularidade que, até aqui, apenas aflorei de passagem.

Já mencionei que em todo o curso anterior da doença, diariamente, à tarde, acometia a paciente uma sonolência que, próximo à hora do ocaso, convertia-se em sono profundo (*clouds*). (É bem plausível que essa periodicidade simplesmente derive das circunstâncias em torno dos cuidados com o pai, dos quais se incumbiu por vários meses. À noite, ela velava junto ao leito do enfermo ou ficava acordada em sua cama, à escuta e tomada de angústia, até o amanhecer; à tarde, deitava-se para repousar por um breve momento, como em geral fazem as enfermeiras, e esse padrão de vigília noturna e de sono vespertino certamente transmitiu-se em seguida à sua própria doença e continuou muito tempo depois de um estado hipnótico ter substituído o sono.) Decorrida cerca de uma hora em estado de sopor, ela se inquietava, virava de um lado para o outro e gritava sem cessar: "atormentar, atormentar", sempre com os olhos fechados. Também foi observado que, em suas ausências durante o dia, ela claramente estava sempre criando alguma história ou situação, cuja natureza se revelava por algumas palavras murmuradas. Aconteceu então, primeiro por acaso, depois deliberadamente, que alguém de sua convivência mencionasse uma dessas palavras enquanto a paciente se queixava do "atormentar"; logo ela começava a descrever uma situação ou a contar uma história, a princípio hesitante, em seu jargão parafásico, mas, à medida que avançava, cada vez mais fluente, até, por fim, falar um alemão perfeitamente correto (isso no primeiro período, antes de ter começado a falar apenas em inglês). As histórias, sempre tristes, eram em parte muito bonitas, à maneira do *Livro de imagens sem imagens* de Andersen,* e, provavelmente, construídas segundo esse modelo; o ponto de partida ou ponto central era, quase sempre, a situação de uma garota sentada, angustiosamente, junto ao leito de um doente, mas outros temas, de todo diversos, também eram tratados. — Alguns momentos após ter concluído a história, ela despertava, evidentemente apaziguada ou, como dizia, *"gehäglich"* (*behaglich*).** À noite, voltava a se inquietar mais e, pela manhã, depois de duas horas de sono, era visível que estava de novo num outro

---

* *Livro de imagens sem imagens* (1840) do escritor dinamarquês Hans Christian Andersen; narrativa poética em 33 sequências (noites) em que a lua relata a um pobre pintor suas viagens.
** *"Gehäglich"*, forma criada por Anna O. para *"behaglich"*, que significa "confortável, à vontade".

círculo de ideias. — Se, na hipnose do anoitecer, não podia me contar a história, à noite não se acalmava e, no dia seguinte, para que isso ocorresse, era preciso que me contasse duas histórias.

O essencial do fenômeno descrito — a acumulação e intensificação de suas ausências até a auto-hipnose noturna, a eficácia dos produtos da fantasia como estímulo psíquico e o alívio e remoção do estado de estimulação quando ela os expressava na hipnose — permaneceu constante por todo o ano e meio de observação.

Após a morte do pai, as histórias tornaram-se, naturalmente, ainda mais trágicas, mas apenas com o agravamento de seu estado psíquico, subsequente à referida violenta irrupção de seu sonambulismo, as narrativas noturnas perderam o caráter de criação poética mais ou menos livre e se transformaram em séries de horríveis e apavorantes alucinações que já se podiam deduzir do comportamento da doente, ao longo do dia. Mas já descrevi como era completa a libertação de sua psique depois que, agitada pela angústia e pelo pavor, havia reproduzido e expressado em palavras todas essas imagens aterradoras.

No campo, onde eu não podia visitar a doente diariamente, a coisa se desenvolveu da seguinte maneira. Eu chegava ao anoitecer, quando a sabia em hipnose, e removia-lhe todo o estoque de fantasias que havia acumulado desde minha última visita. Isso devia efetuar-se de modo bastante completo se se quisesse obter um bom resultado. Ela então se acalmava inteiramente, no dia seguinte mostrava-se amável, dócil, diligente, até mesmo alegre; no segundo dia, cada vez mais temperamental, renitente, desagradável, o que recrudescia ainda mais no terceiro dia. Nessa disposição, mesmo na hipnose, nem sempre era fácil movê-la a se expressar, procedimento para o qual ela havia inventado o nome, apropriado e sério, de *"talking cure"* (cura pela fala) e o humorístico *"chimney sweeping"* (limpeza de chaminé). Ela sabia que, após ter se expressado, perderia toda a obstinação e "energia", e quando (depois de uma pausa mais longa) já estava de mau humor, se recusava a falar, o que, então, eu tinha de arrancar-lhe, incitando, pedindo e utilizando alguns artifícios como o de proferir uma fórmula estereotipada do início de suas histórias. Mas nunca falava antes de ter se convencido de minha identidade, tateando cuidadosamente minhas mãos. Nas noites em que não ocorria apaziguamento pela fala, era necessário recorrer à cloralose. Eu já a tinha experimentado algumas vezes, mas precisei dar-lhe cinco gramas e, assim, precedia ao sono uma embriaguez de horas, que em minha presença era alegre, mas em minha ausência se manifestava como estado de inquietação extremamente desagradável e angustiado (observe-se, de passagem, que essa intensa embriaguez nada alterava na contratura). Eu teria podido evitar o narcótico, pois a expressão verbal, ainda que não lhe trouxesse o sono, trazia-lhe ao menos apaziguamento. No campo, as noites entre os alívios hipnóticos eram tão insuportáveis que era preciso, de qualquer forma, recorrer à cloralose; aos poucos, porém, essa necessidade abrandou-se.

O sonambulismo persistente desapareceu; em contrapartida, a alternância de dois estados de consciência subsistiu. No meio da conversa, ela alucinava, fugia, tentava subir numa árvore e coisas semelhantes. Se a retinham, num átimo retomava a frase interrompida e prosseguia, sem saber do que se passara naquele ínterim. Mas depois, na hipnose, todas essas alucinações apareciam em seu relato.

No conjunto, seu estado melhorou. Era possível alimentá-la, deixava que a enfermeira lhe levasse a comida à boca; apenas pão, embora o pedisse, recusava assim que lhe tocava os lábios; a paresia com contratura da perna atenuou-se consideravelmente; além disso, tornou-se capaz de um juízo correto sobre o médico que a visitava, meu amigo o dr. B., e passou a ter por ele grande afeição. Importante auxílio propiciou um cão terra-nova que lhe haviam dado e que ela amava apaixonadamente. Foi magnífico ver como, a despeito disso, certa vez em que esse seu favorito atacou um gato, a frágil moça tomou de um chicote e, empunhando-o na mão esquerda, rechaçou o enorme animal para salvar sua vítima. Mais tarde, cuidou de alguns doentes pobres, o que lhe foi muito útil.

A mais nítida prova do efeito excitante, patogênico, dos complexos de ideias produzidos nas ausências, em sua *"condition seconde"*, e de sua eliminação pela expressão oral na hipnose, obtive em meu regresso de uma viagem de férias de várias semanas. Durante esse período, nenhuma *"talking cure"* fora realizada, pois não houve como induzir a doente a fazer seu relato a um outro que não eu, nem mesmo ao dr. B., a quem, aliás, se afeiçoara. Encontrei-a num triste estado moral, indolente, indócil, caprichosa e até maldosa. Nas histórias noturnas, verificou-se que sua veia fantástico-poética estava visivelmente se esgotando; eram, cada vez mais, relatórios sobre suas alucinações e sobre o que porventura a aborrecera nos dias precedentes; relatos de feição fantástica, antes expressos em fórmulas estereotipadas do que elaborados em produções poéticas. Um estado suportável, porém, só foi alcançado quando fiz retornar a paciente à cidade, por uma semana, e arranquei-lhe então, noite após noite, de três a cinco histórias. Quando terminei, tudo o que se havia acumulado nas semanas de minha ausência estava resolvido. Só então se restabeleceu aquele ritmo de seu estado psíquico: no dia depois que se exprimiu, tornava-se amável e alegre, no segundo dia, mais irritadiça e desagradável, e no terceiro, realmente "antipática". Seu estado moral era uma função do tempo transcorrido desde sua última fala, porque cada produto espontâneo da sua fantasia e cada episódio apreendido pela parte doente de sua psique continuava a atuar como estímulo psíquico até ser relatado na hipnose, com o que também sua eficácia era completamente eliminada.

Quando, no outono, a paciente retornou à cidade (a um apartamento diverso daquele em que adoecera), seu estado, tanto físico como mental, era suportável, pois muito poucas vivências, de fato, apenas as mais drásticas, eram transformadas patologicamente em estímulos psíquicos. Eu esperava que, impedindo pela expressão verbal regular a permanente sobrecarga de sua psique com novos estímulos, uma melhora contínua e crescente ocorresse. De início, fiquei decepcionado. Em dezembro, seu estado psíquico agravou-se consideravelmente, estava de novo aflita, indisposta, triste e irritável e era raro que tivesse um "dia inteiramente bom", ainda que não se pudesse encontrar nada "escondido" dentro dela. Ao final de dezembro, na época de Natal, esteve particularmente inquieta e, por toda a semana, ao anoitecer, relatou-me não algo de novo, mas as fantasias que, sob o domínio de intensos afetos de angústia, havia elaborado, dia a dia, no período das festas de 1880. Ao término da série, grande alívio.

Um ano havia transcorrido desde que, separada do pai, caíra de cama e, a partir de então, sua condição se aclarou e se sistematizou de maneira muito peculiar. Os dois estados de consciência alternavam-se, sempre desta forma: da manhã em diante, à medida que o dia avançava, as ausências, isto é, a manifestação da *condition seconde*, tornavam-se cada vez mais frequentes e, à noite, só elas persistiam — os dois estados não diferiam, como antes, apenas no fato de que em um deles (o primeiro) ela era normal e, no segundo, alienada, mas na circunstância de que no primeiro, como todos nós, ela vivia no inverno de 1881-2; enquanto, no segundo estado, achava-se no inverno de 1880-1 e tudo o que ocorrera depois fora completamente esquecido. Só a consciência de que o pai havia morrido parecia, todavia, subsistir na maioria das vezes. O retrocesso ao ano anterior acontecia de modo tão intenso que em seu novo apartamento tinha alucinações com seu antigo quarto e, quando queria ir até a porta, chocava-se contra a estufa que se situava, em relação à janela, na mesma posição da porta do quarto, na velha residência. A mudança brusca de um estado para outro se dava de forma espontânea, mas podia ser provocada com a maior facilidade por qualquer impressão sensorial que lembrasse vivamente o ano anterior. Bastava mostrar-lhe uma laranja (seu alimento principal durante o primeiro período de sua doença) para lançá-la do ano de 1882 ao de 1881. Esse recuo ao tempo passado não ocorria, porém, de maneira geral e indeterminada; ao contrário, ela vivenciava, dia por dia, o inverno precedente. Eu só teria podido suspeitá-lo se diariamente, na hipnose noturna, ela não tivesse falado sobre o que a havia emocionado naquele mesmo dia, em 1881, e se um diário íntimo da mãe, também desse ano, não tivesse comprovado a absoluta exatidão dos fatos subjacentes. Este reviver o ano anterior perdurou até o termo definitivo da doença, em junho de 1882.

Era muito interessante ver como também esses estímulos psíquicos redivivos, do segundo estado, atuavam no primeiro, mais normal. Aconteceu que a doente me dissesse, pela manhã, rindo, que não sabia o que tinha, estava zangada comigo; graças ao diário, eu soube do que se tratava e o que, realmente, foi revivido na hipnose do anoitecer: nessa mesma noite do ano de 1881, eu havia aborrecido muito a paciente. De outra vez, disse-me que algo se passava com seus olhos, que via as cores erradas; sabia que seu vestido era marrom, mas o enxergava azul. Logo se evidenciou que ela distinguia corretamente e com nitidez todas as cores dos papéis de teste e que a perturbação concernia apenas ao tecido de seu vestido. O motivo era que em 1881, nesses mesmos dias, tinha se ocupado muito de um roupão para o pai, no qual era utilizado o mesmo tecido, porém azul. Com frequência, havia ainda, claramente, um efeito antecipado dessas lembranças emergentes; a perturbação do estado normal já se fazia sentir, enquanto a lembrança apenas gradualmente despertava na *condition seconde*.

A hipnose noturna já estava bastante sobrecarregada, pois não apenas as fantasias de produção recente, mas também as vivências e as *"vexations"* [vexações] de 1881 tinham de ser eliminadas pela fala (felizmente eu já havia suprimido então os fantasmas de 1881). E a soma de trabalho a ser realizado pela paciente e pelo médico ainda crescia enormemente em virtude de uma terceira série de perturbações que deviam ser resolvidas do mesmo modo: os *acontecimentos psíquicos da incubação da doença*, de julho a dezembro de 1880, que haviam produzido todo o fenômeno histérico e cuja expressão verbal fez desaparecerem os sintomas.

Fiquei muito surpreso na primeira vez, quando, em virtude de uma fala casual e espontânea, na hipnose, desapareceu um transtorno que havia muito tempo persistia. Ocorrera no verão um período de intenso calor e a paciente sofrera de uma sede atroz, pois, sem que pudesse precisar algum motivo, de repente achou impossível beber. Tomava na mão o ansiado copo d'água, mas, assim que chegava aos lábios, repelia-o como se fosse uma hidrófoba. Nesses poucos segundos, encontrava-se evidentemente num estado de ausência. Para abrandar sua sede torturante, vivia apenas de frutas, melões etc. Isso durava cerca de seis semanas quando, um dia, na hipnose, discorreu sobre sua dama de companhia inglesa, a quem não amava, e então contou-me, com todos os sinais de repulsa, como fora a seu quarto e ali vira seu cãozinho, o repugnante animal, bebendo de um copo. Não dissera nada, pois queria ser gentil. Depois de energicamente dar expressão à fúria que lhe ficara retida, pediu para beber, bebeu sem dificuldade um grande volume de água e despertou da hipnose com o copo nos lábios. Com isso, a perturbação desapareceu para sempre. Do mesmo modo, estranhos e obstinados caprichos desapareceram depois de relatada a vivência que os ocasionara. Mas um grande passo se deu quando o primeiro dos sintomas permanentes, a contratura da perna direita, que, de fato, já diminuíra muito, desapareceu da mesma maneira. A partir dessas descobertas — de que os fenômenos histéricos em Anna O. desapareciam logo que o episódio que provocara o sintoma era reproduzido na hipnose — desenvolveu-se um procedimento técnico terapêutico que, em consistência lógica e realização sistemática, não deixava nada a desejar. Cada sintoma desse quadro clínico complicado foi examinado isoladamente; todas as ocasiões em que ele havia aparecido foram relatadas em ordem inversa, começando com o dia anterior ao que a paciente ficou acamada e retrocedendo até o motivo desencadeador da primeira aparição. Sendo esta relatada, o sintoma era removido para sempre.

Assim, foram "eliminadas pela narração" as paresias com contratura e anestesias, as mais diversas perturbações da visão e da audição, nevralgias, tosses, tremores etc., e, por fim, também os transtornos da fala. Entre os distúrbios da visão, foram resolvidos, um a um, por exemplo: o estrabismo convergente com diplopia; o desvio dos dois olhos para a direita, levando a mão a dirigir-se sempre para a esquerda do objeto que fosse apanhar; o estreitamento do campo visual; a ambliopia central; a macropsia; a visão de uma caveira em lugar do pai; a incapacidade para a leitura. Escaparam a essa análise apenas alguns fenômenos isolados, desenvolvidos durante o período em que estivera acamada — como a extensão da paresia com contratura ao lado esquerdo — e que, provavelmente, não tinham de fato nenhuma causa psíquica direta.

Revelou-se totalmente impraticável abreviar a coisa tentando evocar diretamente o primeiro motivo precipitador dos sintomas em sua lembrança. Ela não o encontrava, ficava confusa, tudo caminhava com mais lentidão ainda do que se a deixassem, com calma e segurança, desenrolar retrospectivamente os fios da lembrança abrangidos. Mas como, na hipnose noturna, com a doente distraída e fatigada pela "expressão" das duas outras séries, esse processo era demasiado lento e, além disso, as lembranças precisavam de tempo para se desenvolver em plena vividez, estabeleceu-se o seguinte procedimento: ia vê-la pela manhã, hipnotizava-a (métodos hipnóticos muito simples haviam sido empiricamente descobertos) e, tendo seus pensamentos concentrados no sintoma que então tratávamos, perguntava-lhe sobre as circunstâncias em que ele havia aparecido. A paciente descrevia, em rápida sucessão, com frases curtas, essas ocasiões precipitadoras externas, que eu anotava. Na hipnose noturna, com o auxílio da sequência anotada, contava-me então, de modo bastante pormenorizado, os episódios. Um exemplo mostrará com que minúcia exaustiva, em todos os sentidos, isso acontecia. Sempre havia ocorrido que a paciente não ouvisse quando lhe dirigiam a palavra. Esse não ouvir passageiro diferenciava-se da seguinte maneira:

A) estando distraída, não ouvir que alguém entrava. Cento e oito casos detalhados; indicação das pessoas e circunstâncias, com frequência, das datas; o primeiro deles: não ter ouvido o pai entrar;

B) não compreender quando várias pessoas falavam. Vinte e sete vezes, a primeira delas, de novo o pai e um conhecido;

C) não ouvir quando, estando só, interpelavam-na diretamente. Cinquenta vezes; origem: o pai, em vão, lhe pedira um vinho;

D) surdez ao ser sacudida (na carruagem ou similares). Quinze vezes; origem: ao surpreendê-la escutando atrás da porta do quarto do doente, à noite, seu irmão mais novo a havia sacudido;

E) surdez ao sobressaltar-se com um ruído. Trinta e sete vezes; origem: um acesso de asfixia do pai ao engasgar;

F) surdez em ausência profunda, doze vezes;

G) surdez por ficar longamente à escuta, de modo que não ouvia quando a interpelavam, 54 vezes.

Naturalmente, na medida em que se pode relacioná-las à distração, à ausência ou a um sentimento de pavor, todas essas ocorrências são, em grande parte, idênticas. Mas, na lembrança da doente, eram tão nitidamente separadas que, se alguma vez se enganava na sequência, tinha de corrigi-la e restabelecer a ordem, do contrário o relato se interrompia. A falta de interesse e significado dos episódios relatados e a precisão da narrativa não deixavam margem à suspeita de que fossem inventados. Muitos desses incidentes, sendo vivências puramente internas, furtavam-se à verificação. De outros ou das circunstâncias que os acompanhavam, as pessoas do círculo de convivência da doente recordavam-se.

Também aqui sucedia o que regularmente se observava quando um sintoma era "resolvido pela fala": ele aparecia com intensidade exacerbada enquanto era relatado. Assim, durante a análise do não ouvir, a paciente ficou tão surda que tive de me entender com ela, em parte, por escrito. Via de regra, a primeira ocasião desencadeadora era algum pavor que ela vivenciara enquanto cuidava do pai, uma inadvertência da sua parte ou algo semelhante.

Nem sempre a lembrança ocorria facilmente e, às vezes, a doente precisava fazer imensos esforços. Assim, certa vez, todo o processo interrompeu-se por algum tempo porque uma lembrança não queria aflorar; tratava-se de uma alucinação sobremodo apavorante para a doente: ela vira o pai, de quem então cuidava, com uma cabeça de caveira. Ela e as pessoas de seu convívio lembravam-se de que uma vez, ainda aparentemente saudável, fizera uma visita a uma parente, abrira a porta e logo caíra ao chão, inconsciente. Para superar esse obstáculo, retornou à mesma casa e, ao entrar no quarto, voltou a cair ao chão, inconsciente. Mais tarde, na hipnose noturna, foi superado o obstáculo; ao entrar, olhara para seu pálido rosto no espelho em frente à porta e vira não o seu próprio, mas o do pai com uma cabeça de caveira. Observamos, com frequência, que o temor de uma lembrança, tal como acontece aqui, obstrui seu afloramento, que precisa ser forçado pela paciente ou pelo médico.

O episódio a seguir, entre outros, mostra como era poderosa a lógica interna de seus estados. Nesse período, conforme observei, a paciente à noite sempre estava em sua *"condition seconde"* — ou seja, no ano de 1881. Certa vez, acordou à noite afirmando que fora novamente afastada de casa e caiu em grave estado de inquietação que alarmou toda a casa. O motivo era simples. Na noite anterior, seu transtorno de visão havia desaparecido mediante a *"talking cure"*, mesmo na *condition seconde*. Desse modo, ao despertar durante a noite, achou-se num quarto desconhecido, pois sua família mudara de residência na primavera de 1881. Esses acessos bastante desagradáveis eram evitados desde que (a seu pedido) eu sempre lhe fechasse os olhos com a sugestão de que não poderia abri-los até que eu mesmo o fizesse pela manhã. Uma única vez repetiu-se o tumulto, quando a paciente, ao despertar de um sonho em que havia chorado, abriu os olhos.

Como essa trabalhosa análise dos sintomas se referia aos meses de verão de 1880, durante os quais se preparava a doença, alcancei um conhecimento pleno da *incubação* e *patogênese* dessa histeria, de que farei agora uma breve exposição.

Em julho de 1880, encontrando-se no campo, o pai da paciente adoeceu gravemente em decorrência de um abscesso subpleural. Anna dividiu com a mãe os cuidados ao doente. Certa vez, em grande angústia pelo pai altamente febril e na tensão da espera, pois aguardavam um cirurgião de Viena para operá-lo, não dormiu durante a noite. Sua mãe se afastara por um instante e Anna estava sentada junto ao leito do enfermo, o braço *direito* pousado sobre o espaldar da cadeira. Caiu num estado de sonho acordado e viu como, vindo pela parede, uma serpente negra se aproximava do pai para mordê-lo. (É muito provável que, no gramado atrás da casa, realmente houvesse algumas serpentes, com as quais a menina já se tivesse sobressaltado antes e que agora forneciam o material da alucinação.) Quis rechaçar o animal, mas estava como que paralisada; o braço direito, pendente sobre o espaldar da cadeira, ficara "adormecido", insensível e parético e, quando o observou, seus dedos transformaram-se em pequenas serpentes com cabeça de caveira (as unhas). Provavelmente tentara afugentar a serpente com o braço direito paralisado e, com isso, a anestesia e a paralisia se associaram à alucinação da serpente. Quando esta desapareceu, quis em sua angústia rezar, mas todas as línguas lhe faltaram, não pôde falar em nenhuma delas, até que finalmente encontrou um verso infantil *inglês* e então pôde continuar a pensar e a rezar nessa língua.

O apito do trem, que trazia o esperado médico, pôs termo à aparição. Mas quando, num outro dia, quis retirar de entre os arbustos um anel lançado ali durante um jogo, um galho curvo voltou a provocar a alucinação da cobra e, no mesmo instante, seu braço direito ficou esticado e rígido. Desde então, isso se repetia sempre que um objeto mais ou menos semelhante a uma serpente provocava a alucinação. Esta, porém, assim como a contratura, só aparecia nas ausências curtas, que, a partir daquela noite, tornaram-se cada vez mais frequentes. (A contratura tornou-se estável apenas em dezembro, quando a paciente, completamente alquebrada, não pôde mais deixar o leito.) Em certa ocasião, que não encontro anotada e da qual não me lembro, veio somar-se, à contratura do braço, a da perna direita.

Estava, pois, criada a inclinação para ausências auto-hipnóticas. No dia seguinte àquela noite, à espera do cirurgião, ela imergiu em tal ausência que, enfim, ele entrou no quarto, sem que o tivesse ouvido chegar. O constante sentimento de angústia a impedia de comer e, pouco a pouco, produziu intensa repugnância. Afora isso, porém, todos os diversos sintomas histéricos apareceram por ocasião de um afeto. Não é inteiramente claro se, então, sempre ocorria uma ausência total momentânea, mas parece verossímil, pois, em estado de vigília, a paciente nada sabia de todo o contexto.

Alguns sintomas, porém, parecem ter surgido, não durante a ausência, mas apenas no afeto em estado de vigília, repetindo-se, entretanto, em seguida, do mesmo modo. Assim, os transtornos da visão remontavam todos a ocasiões particulares mais ou menos claramente determinantes, como aquela, por exemplo, em que a paciente, com lágrimas nos olhos, estava sentada junto ao leito do pai enfermo, quando, de repente, ele lhe perguntou que horas eram. Ela não enxergava com nitidez, fez um esforço, trouxe o relógio para perto dos olhos e o mostrador pareceu-lhe então muito grande (macropsia e estrabismo convergente); ou se esforçou para conter as lágrimas a fim de que o doente não as visse.

Uma discussão na qual reprimiu sua resposta provocou um espasmo da glote que se repetia a toda ocasião semelhante.

A linguagem lhe faltava: a) por angústia, desde a primeira alucinação noturna; b) desde que voltou a reprimir uma observação (impedimento ativo); c) desde uma vez em que fora repreendida injustamente; d) em todas as ocasiões análogas (ofensa). A tosse ocorreu pela primeira vez quando, velando pelo doente, ouviu ressoar música dançante de uma casa vizinha e o desejo crescente de estar ali despertou-lhe autocensuras. e) Desde então, e por todo o período de sua doença, reagia a qualquer música fortemente rítmica com uma tosse nervosa.

Não lamento muito o fato de que minhas notas incompletas tornem impossível relacionar todas as manifestações histéricas à ocasião em que cada uma apareceu. Com a exceção já mencionada, a própria paciente fez isso em todos os casos e, conforme descrevi, cada sintoma desaparecia uma vez relatada a primeira ocasião.

Dessa maneira também acabou toda a histeria. A própria doente estabelecera para si o firme propósito de que, no aniversário de sua transferência para o campo, deveria ter terminado tudo. Por isso, no início de junho praticou a *"talking cure"* com grande e estimulante energia. No último dia, servindo-se do recurso de arrumar o quarto tal como fora o de seu pai enfermo, reproduziu a alucinação angustiante, já relatada, que fora a raiz de toda a doença e na qual só pudera pensar e rezar em inglês; imediatamente após, falou alemão e libertou-se de todos os incontáveis transtornos que antes apresentara. Em seguida, partiu de Viena em viagem, mas foi preciso muito tempo ainda até que encontrasse seu equilíbrio psíquico. Desde esse momento, goza de perfeita saúde.

Ainda que eu tenha suprimido pormenores bastante interessantes, o caso clínico de Anna O. tornou-se mais extenso do que parece merecer uma doença histérica que em si não é extraordinária. Mas a exposição do caso era impossível sem entrar em detalhes, e a importância de suas particularidades me parece tal que pode desculpar o relato minucioso. Da mesma forma, os ovos dos equinodermos não são importantes para a embriologia porque o ouriço-do-mar seria um animal particularmente interessante, mas porque seu protoplasma é transparente e, a partir do que nele se pode observar, inferimos o que deve ocorrer nos ovos com plasma opaco.

O interesse desse caso me parece residir sobretudo na grande transparência de sua patogênese e na facilidade de explicá-la.

Encontramos, na jovem ainda inteiramente sã, duas particularidades psíquicas que predispõem ao adoecimento histérico:

1. O excesso de atividade e energia psíquica que, inutilizado na vida familiar monótona e sem trabalho intelectual apropriado, se descarrega em contínuo trabalhar da fantasia e produz...

2. ... o habitual sonhar acordada ("teatro particular"), com o qual é criada a base para a dissociação da personalidade mental. Esta, contudo, ainda permanece nas fronteiras do normal; os devaneios, como a meditação, durante uma atividade mais ou menos mecânica, não implicam, em si mesmos, nenhuma cisão patológica da consciência, pois qualquer perturbação, qualquer chamado, por exemplo, restabelece sua unidade normal e, provavelmente, também não há amnésia alguma. Em Anna O., porém, preparou-se com isso o terreno sobre o qual, conforme descrevi, o afeto de angústia e expectativa se estabeleceu, depois de haver transformado os devaneios habituais em uma ausência alucinatória. É curioso como, nessa primeira manifestação da doença incipiente, já aparecem perfeitamente os traços principais que depois permanecem constantes por quase dois anos: a existência de um segundo estado de consciência que, surgindo primeiro como ausência temporária, mais tarde se organiza como *double conscience*; as inibições da linguagem, condicionadas pelo afeto de angústia, com a descarga fortuita através de um verso infantil em inglês; posteriormente, parafasia e perda da língua materna, substituída por excelente inglês; por fim, a paralisia

acidental por compressão do braço direito, que mais tarde evolui para paresia com contratura e anestesia do lado direito. O mecanismo de formação desta última afecção satisfaz inteiramente a teoria charcotiana da histeria traumática: um estado hipnótico no qual ocorre um leve trauma.

Mas, enquanto nos doentes em que Charcot produziu experimentalmente a paralisia histérica, esta logo se estabilizava e, nos portadores de neuroses traumáticas abalados por trauma devido a um pavor intenso, ela aparecia em seguida, o sistema nervoso de nossa jovem ainda ofereceu bem-sucedida resistência por quatro meses. A contratura, assim como as outras perturbações a ela gradualmente associadas, apareciam apenas nas ausências momentâneas, na *condition seconde*, e deixavam a paciente durante o estado normal em plena posse de seu corpo e sua mente, de modo que nem ela própria se dava conta de algo, nem o percebiam as pessoas à sua volta, cuja atenção, decerto concentrada no pai gravemente enfermo, desviava-se dela.

Mas, com a frequência cada vez maior, desde aquela primeira auto-hipnose alucinatória, das ausências com amnésia total e fenômenos histéricos concomitantes, multiplicaram-se as oportunidades para formação de novos sintomas desse gênero e os já formados consolidaram-se pela repetição frequente. A isso somou-se o fato de que, pouco a pouco, todo afeto penoso e repentino agia do mesmo modo que a ausência (se é que não produzia sempre ausências momentâneas); coincidências fortuitas formavam associações patológicas, transtornos sensoriais ou motores que, daí em diante, ressurgiam simultaneamente com o afeto; mas, até então, sempre por momentos, de forma passageira. Antes de se acamar, a paciente já havia desenvolvido toda a ampla galeria de fenômenos histéricos, sem que ninguém o soubesse. Apenas quando, enfraquecida ao extremo pela inanição, a insônia e o contínuo sentimento de angústia, a doente prostrou-se completamente, passando mais tempo na *condition seconde* do que no estado normal, os fenômenos histéricos também se estenderam a este e, de fenômenos acessuais, converteram-se em sintomas permanentes.

Agora é preciso perguntar em que medida as indicações da doente são confiáveis e os fenômenos tiveram realmente o modo de formação e motivos desencadeadores indicados por ela. No que concerne aos processos mais importantes e fundamentais, a fidedignidade do relato me parece inquestionável. Não me refiro, nesse aspecto, ao desaparecimento dos sintomas depois que eram "narrados"; isso poderia muito bem ser explicado pela sugestão. Mas sempre achei a doente inteiramente veraz e confiável; as coisas relatadas ligavam-se intimamente ao que lhe era mais sagrado; tudo o que podia ser verificado por outras pessoas confirmou-se perfeitamente. Mesmo a jovem mais talentosa decerto não seria capaz de desenvolver um conjunto de dados que possuísse tão notável lógica interna, como é o caso da história da evolução de sua doença, aqui exposta. Contudo, não se pode rejeitar de antemão a hipótese de que, precisamente em consequência dessa lógica, ela tivesse atribuído a algum sintoma (na melhor boa-fé) um motivo desencadeador que em verdade inexistia. Mas também não considero justificada essa suposição. Precisamente a insignificância de tantos ensejos, o irracional de tantas conexões, fala a favor de sua realidade. A doente não podia compreender por que a música dançante a fazia tossir. Isso é demasiado absurdo para uma construção deliberada. Posso imaginar, no entanto, que todo escrúpulo de consciência lhe provocava o notório espasmo da glote e os impulsos motores que sentia (ela adorava dançar) o convertiam em tosse nervosa. Considero, portanto, inteiramente confiáveis e verazes as indicações da doente.

Em que medida é legítimo supor que o desenvolvimento da histeria seja análogo também em outros doentes, que algo similar ocorra, mesmo quando nenhuma *condition seconde* claramente separada se organiza? Gostaria de ressaltar, com respeito a isso, que também nesse caso a história do desenvolvimento da doença teria permanecido inteiramente ignorada, tanto pela paciente como pelo médico, se ela não tivesse a peculiaridade, conforme descrevi, de recordar durante a hipnose e contar o que foi recordado. No estado de vigília não tinha nenhum conhecimento de tudo isso. Logo, nunca é possível inferir como isso se dá em outros casos, a partir do exame clínico da pessoa acordada, pois mesmo com toda a boa vontade ela não pode dar nenhuma informação. E já mencionei quão pouco de todos esses processos as pessoas à sua volta podiam observar. — Portanto, só por um procedimento semelhante ao que as auto-hipnoses haviam propiciado no caso de Anna O. se poderia discernir como as coisas se passam com outros doentes. A princípio, justificava-se apenas a suposição de que processos *semelhantes* deviam ser mais frequentes do que permitia presumir nossa ignorância do mecanismo patogênico.

Quando a doente ficou acamada e sua consciência oscilava sem cessar entre o estado normal e o "segundo", a profusão de sintomas histéricos, surgidos separadamente e até então latentes, manifestou-se como sintomas permanentes. A estes veio juntar-se mais um grupo de fenômenos que pareciam de outra origem: a paralisia com contratura dos membros do lado esquerdo e a paresia dos músculos elevadores da cabeça. Distingo-os dos outros fenômenos porque, uma vez que haviam desaparecido, nunca, nem mesmo na forma de acesso ou de vago indício, voltavam a aparecer, tampouco na fase de conclusão e cura, em que todos os outros sintomas ressurgiam após um adormecimento mais longo. Por conseguinte, também não ocorreram jamais nas análises hipnóticas e não foram relacionados a ensejos afetivos ou fantasiosos. Tendo a crer, por isso, que não deviam sua existência ao mesmo processo psíquico que os outros sintomas, mas à extensão secundária daquele estado desconhecido que é o fundamento somático dos fenômenos histéricos.

Durante toda a evolução da doença, os dois estados de consciência coexistiram: o primário, em que a paciente era de todo normal psiquicamente, e o "segundo" estado, que bem podemos comparar ao sonho, em função de sua riqueza em fantasias e alucinações, das grandes lacunas da lembrança, da falta de inibição e controle dos pensamentos espontâneos. Neste segundo estado, a paciente era alienada. Ora, o fato de que o estado psíquico da doente era inteiramente dependente da ingerência desse segundo estado no estado normal me parece proporcionar uma boa visão da natureza de pelo menos uma forma de psicose histérica. Cada hipnose noturna fornecia a prova de que a doente era perfeitamente lúcida, ordenada e normal em sua sensibilidade e vontade, quando nenhum produto do segundo estado atuava como estímulo "no inconsciente". A evidente psicose que irrompia a cada pausa maior nesse processo de descarga atestava exatamente a extensão em que esses produtos influenciavam os processos psíquicos do estado "normal". É difícil abster-se de dizer que a doente estava fragmentada em duas personalidades, das quais uma era psiquicamente normal e a outra mentalmente enferma. Penso que a nítida divisão dos dois estados em nossa doente apenas evidenciava um comportamento que em muitos outros histéricos também é causa de vários enigmas. Em Anna O. era particularmente notável o quanto os produtos do "Eu mau", como o denominava a própria doente, influenciavam sua atitude moral. Se não tivessem sido eliminados sucessivamente, teríamos nela uma histérica do tipo maligno, recalcitrante, indolente, desagradável, maldosa; entretanto, após a remoção desses estímulos, seu verdadeiro caráter, que era o oposto de tudo isso, sempre voltava a se manifestar.

Mas, conquanto os dois estados fossem nitidamente

separados, não apenas o "segundo estado" penetrava no primeiro como, conforme dizia a paciente, em algum canto de seu cérebro havia, com frequência, mesmo em estados muito ruins, um observador perspicaz e calmo que via os desatinos. Essa persistência de um pensamento claro durante o predomínio da psicose assumiu uma expressão muito curiosa; quando, após o término dos fenômenos histéricos, a paciente encontrava-se numa depressão passageira, manifestou várias apreensões e autoacusações infantis, entre elas a de que não estivera absolutamente doente e tudo fora apenas simulado. Como se sabe, algo semelhante aconteceu várias vezes.

Quando, vencida a doença, os dois estados de consciência voltam a confluir e se unificar, os pacientes, olhando em retrospectiva, veem-se como uma personalidade indivisa que estava cônscia de todo o desatino, e creem que poderiam tê-lo impedido, se quisessem; ou seja, teriam cometido intencionalmente a insensatez. — De resto, essa persistência do pensamento normal durante o segundo estado deve ter sofrido enorme variação quantitativa e, em grande parte, nem deve ter existido.

Já descrevi o fato assombroso de que, do início ao término da doença, todos os estímulos provenientes do segundo estado e suas consequências foram permanentemente suprimidos ao serem expressos na hipnose, e a ele nada tenho a acrescentar senão a certeza de que isso não foi, de modo algum, uma invenção minha que eu teria sugerido à paciente; ao contrário, fiquei surpreso ao extremo e somente após uma série de superações espontâneas desenvolvi, a partir daí, uma técnica terapêutica.

A cura final da histeria merece ainda algumas palavras. Ela ocorreu da maneira descrita, sob considerável inquietação da doente e agravamento de seu estado psíquico. Tinha-se perfeitamente a impressão de que numerosos produtos do segundo estado, adormecidos até então, irrompiam na consciência e, ainda que de início recordados na *condition seconde*, sobrecarregavam e perturbavam o estado normal. Resta a considerar se, também em outros casos, tem a mesma origem uma psicose com que termina uma histeria crônica.

2. SRA. EMMY VON N..., 40 ANOS, DA LIVÔNIA

(FREUD)

Em 1º de maio de 1889, tornei-me médico de uma senhora de aproximadamente quarenta anos, cujos sofrimentos e personalidade tanto interesse me inspiraram que lhe consagrei grande parte de meu tempo e tomei a mim a missão de restabelecê-la. Era histérica, deixava-se colocar em estado de sonambulismo com a maior facilidade e, ao percebê-lo, decidi empregar com ela o procedimento breueriano da investigação na hipnose, que eu conhecia das suas comunicações sobre a história de cura de sua primeira paciente. Foi minha primeira tentativa no manejo desse método terapêutico. Estava ainda muito longe de dominá-lo e, de fato, não avancei o bastante a análise dos sintomas nem os observei de modo suficientemente sistemático. Talvez consiga dar uma ideia mais clara do estado da doente e de minha atuação médica reproduzindo os apontamentos que fiz todas as noites nas primeiras três semanas do tratamento. Onde minha experiência ulterior possibilitou uma compreensão melhor, eu o darei a conhecer em notas e comentários.

1º de maio de 1889. Encontro uma senhora de aparência ainda jovem, com traços fisionômicos finos, singularmente talhados, deitada no divã, uma almofada de couro sob a nuca. Seu rosto tem uma expressão tensa e dolorosa, os olhos estão apertados, o olhar baixo, a testa fortemente franzida, os vincos nasolabiais aprofundados. Fala como se fizesse esforço, em voz baixa, interrompida de quando em quando por uma hesitação espástica da fala, chegando a gaguejar. Seus dedos, que mantém entrelaçados, mostram uma contínua agitação, semelhante à da atetose. Frequentes contrações, ao modo de tiques, no rosto e nos músculos do pescoço, nas quais alguns destes, em particular o esternoclidomastóideo direito, ressaltam expressivamente. Além disso, interrompe-se com frequência na fala, para produzir um estalo peculiar que não posso imitar.[1]

O que ela diz é em tudo coerente e atesta claramente uma cultura e uma inteligência invulgares. Tanto mais desconcertante é o fato de que, a cada dois minutos,

---

[1] Esse estalo compunha-se de vários tempos; colegas, peritos em caça, que o escutaram, compararam seu som final ao chamado do tetraz [ou galo-da-floresta, *Tetrao urogallus*, ave encontrada na Europa e na Ásia].

abruptamente se interrompe, contorce o rosto numa expressão de pavor e asco, estende a mão com os dedos abertos e crispados em minha direção e, com voz alterada, repleta de angústia, grita as palavras: "Fique quieto — não diga nada — não me toque!". Provavelmente está sob a impressão de uma pavorosa alucinação recorrente e repele a intromissão do estranho com essa fórmula.[2] Logo, do mesmo modo abrupto, essa interpolação cessa, e a doente prossegue sua conversa, sem mais atentar para a excitação há pouco presente, sem explicar seu comportamento ou se desculpar; provavelmente, portanto, sem ter percebido ela própria a interrupção.[3]

Sobre suas circunstâncias de vida, tomo conhecimento do seguinte: sua família, originária da Alemanha central, estabeleceu-se há duas gerações nas províncias russas do Báltico, onde possui rico patrimônio. Eram catorze filhos, sendo ela a 13ª, e apenas quatro ainda estão vivos. Foi educada com esmero mas com muita opressão, por uma mãe severa e dinâmica em demasia. Aos 23 anos, casou-se com um homem muito talentoso e competente, que alcançara, como grande industrial, uma posição proeminente, mas era muito mais velho

---

[2] Essas palavras correspondem de fato a uma *fórmula protetora*, que também se explicará mais adiante. Depois observei tais fórmulas de proteção em uma melancólica que, dessa maneira, tentava dominar seus pensamentos torturantes (desejos de que algo mau pudesse acontecer a seu marido e à sua mãe, blasfêmia e coisas semelhantes).
[3] Trata-se de um delírio histérico que se alterna com o estado de consciência normal, tal como um verdadeiro tique se introduz num movimento voluntário, sem perturbá-lo e sem se mesclar com ele.

que ela. Após um breve casamento, faleceu subitamente de um ataque cardíaco. Ela aponta como causas de sua doença esse acontecimento e a educação de suas duas meninas, agora com dezesseis e catorze anos, frequentemente adoentadas e sofrendo de distúrbios nervosos. Desde a morte do marido há catorze anos, sempre esteve doente, em maior ou menor grau. Há quatro anos, um tratamento à base de massagem, aliado a banhos elétricos, trouxe-lhe alívio passageiro. Fora isso, todos os seus esforços para recuperar sua saúde permaneceram infrutíferos. Viajou muito e tem numerosos e vivos interesses. Atualmente, mora numa residência senhorial na costa do mar Báltico, nos arredores de uma grande cidade. Há meses padecendo mais uma vez gravemente, indisposta, insone e martirizada pelas dores, procurou em vão alguma melhora em Abbazia.* Há seis semanas está em Viena, onde vem se tratando, até aqui, com um médico proeminente.

Sem uma palavra de objeção, ela aceita minha sugestão de se separar das duas meninas, que têm sua governanta, e internar-se num sanatório onde posso vê-la diariamente.

Na noite de 2 de maio, visito-a no sanatório. Noto que se sobressalta fortemente quando a porta se abre de modo inesperado. Por isso providencio para que os médicos do estabelecimento e os enfermeiros batam com

---

* Abbazia (denominação italiana) ou Opatija, hoje cidade croata na península de Ístria, no Adriático, era então uma estação balneária austríaca.

força à porta e não entrem antes que ela lhes tenha dito "Entre!". Apesar disso, faz um esgar e estremece toda vez que alguém entra.

Sua queixa principal relaciona-se hoje a uma sensação de frio e a dores na perna direita que vêm das costas, acima da crista do ilíaco. Prescrevo-lhe banhos quentes e farei massagem em todo o corpo duas vezes ao dia.

Ela se presta muito bem para a hipnose. Ponho-lhe um dedo à frente, digo-lhe: Durma!, e ela cai para trás com uma expressão de atordoamento e confusão. Sugiro-lhe sono, melhora de todos os sintomas e coisas semelhantes, o que ela escuta com os olhos fechados mas com inequívoca e ávida atenção, ao que gradualmente sua fisionomia se descontrai e adquire uma expressão plácida. Depois dessa primeira hipnose, fica-lhe uma obscura lembrança de minhas palavras; já a partir da segunda, ocorre completo sonambulismo (amnésia). Tinha lhe anunciado que iria hipnotizá-la, ao que ela acedeu sem resistência. Nunca foi hipnotizada, mas presumo que tenha lido sobre hipnose, ainda que eu desconheça a noção que tenha do estado hipnótico.[4]

---

[4] Ao despertar da hipnose, sempre olhava um instante ao redor, como que atordoada, depois pousava os olhos sobre mim, parecia recobrar os sentidos, colocava os óculos que havia retirado antes de adormecer, e então se mostrava bem-disposta e dona de si. Embora no curso do tratamento, que durou sete semanas nesse ano e oito no seguinte, conversássemos sobre toda espécie de assuntos e eu a fizesse dormir duas vezes quase todos os dias, ela jamais dirigia a mim alguma pergunta ou observação sobre a hipnose e, em estado de vigília, parecia ignorar, tanto quanto possível, o fato de que era hipnotizada.

O tratamento com banhos quentes, massagem duas vezes ao dia e sugestão hipnótica continuou nos dias seguintes. Ela dormia bem, recuperava-se a olhos vistos, passava a maior parte do dia repousando tranquilamente. Não estava proibida de ver suas filhas, de ler e de cuidar de sua correspondência.

Na manhã de 8 de maio, aparentando perfeita normalidade, fala-me de horripilantes histórias de animais. Leu no *Frankfurter Zeitung*, que está diante dela, sobre a mesa, que um aprendiz amarrou um garoto e lhe meteu um camundongo branco na boca; o menino morreu de pavor. O dr. K... lhe contou que enviara a Tíflis uma caixa cheia de ratos brancos. Ao fazer-me esse relato, evidenciam-se com extrema vividez todos os sinais do pavor. Contrai convulsivamente as mãos várias vezes seguidas: "Fique quieto, não diga nada, não me toque! Se um animal desses estivesse na cama! (Pavor.) Imagine quando isso for desembrulhado! Entre eles há um rato morto, um rato ro-í-do".

Na hipnose me empenho em afastar essas alucinações com animais. Enquanto ela dorme, pego o *Frankfurter Zeitung*; com efeito, encontro a história dos maus-tratos a um garoto, mas sem camundongos ou ratos. Estes, portanto, seu delírio acrescentou durante a leitura.

À noite, contei-lhe de nossa conversa sobre os ratos brancos. Não sabe nada a esse respeito, está muito admirada e ri sinceramente.[5]

---

[5] Esta súbita introdução de um delírio no estado de vigília não era rara na sra. Emmy; observei-a ainda repetidas vezes. Costumava

À tarde, tivera a chamada "cãibra na nuca",[6] mas "rápida, só durou duas horas".

No anoitecer de 8 de maio, durante a hipnose, peço-lhe que fale, o que ela consegue, após algum esforço. Fala baixo e sempre reflete um momento antes de dar uma resposta. Sua fisionomia se altera conforme o conteúdo do que relata e torna-se serena, logo que minha sugestão põe termo à impressão causada pelo relato. Pergunto-lhe por que se assusta tão facilmente. Ela responde: São lembranças da primeira infância. — Quando? Primeiro, aos cinco anos, quando meus irmãos e irmãs, com bastante frequência, me atiravam animais mortos; tive então o primeiro ataque com desmaio e convulsões, mas minha tia disse que isso era abominável, que não se devia ter semelhantes ataques, e eles cessaram. Depois, aos sete anos, quando inesperadamente vi minha irmã no caixão; em seguida, aos oito, quando meu irmão, envolto em lençóis brancos como um fantasma, me assustou muitas vezes; por fim, aos nove, quando vi minha tia no caixão e — de repente — caiu-lhe o maxilar inferior.

---

queixar-se de que, em suas conversas, dava as mais distorcidas respostas de modo que os seus não a compreendiam. Em nossa primeira visita, ao perguntar-lhe quantos anos tinha, respondeu-me com toda seriedade: sou uma mulher do século passado. Semanas mais tarde, explicou-me que, em seu delírio, pensara então num belo armário velho, que ela, como amante de móveis antigos, havia adquirido na viagem. O tempo designado, quando minha pergunta sobre sua idade deu-lhe ocasião de se pronunciar sobre datas, dizia respeito a esse armário.
6 Uma espécie de enxaqueca.

A série de ocasiões traumáticas, que ela me apresenta em resposta à minha pergunta de por que era tão assustadiça, já está evidentemente pronta em sua memória; ela não teria podido reunir tão rapidamente, no curto intervalo entre minha pergunta e sua resposta, as ocorrências de diferentes períodos de sua infância. Ao final de cada parte de seu relato, sofre espasmos por todo o corpo e sua fisionomia mostra espanto e horror; ao concluir a última, escancara a boca e respira ofegante. Profere penosamente, arquejando, as palavras que transmitem o conteúdo aterrador da vivência. Em seguida, suas feições se acalmam.

À minha pergunta, ela confirma que durante o relato vê diante de si, plasticamente e em cores naturais, as respectivas cenas. Aliás, pensa com muita frequência nesses episódios e mais uma vez pensou neles nos últimos dias. Sempre que pensa neles, vê a cena diante de si com toda a vividez da realidade.[7] Compreendo agora por que ela me fala tão frequentemente de cenas de animais e imagens de cadáveres. Minha terapia consiste em apagar essas imagens, de modo que não possa voltar a tê-las diante dos olhos. Como apoio à sugestão, passo-lhe a mão sobre os olhos várias vezes.

9 de maio, [*de manhã*]. Ela dormiu bem, sem que eu tivesse renovado a sugestão, mas teve dores de estômago pela manhã. Começou a senti-las já ontem, no jardim,

---

[7] Muitos outros histéricos nos comunicaram essas lembranças em vívidos quadros visuais e enfatizaram isso particularmente para as lembranças patogênicas.

onde permaneceu tempo demais com as filhas. Consente em que eu limite a visita das garotas a duas horas e meia; há alguns dias se censurara por deixar as filhas sozinhas. Encontro-a hoje um tanto agitada, com a testa franzida, estalos e fala hesitante. Durante a massagem, conta-me apenas que a governanta das filhas lhe trouxe um atlas histórico-cultural e que se assustou muito com algumas das imagens, que mostravam índios disfarçados de animais. "Imagine se eles adquirissem vida!" (Pavor.)

Na hipnose, pergunto-lhe por que se aterrorizou tanto com essas imagens, uma vez que já não tem medo de animais. Elas lhe teriam lembrado visões que tivera (aos dezenove anos) por ocasião da morte de seu irmão. Reservo essa lembrança para mais tarde. Pergunto-lhe ainda se sempre falou assim, gaguejando, e desde quando tem o tique (o singular estalo).[8] Responde-me que a gagueira é um fenômeno de sua doença e o tique, ela o tem há cinco anos, desde que um dia, sentada à beira do leito de sua filha mais nova (que estava então muito doente), quis ficar completamente quieta. — Tento atenuar a significação dessa lembrança, afinal nada acontecera à filha etc. Ela: Isso volta sempre que me angustio ou me assusto. — Digo-lhe que não tenha medo das imagens dos índios, pelo contrário, que se ria delas a valer e até me chame a atenção para elas. De fato, assim ocorre, depois que ela desperta; busca o livro, pergunta se já o vi realmente, abre-o na página em apreço e

---

[8] Em estado de vigília, ela dera a seguinte resposta à pergunta sobre a origem do tique: "Não sei; oh, já há muito tempo".

ri das grotescas figuras às gargalhadas, sem qualquer apreensão e com a fisionomia totalmente serena. O dr. Breuer entra de súbito para visitá-la, na companhia do médico do sanatório. Ela se assusta e estala a língua, de modo que os dois nos deixam logo em seguida. Explica sua agitação pela presença do médico da casa, a cada vez acompanhando as visitas, o que a afeta de um modo desagradável.

Durante a hipnose, eu havia eliminado também, pelo toque, a dor de estômago, e lhe dissera que ela esperaria seu retorno após a refeição, mas a dor não apareceria.

De noite. Pela primeira vez, ela está alegre e falante, manifesta um humor que eu não teria presumido encontrar nessa mulher séria e, entre outras coisas, em plena consciência de sua melhora, zomba do tratamento do médico que me precedeu. Há muito tinha a intenção de livrar-se desse tratamento mas não encontrava a forma de fazê-lo, até que uma observação fortuita do dr. Breuer, que a visitou certa vez, sugeriu-lhe uma saída. Como pareço surpreso com essa comunicação, ela se apavora, faz-se veementes censuras por ter cometido uma indiscrição, mas, aparentemente, é acalmada por mim. Não teve dores de estômago, embora as tivesse esperado.

Na hipnose, pergunto-lhe sobre outras vivências que lhe tenham provocado um pavor persistente. Tão prontamente como a primeira, ela apresenta uma segunda série de tais episódios, ocorridos mais tarde, na juventude, e de novo assegura que vê com frequência todas essas cenas, vívidas e em cores, diante de si. Relata-me como (aos quinze anos) viu levarem sua prima

II. CASOS CLÍNICOS — EMMY VON N.

para o hospício; quis pedir socorro, mas não pôde e perdeu a fala até a noite. Como fala frequentemente de hospícios em suas conversas, interrompo-a e pergunto por outras ocasiões relacionadas a loucos. Conta-me que sua própria mãe esteve algum tempo no hospício. Certa vez, tiveram uma criada cuja antiga patroa havia passado muito tempo num manicômio e que tinha o hábito de contar-lhe histórias horripilantes: de como ali os doentes eram amarrados a cadeiras, eram espancados e coisas similares. Ao relatá-lo, suas mãos contraem-se de pavor, convulsivamente; vê tudo isso diante dos olhos. Empenho-me em corrigir a ideia que tem de hospícios, asseguro-lhe que poderá ouvir falar de tais instituições sem relacioná-las consigo mesma. Com isso, seu semblante se descontrai.

Prossegue na enumeração de suas lembranças apavorantes: como (aos quinze anos) encontrou a mãe estendida no chão, convulsionada por um ataque, ao qual sobreviveu ainda quatro anos; e como, aos dezenove anos, um dia voltou para casa e encontrou a mãe morta com o rosto contorcido. Atenuar essas lembranças importa naturalmente maiores dificuldades; depois de uma explanação mais demorada, asseguro-lhe que também essa imagem ela só voltará a ver difusa e sem força. Relata-me ainda como, aos dezenove anos, ao levantar uma pedra, encontrou debaixo dela um sapo e assim perdeu a fala por várias horas.[9]

---

9 Um simbolismo particular que, lamentavelmente, não tentei investigar, deve estar ligado ao sapo.

Nessa hipnose, convenci-me de que ela sabe tudo o que ocorreu na hipnose precedente, enquanto, em estado de vigília, nada sabe a respeito.

10 de maio, de manhã. Hoje, pela primeira vez, em lugar de um banho quente, ela tomou banho de farelo de trigo. Encontro-a com a fisionomia crispada e sombria, as mãos envoltas num xale, queixando-se de frio e dores. Questionada sobre o que tinha, conta-me que ficara incomodamente sentada na pequena banheira e com isso tivera dores. Durante a massagem, começa dizendo que está deveras consternada por causa da traição de ontem ao dr. Breuer. Tranquilizo-a com a piedosa mentira de que já o sabia desde o início; com isso, sua agitação (estalo da língua, contração do rosto) desaparece. Assim, minha influência sempre se faz sentir já durante a massagem; ela fica mais calma e mais lúcida e, mesmo sem que a interrogue sob hipnose, encontra os motivos de seu mau humor do momento. Também a conversa que mantém comigo enquanto é massageada não é tão desprovida de intenção como parece; pelo contrário, contém a reprodução bastante completa das lembranças e novas impressões que a influenciaram desde nossa última entrevista e, com frequência, de modo bastante inesperado, acaba em reminiscências patogênicas, sobre as quais fala sem que eu lhe tenha solicitado. É como se tivesse se apropriado do meu procedimento e utilizasse a conversa, aparentemente natural e guiada pelo acaso, como complemento da hipnose. Assim, por exemplo, hoje fala de sua família e, por toda sorte de rodeios, chega à história de um primo excêntrico e obtuso, a quem os pais mandaram arrancar todos os dentes de uma assentada. Ela acompanha essa história com gestos de pavor, repetindo várias vezes sua fórmula protetora (Fique quieto! — Não diga nada! — Não me toque!). Depois disso, sua fisionomia se descontrai e ela se alegra. Assim, seu comportamento durante o estado de vigília é dirigido pelas experiências que teve no sonambulismo, das quais, na vigília, acredita nada saber.

Na hipnose repito-lhe a pergunta sobre o que a indispôs e obtenho as mesmas respostas, mas em sequência invertida: 1) sua tagarelice de ontem, 2) as dores causadas pelo desconforto de sua posição no banho — Hoje lhe pergunto o que significam as frases: "Fique quieto!" etc. Ela explica que, quando tem pensamentos angustiantes, teme ser interrompida no curso de suas ideias porque então tudo se embaralha e é ainda pior. O "fique quieto" se relaciona ao fato de que as figuras de animais que lhe aparecem em maus estados põem-se em movimento e se lançam sobre ela, se alguém se move à sua frente; finalmente, a exortação "Não me toque!"vem dos seguintes episódios: como seu irmão, que estava muito doente por ter usado morfina em excesso e tinha ataques terríveis, muitas vezes a agarrava de repente (com dezenove anos); mais tarde, em sua casa, um conhecido enlouquecera de repente e a havia segurado pelo braço; (um terceiro caso similar, do qual não se recorda com precisão) e, finalmente (com 28 anos), como sua pequena, estando então muito doente, tinha-a agarrado tão violentamente em seu delírio que quase fora sufocada. Não obstante o grande intervalo de tempo entre os casos, relatou-os numa só frase e em rápida sucessão, como se constituíssem um único evento em quatro atos. A propósito, todas as suas comunicações de traumas assim agrupados começam com "como", e os vários traumas parciais são ligados um ao outro por "e". Percebendo que a fórmula protetora se destina a preservá-la do retorno de vivências semelhantes, tiro-lhe esse receio mediante sugestão, e realmente não a escuto dizê-la outra vez.

Ao anoitecer, encontro-a muito alegre. Rindo, conta que no jardim sobressaltou-se com um cãozinho que havia latido para ela. Mas seu rosto está um tanto contrafeito e há uma excitação interior, que só desaparece quando me pergunta se eu levara a mal uma observação que fizera durante a massagem da manhã e respondo que não. A menstruação veio hoje, depois de uma pausa de quase duas semanas. Prometo-lhe regularizá-la por sugestão hipnótica e fixo, na hipnose, um intervalo de 28 dias.[10]

Pergunto-lhe ainda, durante a hipnose, se se lembra do que me contou por último. Com isso, tenho em mente uma tarefa que nos restara de ontem à noite. Mas ela começa (corretamente) pelo "não me toque" da hipnose da manhã. Então a reconduzo ao tema de ontem. Eu lhe havia perguntado de onde provinha a gagueira e recebera a resposta: Não sei.[11] Por esse motivo, tinha-a

---

10 O qual se cumpriu.
11 A resposta: "não sei" podia ser exata, mas podia do mesmo modo significar o desagrado em falar dos motivos. Mais tarde verifiquei em outros doentes que, mesmo na hipnose, quanto maior o esforço que tivessem empregado para repelir de sua consciência determinado acontecimento, maior a dificuldade em se lembrarem dele.

encarregado de lembrar-se disso até a hipnose de hoje. Responde-me então, sem muito refletir, mas em grande excitação e com perturbações espásticas na fala: "Como certa vez os cavalos partiram em disparada com a carruagem em que estavam as crianças, e como, numa outra vez, eu ia pela floresta com as crianças durante uma tempestade... e um raio caiu numa árvore justo à frente dos cavalos e os cavalos se espantaram e pensei comigo mesma: agora você precisa ficar completamente quieta, senão vai assustar ainda mais os cavalos com seus gritos e o cocheiro não terá mais como contê-los: daí em diante, isso apareceu". Esse relato a agita bastante; informa, ainda, que a gagueira apareceu logo após a primeira das duas ocasiões, mas pouco tempo depois desapareceu, para voltar na segunda ocasião similar e tornar-se permanente. Apago a lembrança plástica dessas cenas, mas incito-a a imaginá-las mais uma vez. Ela parece tentar e mantém-se quieta ao fazê-lo; desde então fala, durante a hipnose, sem qualquer interrupção espástica.[12]

Como a encontro disposta a me dar informações, pergunto-lhe também que outros acontecimentos de sua vida a apavoraram assim, a ponto de ter conservado deles uma lembrança vívida. Ela responde com uma coleção de tais vivências: como, um ano após a morte de sua

---

12 Como aqui se vê, o estalo da língua, ao modo de um tique, e a gagueira espástica da paciente são dois sintomas que se reportam a causas semelhantes e um mecanismo análogo. Dediquei atenção a esse mecanismo em um pequeno artigo: "Um caso de cura hipnótica com observações sobre a contravontade histérica" [1892-3]; retornarei a isso também aqui.

mãe, estando na casa de uma amiga francesa, mandaram-na com outra garota ao quarto contíguo, para buscar um dicionário, e então viu se erguer da cama uma pessoa de aparência idêntica à daquela que acabara de deixar. Deteve-se, rígida, e ali ficou, como que enraizada. Mais tarde, ouviu dizer que se tratava de uma boneca que haviam preparado. Qualifico essa aparição de alucinatória, apelo à sua lucidez e seu rosto se descontrai.

Conta-me ainda como havia cuidado de seu irmão doente que, em consequência da morfina, tinha ataques horríveis, nos quais a aterrorizava e agarrava. Noto que já havia falado desse episódio hoje de manhã e, a título de experiência, pergunto-lhe em que ocasiões mais ocorrera esse "agarrar". Para minha alegre surpresa, dessa vez reflete longamente sobre a resposta e enfim pergunta, insegura: "A pequena?". Não pode absolutamente se lembrar das duas outras ocasiões (ver acima). Minha proibição, a extinção da lembrança, funcionou, portanto. Ela prossegue: como cuidava de seu irmão, quando a tia, que viera para convertê-lo à fé católica, esticou de repente a cabeça branca por sobre o biombo. Vejo que, com isso, havia chegado à raiz de seu permanente temor de surpresas e lhe pergunto em que outras circunstâncias lhe haviam ocorrido. Relata-me então como, em sua casa, tinham um amigo que gostava de entrar furtivamente no quarto, sem o mínimo ruído e, de repente, aparecia; como, após a morte da mãe, ficou muito doente e foi para uma estância balneária, onde uma doente mental, durante a noite, várias vezes entrou por engano em seu quarto e até mesmo foi para sua cama; e, por fim, como, em sua viagem de Abbazia até aqui, um homem desconhecido abriu de súbito a porta de seu compartimento, quatro vezes, e a cada vez olhou-a fixamente. Ela se apavorou tanto que chamou o cobrador.

Apago todas essas lembranças, desperto-a e, tendo deixado de fazer-lhe a sugestão correspondente na hipnose, asseguro-lhe que dormirá bem essa noite. A melhora de seu estado geral evidencia-se em sua observação de que hoje não havia lido nada, de que vive como em um sonho feliz, ela que, por inquietação interior, precisava permanentemente fazer alguma coisa.

11 de maio, de manhã. Está marcado para hoje seu encontro com o ginecologista dr. N..., que deve examinar sua filha mais velha por causa de dores menstruais. Encontro a sra. Emmy em considerável desassossego, que agora, porém, manifesta por sinais corporais mais tênues que antes; além disso, declara de vez em quando: "Sinto medo, tanto medo, acho que vou morrer". Mas de que sente medo? Seria do dr. N...? Ela não sabe, apenas sente medo. Na hipnose, que induzo ainda antes da chegada do colega, ela confessa que receia ter me ofendido com uma declaração que lhe pareceu descortês, ontem durante a massagem. Também receia tudo o que é novo e, portanto, o novo médico. Consigo acalmá-la e se é verdade que estremece algumas vezes diante do dr. N..., comporta-se bem e não estala a língua nem manifesta transtorno da fala. Após sua partida, volto a hipnotizá-la a fim de remover os eventuais restos da excitação deflagrada com a visita. Ela está muito satisfeita com o próprio comportamento, deposita grandes esperanças no tratamento e procuro mostrar-lhe, neste exemplo, que não precisamos temer o novo, pois ele também encerra em si o bom.[13]

À noite, ela está muito alegre e se desembaraça de muitas apreensões na conversa antes da hipnose. Na hipnose, pergunto-lhe que acontecimento de sua vida havia exercido efeito mais duradouro e com maior frequência aflorava em sua lembrança. A morte do marido, diz. Peço-lhe que me conte esse evento em todos os pormenores, o que ela faz com sinais de profunda comoção, mas sem estalar a língua ou gaguejar.

Relata-me como, um dia, estando num lugarejo da Riviera que ambos amavam muito, atravessavam uma ponte e ele, acometido por uma angina no peito, tombou subitamente e ficou no chão alguns minutos, como se já estivesse sem vida, mas logo se levantou incólume. Como então, pouco tempo depois, nas semanas após o parto, encontrava-se na cama com a pequena, e o marido, que tomava o café da manhã numa pequena mesa diante de seu leito e lia o jornal, de repente ergueu-se, fitou-a de uma maneira insólita, deu alguns passos e em seguida caiu morto no chão. Ela saltou da cama; os médicos chamados fizeram tentativas de reanimação que ela ouviu do outro cômodo, mas foi em vão. Ela então prossegue: e como a criança, que tinha na ocasião algumas semanas de vida, ficou muito doente e por seis me-

---

13 Como se viu mais tarde, todas essas sugestões instrutivas malograram no caso da sra. Emmy.

ses continuou doente, tempo durante o qual ela própria esteve acamada com febre forte. E agora se seguem, ordenadas cronologicamente, suas queixas contra essa criança, externadas com pressa e com fisionomia agastada, como ao falarmos de alguém de quem ficamos fartos. Ela fora por muito tempo bastante estranha, gritava sempre e não dormia, tivera uma paralisia da perna esquerda, cuja cura quase os desesperou; com quatro anos teve visões, começara a andar tarde e a falar tarde, de modo que a haviam tomado por idiota por longo tempo; conforme declararam os médicos, havia sofrido inflamação do cérebro e da medula espinhal, e isso não era tudo. Nisso a interrompo e chamo sua atenção para o fato de que essa mesma criança é hoje normal e saudável, e retiro-lhe a possibilidade de voltar a ver todas essas coisas tristes, não apenas apagando de sua consciência a lembrança plástica, mas removendo toda a reminiscência, como se nunca tivesse estado ali. Prometo-lhe, com isso, a cessação da expectativa de infortúnios que permanentemente a martiriza e das dores em todo o corpo, das quais acabara de se queixar durante o relato, depois de vários dias sem que delas se falasse.[14]

14 Dessa vez, fui certamente longe demais em minha energia. Um ano e meio mais tarde, quando revi a sra. Emmy, então em estado de saúde relativamente bom, ela se queixou de como era estranho que apenas pudesse se lembrar de determinados momentos muito importantes de sua vida de forma bastante imprecisa. Via nisso uma prova do enfraquecimento de sua memória e tive que acautelar-me para não lhe dar a explicação dessa amnésia especial. O êxito completo da terapia nesse ponto se deveu, sem dúvida, também

Para minha surpresa, imediatamente após minha sugestão ela começa a falar sobre o príncipe L..., cuja evasão de um manicômio dera então o que falar. Traz novas ideias angustiantes sobre hospícios, como a de que as pessoas são neles tratadas com duchas de água gelada na cabeça e colocadas num aparelho onde ficam girando até se acalmarem. Há três dias, quando se queixou do medo de hospícios, eu a havia interrompido depois da primeira história em que contava como neles os doentes eram amarrados a cadeiras. Vejo que nada alcanço com isso e que, de fato, não posso evitar escutá-la até o fim, em cada ponto. Isso restabelecido, removo-lhe também as novas imagens aterradoras, apelo à sua lucidez e pondero que, afinal, deve acreditar mais em mim do que na tola garota de quem ouvira as histórias horripilantes sobre as práticas em uso nos manicômios. Contudo, observando que às vezes, no decorrer desses relatos suplementares, ela ainda gagueja um pouco, pergunto-lhe novamente de onde vem a gagueira. Nenhuma resposta. — Você não sabe? — Não. — E por que não? — Por quê? Porque não posso (o que é dito com veemência e irritação). Acredito ver nessa declaração um êxito de minha sugestão, mas ela manifesta o desejo, ao qual cedo, de ser despertada da hipnose.[15]

---

ao fato de tê-la feito me relatar essa lembrança com tantos pormenores (muitos mais do que minhas notas conservaram), ao passo que habitualmente me contentava com simples menções.
15 Só no dia seguinte compreendi essa pequena cena. Sua natureza rebelde, que tanto em estado de vigília como em sono artificial se insurgia contra toda coação, fizera-a enfurecer-se por eu ter

12 de maio. Contrariando minha expectativa, ela dormiu pouco e mal. Encontro-a em grande angústia, mas sem os sinais físicos habituais desta. Não quer dizer o que se passa consigo, apenas que teve maus sonhos e continua a ver sempre as mesmas coisas. "Que pavor, se ganhassem vida!" Durante a massagem, livra-se de algumas coisas mediante perguntas, então se alegra, fala das pessoas que conhece em sua residência de viúva no Báltico, dos homens importantes da cidade vizinha que costuma ter como convidados etc.

Hipnose. Teve sonhos pavorosos, os pés das cadeiras e os braços e espaldares das poltronas eram todos serpentes, um monstro com um bico de abutre lançou-se sobre seu corpo, bicando-o e devorando-o todo, outros animais selvagens saltaram sobre ela etc. Logo passa a outros delírios com animais, que, porém, caracteriza acrescentando: "Isso foi real" (e não um sonho). Conta como (uma vez, no passado) queria pegar um novelo de lã e era um rato que fugiu correndo; como, durante um passeio, um grande sapo inesperadamente saltou sobre ela etc. Percebo que minha proibição geral foi infrutí-

---

considerado terminada sua história e tê-la interrompido com minha sugestão conclusiva. Tenho muitas outras provas de que, em sua consciência hipnótica, ela vigiava criticamente meu trabalho. Provavelmente queria me censurar por perturbá-la em sua história naquele dia, como a havia perturbado no relato dos horrores do hospício, mas não se atrevia a isso. Assim, de modo aparentemente inopinado e sem trair o curso associativo dos pensamentos, apresentou esses suplementos. No dia seguinte, uma observação crítica sua me esclareceu sobre meu equívoco.

fera e que tenho de tirar-lhe essas impressões angustiantes uma a uma.[16] De alguma forma venho a perguntar-lhe por que teve também dores de estômago e de onde vinham. Creio que as dores de estômago, em seu caso, sempre acompanham os ataques de zoopsia. Responde-me, com bastante má vontade, que isso não sabia. Peço-lhe que procure se lembrar disso até amanhã. Bastante agastada, me diz que eu não devia perguntar sempre de onde vinham isso e aquilo, mas sim deixá-la contar o que tinha a me dizer. Aquiesço e ela prossegue, sem preâmbulo: Quando eles o levaram para fora, não pude acreditar que estivesse morto (uma vez mais, portanto, fala-me de seu marido e reconheço agora, como causa de seu mau humor, o fato de ter sofrido com os restos conservados dessa história). E então odiou a filha por três anos, pois sempre disse a si mesma que teria podido cuidar do marido até que se restabelecesse, se não estivesse de cama por causa da criança. Além do mais, só tivera desgostos e agitações após a morte do marido. Os parentes dele, que sempre foram contra o casamento e depois se irritaram com o fato de que vivessem tão felizes, teriam espalhado o rumor de que ela própria o havia envenenado, de modo que ela pretendeu exigir um inquérito. Por intermédio de um odioso advogado de esquina, os parentes lhe teriam movido toda espécie de

---

16 Lamentavelmente, nesse caso, deixei de investigar o significado da zoopsia, de distinguir, por exemplo, o que era horror primário no medo de animais, como é próprio de muitos neuropatas desde a infância, e o que era simbolismo.

processos. O patife punha agentes a circular semeando intrigas contra ela; fazia publicar artigos difamatórios nos jornais locais e depois lhe enviava os recortes. Daí provém sua reserva com as pessoas e seu ódio a todos os estranhos. Depois das palavras tranquilizadoras que faço seguir a seu relato, ela se declara aliviada.

13 de maio. Novamente dormiu pouco por causa das dores de estômago, ontem não fez nenhuma refeição noturna, queixa-se também de dores no braço direito. Contudo, está bem-humorada, alegre, e desde ontem me trata com especial distinção. Pede minha opinião sobre as mais diversas coisas que lhe parecem importantes e se agita desmedidamente quando, por exemplo, tenho que procurar pelas toalhas necessárias na massagem etc. Estalos e tiques faciais ocorrem muitas vezes.

Hipnose: Ontem à noite, ocorreu-lhe de repente o motivo pelo qual os pequenos animais que vê se agigantam assim. Isso lhe acontecera a primeira vez em uma apresentação de teatro em D..., na qual havia em cena um lagarto gigantesco. Essa lembrança também a atormentou muito ontem.[17]

---

17 Decerto, o sinal mnêmico visual do grande lagarto havia alcançado esse significado apenas pela coincidência temporal com um grande afeto que deve tê-la tomado durante aquela apresentação teatral. Mas, como já admiti, na terapia dessa doente me contentei frequentemente com indagações superficiais, e também nesse caso não prossegui a pesquisa. — Isso lembra, a propósito, a macropsia histérica. A sra. Emmy tinha alto grau de miopia e astigmatismo, e suas alucinações podiam ter sido provocadas muitas vezes pela imprecisão de suas percepções visuais.

A volta dos estalos de língua viria de que ontem teve dores abdominais e se esforçou para não revelá-las com seus suspiros. Sobre o verdadeiro motivo dos estalos (cf. p. 83), não sabe nada. Também se lembra de que lhe solicitei que descobrisse de onde vêm as dores de estômago. Mas não o sabe e me pede que a ajude. Pergunto-lhe se alguma vez não teria se obrigado a comer depois de grandes comoções. De fato. Após a morte do marido, por longo período faltou-lhe completamente o apetite, comia apenas por um sentimento de obrigação, e as dores de estômago começaram realmente naquela época. Com alguns toques sobre o epigástrio, elimino as dores de estômago. Ela então começa a falar espontaneamente sobre o que mais a havia afetado: "Disse que não amei a pequena. Mas devo acrescentar que isso não se podia notar em minha conduta. Fiz tudo o que era necessário. Ainda hoje me recrimino por preferir a mais velha".

14 de maio. Ela está bem e alegre, dormiu até as sete e meia da manhã, queixa-se apenas de um pouco de dor na região radial da mão, dores na cabeça e no rosto. O que ela diz antes da hipnose ganha cada vez mais significado. Hoje não tem quase nada de horrível a comunicar. Queixa-se de dor e insensibilidade na perna direita, conta que em 1871 sofreu uma infecção abdominal; em seguida, mal se restabelecera, cuidou do irmão doente e com isso começaram as dores que, de tempos em tempos, causavam-lhe até mesmo uma paralisia do pé direito.

Na hipnose, pergunto se agora já lhe será possível circular entre pessoas ou se o medo ainda prevalece. Responde-me que ainda lhe é desagradável quando alguém fica atrás dela ou muito perto, a seu lado. Relata-me, a esse propósito, outros casos de surpresas desagradáveis provocadas por pessoas aparecendo de repente. Assim, certa vez, quando passeava com suas filhas em Rügen, dois indivíduos de aparência suspeita saíram de trás de uns arbustos e as insultaram. Em Abbazia, durante um passeio ao anoitecer, um mendigo surgira inopinadamente de trás de uma rocha e se ajoelhara diante dela. Devia ser um louco inofensivo. Conta-me, ainda, sobre um arrombamento noturno em seu castelo, situado em lugar isolado, algo que muito a assustou.

No entanto, é fácil perceber que esse medo de pessoas provém essencialmente das perseguições a que foi exposta após a morte do marido.[18]

De noite. Não obstante parecer muito alegre, ela me recebe com a exclamação: "Morro de angústia, oh, mal posso lhe dizer, eu me odeio". Venho a saber, afinal, que o dr. Breuer a visitara e, no momento em que apareceu, ela se sobressaltara. Como ele o percebesse, ela lhe assegurou que era "só essa vez" e lastimou tanto, em consideração a mim, que ainda mostrasse esse resto do antigo apavoramento! Nesses últimos dias, aliás, eu tivera a oportunidade de observar quão implacável consigo mesma ela é e com que facilidade se dispõe a fazer uma grave censura às menores negligências — quando as toalhas

---

18 Naquele momento, estava inclinado a admitir uma origem *psíquica* para todos os sintomas de uma histeria. Hoje, diria ser *neurótica* a tendência à angústia nessa mulher que vivia em abstinência (neùrose de angústia).

para a massagem não estão no lugar, quando o jornal que devo ler enquanto ela dorme não está preparado e visível. Depois que a primeira e mais superficial camada de reminiscências torturantes é removida, aparece sua personalidade moralmente hipersensível marcada pela tendência a diminuir-se, e tanto na vigília como na hipnose eu lhe digo, parafraseando a velha sentença *"minima non curat praetor"*,* que entre o bem e o mal há todo um vasto grupo de pequenas coisas indiferentes, pelas quais ninguém deve se censurar. Creio que ela não recebe esse ensinamento muito melhor que um monge ascético da Idade Média que vê o dedo de Deus e a tentação do Demônio em cada mínima vivência sua e não é capaz de imaginar o mundo, nem mesmo por um breve instante e em algum pequenino recanto, sem relação com sua pessoa.

Na hipnose, ela traz alguns suplementos de imagens aterradoras (como as cabeças sangrentas sobre cada onda, em Abbazia). Faço com que me repita as instruções que lhe dei no estado de vigília.

15 de maio. Dormiu até às oito e meia, mas sentiu-se inquieta pela manhã e me recebe com um ligeiro tique, estalos da língua e alguma dificuldade para falar. "Morro de angústia." Interrogada, conta que a pensão onde as filhas estão hospedadas fica no quarto andar e a ela se chega com um elevador. Ontem solicitou que as filhas utilizem esse elevador também para descer, e agora se repreende por isso, pois o elevador não era completamente

---

* *Minima non curat praetor*, adágio latino: "O pretor não cuida de minudências".

II. CASOS CLÍNICOS — EMMY VON N.

confiável. O próprio dono da pensão o disse. Pergunta se conheço a história da condessa Sch... que morreu num acidente desse gênero em Roma. Ora, conheço a pensão e sei que o elevador é propriedade particular do seu dono; não me parece muito provável que o mesmo homem que exalta esse elevador num anúncio tenha alertado sobre sua utilização. Creio que há aqui um engano da memória, induzido pela angústia; comunico-lhe minha opinião e, sem esforço, levo-a a rir da inverossimilhança de seu temor. Precisamente por esse motivo, não posso acreditar que fosse essa a causa de sua angústia e me proponho dirigir a pergunta à sua consciência hipnótica. Durante a massagem que hoje volto a fazer, após uma interrupção de vários dias, ela relata histórias isoladas, frouxamente conectadas entre si, mas que podem ser verídicas, como a de um sapo que foi encontrado num porão, a de uma excêntrica mãe que cuidava de seu filho idiota de maneira singular, a de uma mulher que, por causa de sua melancolia, foi trancada num manicômio e, assim, revela que tipo de reminiscências passa por sua cabeça quando é tomada pelo desassossego. Depois de se desembaraçar dessas histórias, fica muito alegre, relata sobre a vida em sua propriedade, sobre as relações que mantém com homens proeminentes da Rússia alemã e do Norte da Alemanha, e para mim é realmente difícil conciliar essa abundância de atividades com a ideia de uma mulher tão intensamente nervosa.

Na hipnose pergunto-lhe, pois, por que hoje de manhã estava tão inquieta e, em lugar da apreensão a respeito do elevador, recebo a informação de que temeu que sua menstruação começasse de novo e atrapalhasse a massagem.[19]

19 Portanto, a sequência de eventos fora a seguinte. Ao acordar pela manhã, ela se sentiu angustiada e, para explicar esse estado de ânimo, recorreu à primeira ideia angustiante que se ofereceu. Na tarde anterior, havia tido uma conversa sobre o elevador da pensão das meninas. Sendo uma mãe apreensiva, perguntara à governanta se a filha mais velha, que não podia andar muito por causa de uma ovarialgia do lado direito e dores na perna direita, utilizava o elevador também para descer. Um engano da lembrança lhe permitiu, então, ligar a angústia que lhe era consciente à ideia desse elevador. Não encontrou em sua consciência o verdadeiro motivo da angústia; ele surgiu apenas, mas sem hesitação, quando a interroguei sobre isso na hipnose. Era o mesmo processo que Bernheim e outros depois dele estudaram em pessoas que executam pós-hipnoticamente uma ordem que lhes é dada durante a hipnose. Por exemplo, Bernheim (*Die Suggestion*, p. 31 da tradução alemã) sugeriu a um doente que, após despertar, pusesse os dois polegares na boca. Ele assim faz e se desculpa dizendo que sente uma dor na língua desde a mordida que se infligiu dias antes, num ataque epileptiforme. Uma garota, em obediência à sugestão, tenta assassinar um oficial de justiça que lhe é inteiramente desconhecido; presa e inquirida sobre os motivos de seu ato, inventa uma história sobre uma ofensa sofrida, que exigia vingança. Parece haver uma necessidade de se colocar fenômenos psíquicos que se tornam conscientes em ligação causal com outro material consciente. Ali onde a verdadeira causa foge à percepção da consciência, a pessoa não hesita em fazer outra ligação em que ela própria acredite, embora seja falsa. É claro que uma cisão do conteúdo da consciência deve favorecer imensamente tais "ligações [ou conexões] falsas".

Vou me demorar um pouco mais no exemplo de falsa ligação acima referido, já que ele pode ser considerado modelar em mais de um aspecto. Em primeiro lugar, no tocante ao comportamento dessa paciente, que no curso do tratamento me deu várias vezes, mediante o esclarecimento hipnótico, a oportunidade de desfazer tais conexões falsas e eliminar seus efeitos. Relatarei em detalhes um

II. CASOS CLÍNICOS — EMMY VON N.

---

caso desse tipo, pois lança uma viva luz sobre o fato psicológico em discussão. Eu havia proposto à sra. Emmy que, em vez dos habituais banhos mornos, experimentasse um meio banho frio que eu esperava lhe fosse mais revigorante. Ela prestava obediência incondicional às prescrições médicas, mas sempre as seguia com extrema desconfiança. Já mencionei que seu tratamento médico quase não lhe trouxera alívio. Minha proposta de que tomasse banhos frios não foi feita com autoridade suficiente para que ela não se encorajasse a exprimir suas reservas: "Todas as vezes que tomei banhos frios, fiquei melancólica o dia inteiro. Mas tento de novo, se você quiser; não creia que eu deixe de fazer alguma coisa que me diga". Simulei abandonar minha proposta, mas na hipnose seguinte sugeri que agora ela mesma propusesse os banhos frios, que eu havia refletido, que afinal queria fazer a tentativa etc. Assim aconteceu; no dia seguinte, ela mesma retomou a ideia de experimentar meios banhos frios, procurou convencer-me disso com todos os argumentos favoráveis que eu lhe havia apresentado, e concordei sem muito entusiasmo. Porém, no dia após o meio banho, encontrei-a, de fato, profundamente abatida. "Por que você está assim hoje?" — "Eu já sabia. É por causa do banho frio, é sempre assim." — "Você mesma pediu. Agora sabemos que não o tolera. Voltaremos aos banhos mornos." Depois, perguntei-lhe na hipnose: "Foi realmente o banho frio que lhe indispôs tanto?". — "Ah, o banho frio não tem nada a ver com isso", foi a resposta, "é que hoje cedo li no jornal que estourou uma revolução em S. Domingo. Quando há distúrbios por lá, são sempre os brancos que sofrem; tenho um irmão em S. Domingo que já nos causou muita preocupação, e agora estou preocupada de que algo lhe aconteça." Com isso, o assunto estava resolvido entre nós. Na manhã seguinte, ela tomou seu meio banho frio como se isso fosse natural e o tomou ainda por várias semanas, sem jamais atribuir a ele uma indisposição.

Há de se convir que esse exemplo também é típico do comportamento de muitos outros neuropatas em relação à terapia aconselhada pelo médico. Sejam tumultos em S. Domingo ou alhures que, em determinado dia, provocam certo sintoma, o doente está sempre inclinado a atribuí-lo à última intervenção médica. Das duas condições requeridas para o aparecimento de tal ligação falsa, uma delas, a desconfiança, parece estar sempre presente; a outra, a cisão da consciência, é substituída pelo fato de que a maioria dos neuropatas não tem, em parte, conhecimento das verdadeiras causas (ou ao menos das causas eventuais) de seu padecimento e, em parte, não quer tomar conhecimento delas, pois não gosta de ser lembrada de sua própria parcela de responsabilidade.

Poder-se-ia pensar que as condições psíquicas da ignorância ou da negligência deliberada, salientadas nos neuropatas fora do âmbito da histeria, sejam mais favoráveis ao aparecimento de uma ligação falsa do que a existência de uma cisão da consciência, que priva a consciência do material para a relação causal. Contudo, essa cisão raramente é pura; na maioria das vezes, fragmentos do complexo ideativo subconsciente penetram na consciência ordinária, e são precisamente eles que dão ensejo a tais perturbações. Habitualmente, é a sensação geral ligada ao complexo, o estado de ânimo da angústia, do pesar, que, como no exemplo acima, é sentida de modo consciente, e para a qual, por uma espécie de "compulsão à associação", deve ser estabelecida uma ligação com um complexo ideativo presente na consciência. (Cf., a propósito, o mecanismo da *ideia obsessiva* que expus numa comunicação no *Neurologisches Zentralblatt*, n. 10 e 11, 1894. Ver também "Obsessions et phobies", *Revue Neurologique*, n. 2, 1895.)

Recentemente, fazendo observações em outro domínio, pude me convencer do poder de tal compulsão à associação. Por várias semanas tive de trocar minha cama habitual por um leito mais duro, no qual provavelmente sonhei mais ou de modo mais vívido, ou, talvez, apenas não pude atingir a profundidade normal do sono. No primeiro quarto de hora após o despertar, sabia todos os sonhos da noite e me dava ao trabalho de anotá-los e tentar decifrá-los. Consegui relacionar todos esses sonhos a dois fatores: 1. à necessidade de elaboração daquelas ideias nas quais, durante o dia, havia me detido fugazmente, que haviam sido apenas roçadas e não resolvidas; 2. à compulsão de ligar entre si as coisas presentes no mesmo estado de consciência. À livre atuação desse último fator devia-se atribuir o sem sentido e contraditório dos sonhos.

II. CASOS CLÍNICOS — EMMY VON N.

Observei em outra paciente, a sra. Cäcilie M..., que o estado de ânimo relativo a uma vivência e o conteúdo da mesma podem entrar, com bastante regularidade, numa relação divergente com a consciência primária. No caso dessa senhora, que conheci muito mais a fundo que qualquer outra doente aqui mencionada, reuni as mais numerosas e convincentes provas do mecanismo psíquico de fenômenos histéricos, tal como o sustentamos nesse trabalho. Lamentavelmente, porém, circunstâncias pessoais me impedem de fazer uma comunicação pormenorizada dessa história clínica, à qual pretendo me reportar eventualmente. A sra. Cäcilie encontrava-se ultimamente num estado histérico peculiar que não é, com certeza, único, embora eu não saiba se alguma vez foi reconhecido. Poderíamos designá-lo como "psicose histérica de liquidação". A paciente havia vivenciado numerosos traumas psíquicos e passara longos anos numa histeria crônica, com manifestações muito variadas. Os motivos de todos esses estados eram-lhe desconhecidos, a ela como aos outros; sua brilhante e invulgar memória apresentava as mais impressionantes lacunas, ela própria se queixava de que sua vida parecia-lhe despedaçada. Um dia, de súbito, em toda vividez plástica e com todo o frescor de uma nova sensação, assaltou-a uma antiga reminiscência e a partir daí, por quase três anos, reviveu todos os traumas da sua vida — há muito julgados esquecidos e alguns, na verdade, jamais lembrados — com o mais terrível dispêndio de sofrimento e o retorno de todos os sintomas que tivera um dia. Essa "liquidação de velhas dívidas" [ou "culpas", *Schulden*] compreendeu um período de 33 anos e permitiu reconhecer a determinação, com frequência muito complicada, de cada um de seus estados. A única maneira de lhe proporcionar alívio era dando-lhe a oportunidade de falar, na hipnose, da reminiscência que a atormentava naquele momento preciso, com todo o dispêndio de ânimo e manifestações físicas correspondentes, e quando eu não podia estar presente e ela tinha de falar ante uma pessoa que a embaraçava, aconteceu algumas vezes de contar à pessoa a história com toda a tranquilidade e posteriormente me trazer, na hipnose, todo o pranto, todas as manifestações de desespero com que gostaria de ter acompanhado seu rela-

Faço com que me conte, além disso, a história de suas dores na perna. O começo é o mesmo de ontem e então há uma longa série de vicissitudes com penosos e extenuantes episódios, durante os quais tinha essas dores na perna e cujo efeito era sempre o de intensificá-las, causando-lhe até mesmo uma paralisia das duas pernas com perda de sensibilidade. O mesmo ocorre com as dores no braço, que, simultaneamente às cãibras na nuca, também começavam enquanto cuidava de um doente. Sobre as "cãibras na nuca" me inteiro apenas do seguinte: elas sucederam a singulares estados de inquietação com abatimento do ânimo e consistiam num "gélido aperto" na nuca, com enrijecimento e frio doloroso em todas as extremidades, incapacidade de falar e prostração total. Duram de seis a doze horas. Minhas tentativas de desmascarar esse complexo sintomático como reminiscência

---

to. Após semelhante limpeza na hipnose, sentia-se por algumas horas perfeitamente bem e presente. Transcorrido curto intervalo de tempo, irrompia a próxima reminiscência na série. Esta, porém, fazia-se preceder, horas antes, pelo ânimo correspondente. Ela se tornava irritável, angustiada ou desesperada, sem suspeitar que esse ânimo não pertencia ao presente, mas sim ao estado que logo viria a acometê-la. Nesse período de passagem, ela fazia regularmente uma falsa conexão, a que se apegava obstinadamente até ser hipnotizada. Assim, por exemplo, recebeu-me uma vez com a pergunta: "Não sou uma pessoa abjeta? Não é um sinal de abjeção que eu lhe tenha dito tal coisa ontem?". O que me dissera na véspera não me parecia realmente justificar de algum modo essa condenação; após breve discussão, ela compreendeu isso muito bem, mas a hipnose seguinte trouxe a reminiscência de uma ocasião, doze anos antes, em que fizera a si mesma uma grave censura, que, de resto, não mais sustentava.

fracassaram. As perguntas feitas com esse intuito, sobre se o irmão de quem cuidara durante seu delírio lhe teria agarrado pela nuca, recebem respostas negativas; ela não sabe de onde vêm esses ataques.[20]

20 Refletindo agora, não posso deixar de pensar que essas "cãibras na nuca" podem ter sido condicionadas organicamente, estados análogos à enxaqueca. Na prática vemos mais estados dessa espécie, ainda não descritos, que mostram uma correspondência tão notável com o clássico ataque de hemicrania que ampliaríamos de bom grado a definição conceitual desta última e relegaríamos a segundo plano a localização da dor. Como é sabido, muitas mulheres neuropatas costumam aliar ao acesso de enxaqueca ataques histéricos (contrações e delírios). Sempre que a sra. Emmy sofria cãibras na nuca, tinha ao mesmo tempo um ataque de delírio.

No que concerne às dores nos braços e nas pernas, penso que aqui se tratava de um caso, não muito interessante, mas bem mais frequente, de determinação por coincidência fortuita. Ela teve essas dores durante aquele período de agitação em que cuidava de um doente e, em virtude do esgotamento, sentiu-as com mais força que de ordinário; assim, as dores inicialmente associadas àqueles episódios apenas por acaso se repetiram depois em sua lembrança como símbolo somático do complexo associativo. Mais adiante poderei apresentar vários outros exemplos comprobatórios desse processo. É provável que as dores tenham sido originalmente reumáticas, isto é — para dar um sentido preciso à palavra tantas vezes mal-empregada — dores que se localizam sobretudo nos músculos, nas quais se verifica significativa sensibilidade à pressão e modificação da consistência muscular, que se manifestam com mais intensidade após prolongado repouso ou fixação da extremidade (pela manhã, portanto), melhoram exercitando-se o movimento doloroso e podem desaparecer com massagem. Essas dores miogênicas, muito frequentes em todas as pessoas, adquirem grande importância nos neuropatas; com o apoio dos médicos que não têm o hábito de testar os músculos com a pressão dos de-

De noite. Está muito alegre e manifesta excelente humor. Com respeito ao elevador, não foi como me disse. Que ele não fosse utilizado para descer era apenas um pretexto para ser poupado. Faz muitas perguntas em que não há nada de doentio. Teve dores terrivelmente fortes no rosto, na mão, do lado do polegar, e na perna. Quando fica sentada imóvel por algum tempo, ou olha fixamente um ponto, sente rigidez e dores no rosto. Erguer um objeto pesado causa-lhe dores nos braços. O exame do membro inferior direito revela sensibilidade razoavelmente boa na coxa, alto grau de anestesia na perna e no pé e menor na bacia e na região lombar.

Na hipnose, informa que ainda tem ideias angustiantes ocasionais como a de que algo poderia se passar com suas filhas e poderiam adoecer ou não sobreviver; que seu irmão, atualmente em viagem de núpcias, poderia sofrer um acidente e sua mulher morrer, pois todos os seus irmãos e irmãs ficaram casados por muito pouco tempo. Não consigo fazer com que manifeste outros temores. Repreendo-lhe a necessidade de angustiar-se quando não há motivo algum. Ela promete deixar de fazê-lo "porque

---

dos, são consideradas nervosas por eles e fornecem material para um sem-número de nevralgias histéricas, as chamadas ciáticas etc. Mencionarei apenas brevemente as relações entre essas dores e a predisposição à gota. A mãe e duas irmãs de minha paciente haviam sofrido gravemente de gota (ou reumatismo crônico). Uma parte das dores de que ela então se queixava podia ser também de natureza contemporânea [como suas dores originais]; não sei. Naquela época eu não tinha ainda nenhuma prática no julgamento desse estado dos músculos.

II. CASOS CLÍNICOS — EMMY VON N.

você o exige". Faço outras sugestões para as dores, a perna e assim por diante.

16 de maio. Ela dormiu bem, queixa-se ainda de dores no rosto, braços e pernas, está muito alegre. A hipnose resulta de todo improfícua. Pincelamento farádico* da perna insensível.

De noite. Logo que entro, ela se sobressalta. "Que bom você ter vindo. Estou tão assustada" — diz, com todos os sinais de pavor, gagueira, tique. Primeiro, faço com que me conte em estado de vigília o que sucedeu, ao que, com os dedos crispados e as mãos estendidas à frente, ela descreve primorosamente o seu horror. — No jardim, um rato monstruoso resvalou de repente sobre sua mão e desapareceu num átimo; aquilo deslizava sem cessar para lá e para cá (ilusão do jogo de sombras?). Muitos ratos estavam nas árvores. "Não está ouvindo os cavalos batendo com as patas no circo? Ao lado, há um senhor gemendo, creio que sente dores após a operação. Estou então em Rügen? Tive lá uma estufa como essa?" Também está confusa com a quantidade de pensamentos que se entrecruzam dentro de si e com o esforço de encontrar o presente. Não sabe responder a perguntas sobre coisas atuais, por exemplo, se as filhas estavam aqui.

Tento deslindar esse estado na hipnose.

Hipnose. O que então a angustiou? — Ela repete a história dos ratos com todos os sinais do pavor; além

---

* Técnica utilizada na faradização, terapêutica que utiliza a corrente elétrica como indutor ou estimulador de músculos e nervos.

disso, quando ia pela escada, estava deitado ali um animal medonho que desapareceu imediatamente. Declaro que tudo isso são alucinações, repreendo-lhe o medo de ratos, que aparecem apenas para os bêbados (que ela abomina tanto). Conto-lhe a história do bispo Hatto,* que ela também conhece e escuta com intenso pavor. — "Como lhe ocorreu falar sobre o circo?" — Ela ouve distintamente, ali perto, como os cavalos batem suas patas nos estábulos, prendendo-se no cabresto, o que pode machucá-los. Johann costumava sair e desatá-los sempre que isso acontecia. — Contesto-lhe a proximidade do estábulo e os gemidos do vizinho. Se ela sabe onde está? Sabe, mas antes acreditava estar em Rügen. — Como chegou a essa lembrança? — Conversavam no jardim sobre como fazia muito calor em certo lugar e então lhe veio à mente o terraço sem sombras em Rügen. — Que lembranças tristes tem afinal de sua estada em Rügen? — Ela me apresenta uma série delas. Teve ali as mais terríveis dores nas pernas e nos braços, várias vezes, em excursões, viu-se inesperadamente no meio da neblina e perdeu o caminho, duas vezes em passeios fora perseguida por um touro e assim por diante. — Por que teve hoje esse ataque? — Sim, por quê? Escreveu muitas cartas, passou três horas escrevendo-as e isso lhe fez a cabeça pesar. — Posso supor, então, que o cansaço provocou esse ataque de delírio, cujo conteúdo

---

* Diz a lenda que o cruel e avaro arcebispo de Mainz, Hatto I (c. 885-961), morreu devorado por ratos na torre que ele próprio construíra, numa pequena ilha do rio Reno.

foi determinado por reminiscências tais como o lugar sem sombras no jardim etc. Repito todas as instruções que costumo lhe dar e a deixo adormecida.

17 de maio. Dormiu muito bem. No banho de farelo que tomou hoje, gritou várias vezes porque tomou os farelos por pequenos vermes. Sei disso pela cuidadora; a sra. Emmy não gosta de relatá-lo, sua alegria é quase exuberante, mas interrompe-se frequentemente com gritos de "huh" e caretas que expressam pavor, e também gagueja mais que nos últimos dias. Conta que à noite sonhou que andava sobre montes de sanguessugas. Na noite anterior, tivera sonhos horripilantes; devia adornar tantos mortos e colocá-los nos caixões, mas não queria tampá-los nunca (evidentemente, uma reminiscência de seu marido, ver acima). Conta-me ainda que lhe sucederam na vida muitas aventuras com animais, a mais pavorosa com um morcego que ficara preso em seu armário, ocasião em que saíra correndo sem roupa do quarto. Para curá-la dessa angústia, seu irmão presenteou-a com um bonito broche em forma de morcego; mas ela jamais pôde usá-lo.

Sob hipnose, diz que seu temor de vermes provém de que uma vez recebeu como presente uma bela almofada para agulhas e alfinetes, da qual, na manhã seguinte, ao querer usá-la, saíram vermezinhos se arrastando, porque o farelo empregado para enchimento não estava inteiramente seco. (Alucinação? Talvez fato.) Pergunto-lhe por outras histórias de animais. Certa vez em que passeava com seu marido num parque de São Petersburgo, todo o caminho até o lago estava tomado de sapos e tiveram que voltar. Houve épocas em que não podia estender a mão a ninguém por receio de que ela se transformasse num animal medonho, como fora o caso muitas vezes. Tento libertá-la do medo de animais, repassando-os, um a um, e perguntando se os teme. Em alguns casos, ela responde "não", em outros "não devo temer".[21] Pergunto-lhe por que tremeu e gaguejou tanto hoje e ontem. Responde que o faz sempre que está muito apavorada.[22] — Mas por que estava tão assustada ontem? No jardim, ocorreu-lhe todo tipo de coisas que a oprimiam. Sobretudo, como poderia impedir que algo se acumulasse novamente dentro de si, depois que fosse liberada do tratamento. — Repito-lhe os três motivos de alento que já lhe dera na vigília: 1. Em geral, tornou-se mais sadia e capaz de resistência. 2. Se acostumará a falar de si com alguma pessoa próxima. 3. Doravante, grande quantidade de coisas que até então a afligiram passará a lhe ser indiferente. — Inquietou-a também o fato de não me ter agradecido por minha visita tardia e o receio que tivera de que eu, por causa de sua última recaída, perdesse

---

21 Dificilmente era um bom método aquele que então segui. Tudo foi feito de modo não suficientemente exaustivo.
22 Com o referimento aos dois traumas iniciais, a gagueira e o estalar da língua não foram totalmente eliminados, embora tenha ocorrido, a partir de então, uma visível diminuição dos dois sintomas. A própria doente deu a explicação para esse êxito incompleto (cf. p. 83). Ela se habituara a estalar a língua e a gaguejar toda vez que se sobressaltava, de tal modo que, ao final, esses sintomas não estavam ligados apenas aos traumas iniciais, mas a uma longa cadeia de lembranças a eles associadas, que eu deixara de apagar. Este é um caso que ocorre com bastante frequência e sempre afeta a elegância e a plenitude da ação terapêutica pelo método catártico.

a paciência com ela. Muito a comoveu e angustiou que o médico do estabelecimento perguntasse a um senhor, no jardim, se já tinha coragem para a operação. Sua esposa estava presente e ela própria devia pensar se não seria essa a última noite do pobre homem. Com essa última comunicação, o abatimento do ânimo parece resolvido.[23]

À noite, está muito alegre e satisfeita. A hipnose não produz nenhum resultado. Dedico-me ao tratamento das dores musculares e a restabelecer a sensibilidade na perna direita, o que alcanço muito facilmente na hipnose. Quando desperta, porém, a sensibilidade restabelecida volta a se perder em parte. Antes que eu a deixe, manifesta seu espanto de que há muito tempo não tenha sofrido mais cãibras na nuca, que costumavam aparecer antes de cada tempestade.

18 de maio. Esta noite, ela dormiu como há anos não lhe acontecia mais, porém, desde a hora do banho, queixa-se de frio na nuca, contrações e dores no rosto, nas mãos e nos pés; suas feições estão tensas, as mãos convulsas. A hipnose não evidencia nenhum conteúdo psíquico desse estado de "cãibra na nuca" que amenizo em seguida, na vigília, com massagem.[24]

---

[23] Soube aqui pela primeira vez o que mais tarde pude comprovar em inúmeros casos: na solução hipnótica de um delírio histérico recente, a comunicação do doente inverte a ordem cronológica; primeiro ele relata as impressões e as conexões de pensamentos menos importantes e ocorridas por último, e só no final chega à impressão primária, provavelmente mais importante do ponto de vista causal.

[24] Seu espanto, no anoitecer do dia anterior, por não ter tido nenhuma cãibra na nuca durante tanto tempo, era, pois, um pressentimento do estado iminente que então já se preparava e foi percebido no inconsciente. Esta curiosa forma de pressentimento era, no caso já

Espero que esse trecho da crônica das três primeiras semanas seja suficiente para fornecer uma imagem clara do estado da doente, da natureza do meu esforço terapêutico e do seu resultado. Tratarei agora de completar a história clínica.

O delírio histérico descrito por último foi também a última perturbação relevante no estado de saúde da sra. Emmy. Como eu não investigava independentemente os sintomas da doença e seu fundamento, mas sim aguardava até que algo se mostrasse ou que ela me confessasse um pensamento angustiante, logo as hipnoses se torna-

---

mencionado da sra. Cäcilie M..., algo bastante comum. Sempre que, em ótimo estado de saúde, ela me dizia, por exemplo: "Já há muito que não tenho medo de bruxas à noite", ou: "Como estou contente de que a minha dor nos olhos não tenha voltado por tanto tempo", eu podia estar seguro de que na noite seguinte o mais atroz medo de bruxas viria dificultar o trabalho da enfermeira ou que o próximo estado começaria com a temida dor nos olhos. A cada vez insinuava-se algo que já estava inteiramente pré-formado no inconsciente e a consciência "oficial" (conforme a designação de Charcot), de nada suspeitando, transformava a ideia, que surgia como pensamento súbito, numa experiência de satisfação que sempre era rápida e infalivelmente desmentida. A sra. Cäcilie, mulher de elevada inteligência a quem também devo muito auxílio na compreensão dos sintomas histéricos, chamou minha atenção para o fato de que tais ocorrências podem ter dado ensejo à conhecida superstição de que alardear qualquer coisa antecipadamente traz má sorte. Não devemos nos vangloriar de nossa felicidade nem, por outro lado, falar dos infortúnios e assim atraí-los. Na verdade, só nos vangloriamos da felicidade quando a infelicidade já espreita, e exprimimos o pressentimento na forma de vanglória porque nesse caso o conteúdo da reminiscência emerge antes que a sensação correspondente, ou seja, porque na consciência existe um contraste agradável.

ram improfícuas e eu as utilizava na maioria das vezes para dar-lhe instruções que permanecessem sempre presentes em seus pensamentos e a resguardassem de, uma vez em casa, recair em estados semelhantes. Eu estava então sob o completo fascínio do livro de Bernheim sobre a sugestão e esperava mais dessa influência didática do que hoje esperaria. Em pouco tempo, o estado de saúde da minha paciente melhorou tanto que ela me assegurou nunca ter se sentido tão bem desde a morte do marido. Após um tratamento de sete semanas ao todo, deixei-a partir e retornar à sua residência no mar Báltico.

Passados cerca de sete meses, foi o dr. Breuer e não eu quem recebeu notícias dela. Seu bem-estar havia perdurado por vários meses e depois sucumbira a um novo abalo psíquico. Sua filha mais velha, que, já durante a primeira estada em Viena, igualara a mãe em cãibras na nuca e leves estados histéricos e, em consequência de uma *retroflexio uteri* [retroflexão uterina], padecia sobretudo de dores ao andar, fora tratada, a conselho meu, pelo dr. N..., um de nossos mais conceituados ginecologistas, que lhe endireitou o útero com massagens, deixando-a livre de dores por vários meses. Quando, já em casa, elas voltaram a aparecer, a mãe dirigiu-se ao ginecologista da cidade universitária próxima, que propiciou à menina uma terapia combinada, local e geral. Esta, porém, causou à filha uma grave doença nervosa. É provável que já se mostrasse ali, na garota então com dezessete anos, a predisposição patológica que um ano mais tarde tornou-se manifesta numa alteração de caráter. A mãe que, com sua habitual mescla de submissão e desconfiança, entregara a criança aos cuidados dos médicos, fez-se as mais veementes recriminações após o infeliz desfecho desse tratamento e, por um curso de pensamentos que eu não havia investigado, chegou à conclusão de que nós dois, o dr. N... e eu, éramos culpados pela doença, pois lhe havíamos apresentado como leve o grave padecimento da pequena. Em certa medida por um ato de vontade, ela suspendeu o efeito do meu tratamento e instantaneamente recaiu nos mesmos estados dos quais a havia libertado. Um excelente médico de sua proximidade, a quem se dirigiu, e o dr. Breuer, que se correspondia com ela, conseguiram fazê-la compreender a inocência dos dois acusados, porém, mesmo depois desse esclarecimento, a aversão que tomara por mim nessa época ficou-lhe como um resíduo histérico e ela declarou que lhe era impossível recomeçar o tratamento comigo. A conselho daquela autoridade médica, buscou ajuda em um sanatório no Norte da Alemanha e, atendendo ao desejo de Breuer, comuniquei ao médico diretor do estabelecimento que modificação da terapia hipnótica se mostrara eficaz em seu caso.

Essa tentativa de transferência* fracassou completamente. Desde o início, parece não ter se entendido com o médico e esgotou-se na resistência contra tudo que se realizasse com ela. Decaiu, perdeu o sono e o apetite e só se restabeleceu depois que uma amiga que a visitou no sanatório praticamente sequestrou-a em segredo e cuidou dela

---

* *Übertragung*, no original; mas aqui o termo não tem, claramente, o sentido especial que viria a ter na psicanálise.

em sua casa. Pouco tempo depois, um ano exato após seu primeiro encontro comigo, ela estava de volta a Viena e mais uma vez colocava-se em minhas mãos.

Encontrei-a bem melhor do que a havia imaginado por seus relatos epistolares. Estava ágil, livre de angústia; afinal, conservava-se muito do que eu havia feito no ano anterior. Sua queixa principal era a de frequente confusão, "tempestade na cabeça", como a designava; além disso, padecia de insônias, não raro precisava chorar horas a fio e se entristecia a um momento determinado do dia (cinco horas). Era essa a hora em que, no inverno, podia visitar a filha que se encontrava no sanatório. Gaguejava e estalava a língua muitas vezes, esfregava as mãos uma na outra repetidamente, como se estivesse furiosa e, quando lhe perguntei se via muitos animais, ela apenas respondeu: "Oh, fique quieto!".

Na primeira tentativa de hipnotizá-la, cerrou os punhos e gritou: "Não quero nenhuma injeção de antipirina, prefiro conservar minhas dores. Não gosto do dr. R..., ele me é antipático". Percebi que ela estava presa à reminiscência de uma hipnose no sanatório e se acalmou quando a trouxe de volta para a situação atual.

Logo no início do tratamento, fiz uma descoberta instrutiva. Eu lhe havia perguntado desde quando a gagueira voltara e (na hipnose) ela respondera hesitante: desde o sobressalto que tivera no inverno, em D... Um garçom da estalagem em que se hospedava havia se escondido em seu quarto; na escuridão, tomara-o por um paletó e ao pegá-lo, o homem de repente "pulou para o alto". Remo-vo-lhe esta imagem mnêmica e, realmente, a partir desse momento, na hipnose como na vigília, sua gagueira é quase imperceptível. Já não sei o que me levou a testar esse êxito. Quando voltei, ao anoitecer, perguntei-lhe, de maneira aparentemente inocente, como deveria fazer para trancar a porta quando fosse embora e ela estivesse dormindo, de modo que ninguém pudesse entrar furtivamente. Para meu espanto, ela se sobressaltou violentamente, começou a ranger os dentes e a esfregar as mãos, aludiu a um intenso pavor desse gênero, que sentira em D..., mas não foi possível induzi-la a relatar a história. Percebi que ela se referia à mesma história que me contara pela manhã na hipnose e que, no entanto, eu julgava ter apagado. Na hipnose seguinte, relatou-a com mais detalhes e maior veracidade. Em sua agitação à noite, andando de um lado para o outro no corredor, encontrou a porta do quarto de sua camareira aberta e quis entrar para sentar-se ali. A camareira barrou-lhe o caminho, mas não se deixou deter; entrou mesmo assim e percebeu então aquela coisa escura na parede que se revelou um homem. Evidentemente, fora o elemento erótico dessa pequena aventura o que a levara a uma descrição inexata. Mas eu havia aprendido que um relato incompleto na hipnose não tem nenhum efeito curativo; habituei-me a considerar incompleto todo relato que não trouxesse benefício algum e, pouco a pouco, aprendi a ver na fisionomia dos doentes se me teriam ocultado um fragmento essencial da confissão.

O trabalho que dessa vez tinha a empreender com ela consistia em eliminar, pela hipnose, as impressões desagradáveis que acolhera em si durante o tratamento de sua filha e durante a própria estada naquele sanatório. Ela estava repleta de fúria reprimida contra o médico que a obrigara a soletrar na hipnose "s..a..p..o" e obteve de mim a promessa de jamais exigir-lhe tal palavra. Permiti então uma brincadeira sugestiva, o único abuso da hipnose, aliás bastante inocente, que tenho a me imputar com respeito a essa paciente. Assegurei-lhe que a estada em ***tal [vale] lhe pareceria algo tão recuado na distância que ela nem sequer se lembraria do nome, e toda vez que quisesse pronunciá-lo, se confundiria entre ...*berg* [montanha], ...*tal* [vale], ...*wald* [floresta] etc. Assim de fato ocorreu, e logo a incerteza desse nome era a única obstrução da fala* que nela se podia observar, até que, a partir de uma observação do dr. Breuer, libertei-a dessa compulsão à paramnésia.

Mais longamente que com os restos desses acontecimentos, tive que lutar com os estados que ela denominava "tempestades na cabeça". Quando a vi pela primeira vez em tal estado, encontrava-se deitada no divã com as feições contorcidas, todo o corpo em inquietação contínua, as mãos comprimindo repetidamente a testa, enquanto chamava, ansiosa e desesperada, o nome "Emmy", que era o seu próprio e o de sua filha mais velha. Na hipnose, informou-me que esse estado era a repetição dos muitos ataques de desespero que soíam acometê-la durante o tratamento de sua filha, após ter refletido horas a fio sobre como se poderia corrigir seu insucesso, sem encontrar qualquer saída. Ao sentir en-

---

* "Obstrução da fala": *Sprachhemmung*, que também poderia ser traduzido por "impedimento, inibição da fala".

tão seus pensamentos se embaralharem, habituara-se a chamar em voz alta o nome da filha, para com ele retornar à lucidez. Pois naquele tempo em que o estado da filha lhe impôs novas obrigações e sentiu que o nervosismo voltava a dominá-la, havia estipulado que o que se referisse a essa menina devia permanecer livre de confusão, ainda que tudo o mais fosse um caos em sua cabeça.

Ao cabo de algumas semanas, também essas reminiscências foram vencidas e a sra. Emmy ainda permaneceu algum tempo sob minha observação, em perfeito bem-estar. Precisamente ao término de sua estada sucedeu algo que relatarei em detalhes, pois esse episódio lança a mais clara luz sobre o caráter da doente e o modo como se produziam seus estados.

Visitei-a uma vez à hora de seu almoço e a surpreendi lançando alguma coisa envolta em papel no jardim, onde os filhos do criado a apanharam. Quando a interroguei, confessou-me que era sua sobremesa (seca), a qual todos os dias seguia o mesmo caminho. Isso me deu ensejo de examinar os outros restos da refeição e vi que ela deixara nos pratos mais do que havia consumido. Chamada a explicar por que comia tão pouco, ela respondeu que não estava habituada a comer mais, além do que, isso a prejudicaria; tinha a mesma natureza de seu falecido pai, que fora igualmente um comedor moderado. Ao lhe indagar sobre o que bebia, respondeu-me que tolerava apenas líquidos espessos como leite, café, cacau e similares; sempre que bebia água de fonte ou água mineral tinha problemas de estômago. Isso tinha todos os sinais de uma escolha nervosa. Levei comigo uma amostra de urina e verifiquei que estava muito concentrada e saturada de sais de ácido úrico.

Considerei conveniente, portanto, que ela bebesse mais abundantemente, e me propus a aumentar também sua ingestão de alimentos. Ela não estava, de modo algum, notavelmente magra, mas um pouco mais de alimentação me parecia desejável. Quando, em minha visita seguinte, aconselhei uma água alcalina e lhe proibi dar à sobremesa a destinação costumeira, caiu em considerável agitação. "Farei isso porque você o exige, mas previno-o que isso vai acabar mal, pois contraria minha natureza e meu pai também era assim." Ao lhe perguntar na hipnose por que não podia mais comer e beber água, respondeu resmungando agastada: "Não sei". No dia seguinte, a enfermeira me confirmou que a sra. Emmy dera conta de sua porção inteira e tomara um copo da água alcalina. Contudo, encontrei-a deitada, profundamente indisposta e num humor bastante exasperado. Queixava-se de dores muito violentas no estômago: "Bem que lhe disse. Agora se perdeu novamente o êxito pelo qual tanto nos esforçamos. Como sempre acontece quando me alimento mais ou bebo água, estraguei meu estômago, e tenho que morrer de fome outra vez por cinco a oito dias até poder tolerar alguma coisa". Assegurei-lhe que não precisaria morrer de fome, que era de todo impossível estragar o estômago dessa forma e que suas dores provinham apenas da angústia com a qual havia comido e bebido. Era evidente que eu não a impressionei em nada com essa explicação, pois quando, logo em seguida, quis adormecê-la, a hipnose pela primeira vez fracassou e, no olhar furioso que me lançou, percebi que se encontrava em plena revolta e a situação era muito séria. Renunciei à hipnose e anunciei que lhe daria 24 horas para refletir e conformar-se à opinião de que as dores de estômago provinham apenas de sua apreensão; passado esse intervalo de tempo lhe perguntaria se ainda julgava que se pode estragar o estômago por oito dias com um copo de água mineral e uma refeição modesta e se dissesse que sim, eu lhe pediria que partisse. Essa pequena cena estava em nítido contraste com nossas relações de ordinário muito amigáveis.

Encontrei-a, 24 horas mais tarde, humilde e dócil. À minha pergunta sobre o que pensava da origem de suas dores de estômago, ela respondeu, incapaz de simulação: "Acredito que venha de minha angústia, mas apenas porque você o diz". Hipnotizei-a então e novamente perguntei: "Por que você não pode mais comer?".

A resposta ocorreu de pronto e consistiu outra vez na indicação de uma série cronologicamente ordenada de motivos tirados da lembrança: "Quando eu era criança, acontecia com frequência à mesa que eu, por má-criação, não quisesse comer minha carne. Minha mãe era sempre muito severa nesses momentos e, sob pena de grave castigo, me obrigava a comê-la duas horas mais tarde, no mesmo prato em que a havia deixado. A carne estava então completamente fria e a gordura tão rígida (asco)... e ainda vejo o garfo à minha frente... um dos dentes era um pouco torto. Quando me

II. CASOS CLÍNICOS — EMMY VON N.

sento à mesa agora, sempre vejo diante de mim o prato com a carne fria e a gordura; e vejo como, muitos anos depois, vivi com meu irmão que era oficial e tinha aquela doença horrível; eu sabia que era contagiosa e tinha um receio atroz de me enganar com os talheres e pegar seu garfo e sua faca (pavor) e apesar disso comia com ele para que ninguém percebesse que estava doente; e como, logo em seguida, cuidei de meu outro irmão que sofria tanto dos pulmões. Sentávamo-nos então diante de seu leito e a escarradeira ficava sempre sobre a mesa e estava aberta (pavor)... e ele tinha o hábito de cuspir no recipiente por sobre o prato, o que sempre me repugnava muito, mas não podia demonstrar isso para não ofendê-lo. E essas escarradeiras continuam sobre a mesa quando como, e isso ainda me repugna". Naturalmente, eliminei por completo esses instrumentos do asco e depois lhe perguntei por que não podia beber água nenhuma. Quando tinha dezessete anos, sua família havia passado alguns meses em Munique e quase todos os seus membros contraíram gastrite pela ingestão de água potável de má qualidade. Nos outros, o transtorno foi logo debelado com as prescrições médicas; nela, porém, ele persistiu. Mesmo a água mineral que lhe foi recomendada não melhorou nada. Quando o médico a receitou, logo pensou consigo mesma: certamente, isso também não servirá de nada. Desde então, essa intolerância em relação a água mineral e de fonte se repetira inúmeras vezes.

O efeito terapêutico dessa investigação hipnótica foi imediato e duradouro. Ela não passou fome por oito dias e já no dia seguinte comeu e bebeu sem nenhum transtorno. Dois meses mais tarde, escreveu numa carta: "Estou comendo muito bem e engordei bastante. Já bebi quarenta garrafas da água. Você acha que devo continuar?".

Revi a sra. v. N... na primavera do ano seguinte em sua propriedade perto de D... Sua filha mais velha, cujo nome costumava chamar durante as "tempestades na cabeça", entrava por essa época numa fase de desenvolvimento anormal, mostrava uma ambição desmesurada, desproporcional a seu escasso talento, e tornara-se insubordinada e até mesmo violenta com a mãe. Eu ainda possuía a confiança desta última e fui chamado para dar meu parecer sobre o estado da jovem. A transformação psíquica que lhe ocorrera deixou-me uma impressão desfavorável e ainda tive que levar em conta, no estabelecimento do prognóstico, o fato de que todos os meios-irmãos e irmãs da doente (filhos do sr. v. N... do primeiro casamento) haviam sucumbido à paranoia. Na família da mãe também não faltava um considerável grau de carga neuropática, ainda que nenhum membro de seu círculo familiar mais próximo tivesse sido devastado por uma psicose definitiva. A sra. v. N..., a quem dei sem reservas a opinião que pedira, comportou-se com serenidade e toda compreensão. Tornara-se forte, tinha um aspecto florescente, os três quartos de ano desde o final do último tratamento haviam transcorrido num relativamente grande bem-estar, apenas perturbado por cãibras na nuca e outros pequenos males. A completa extensão de suas obrigações, atividades e interesses intelectuais só vim a conhecer durante essa estada de vários dias em sua casa. Também encontrei um médico da família que não tinha muito do que se queixar quanto à dama; portanto, ela estava de certa forma reconciliada com a profissão.

A mulher se tornara, em muitos aspectos, mais sadia e ativa, mas, nos traços fundamentais de seu caráter, apesar de todas as sugestões instrutivas, transformara-se pouco. Não parecia ter aceito a categoria das "coisas indiferentes", e sua inclinação a atormentar-se era pouco menor do que ao tempo do tratamento. A disposição histérica também não havia serenado durante esse bom período. Ela se queixava, por exemplo, de uma incapacidade de fazer viagens mais longas de trem, adquirida nos últimos meses. Uma tentativa, necessariamente apressada, de dissipar-lhe esse obstáculo, revelou apenas várias, pequenas e desagradáveis impressões que tivera nas últimas viagens a D... e aos arredores. Na hipnose, porém, parecia falar de si a contragosto e já então me veio a suposição de que ela estava prestes a escapar mais uma vez à minha influência e que a intenção secreta da inibição de tomar um trem era impedir uma nova viagem a Viena.

Nesses dias, também se queixou de lacunas em sua memória "precisamente nos acontecimentos mais importantes", do que concluí que meu trabalho dois anos antes havia sido eficaz e duradouro. — Um dia, quando me conduzia por uma alameda que se estendia da casa a uma enseada do mar, ousei perguntar se aquela alameda não ficava repleta de sapos com frequência. Ela me dirigiu um olhar reprovador, embora não acompanhado dos sinais de pavor, e em seguida, completando-o, observou: "Mas aqui há sapos reais". — Durante a hipnose que empreendi para a resolução de seus impedimentos relativos às viagens de trem, ela própria pareceu insatisfeita com as respostas que dava e expressou o receio de que talvez já não obedecesse mais à hipnose como antes. Decidi convencê-la do contrário. Escrevi algumas palavras num papel e lhe entreguei, dizendo: "Hoje ao meio-dia você me servirá novamente um copo de vinho tinto como ontem. Assim que eu levar o copo à boca, você dirá: 'Ah, por favor, encha-me também um copo', e quando eu estender a mão para pegar a garrafa, você gritará: 'Não, agradeço; afinal, prefiro não beber'. Depois você colocará a mão em seu bolso e retirará o papel em que estarão essas mesmas palavras". Isso foi pela manhã; poucas horas mais tarde, teve lugar a pequena cena tal qual eu a havia disposto e desenrolou-se com tamanha naturalidade que nenhum dos numerosos presentes atentou para ela. Ao me pedir o vinho — ela jamais bebia vinho —, parecia visivelmente lutar consigo mesma e, após ter cancelado o pedido com evidente alívio, pôs a mão no bolso, retirou o papel em que se liam suas últimas palavras pronunciadas, balançou a cabeça e me olhou estupefata.

Desde essa visita, em maio de 1890, minhas notícias sobre a sra. v. N... tornaram-se pouco a pouco mais escassas. Soube, indiretamente, que o desalentador estado de sua filha, que lhe trazia as mais variadas e penosas inquietações, terminara por minar sua boa saúde. Por último, recebi dela uma breve missiva (verão de 1893) em que pedia meu consentimento para que um outro médico a hipnotizasse, pois voltara a sofrer e não podia vir a Viena. A princípio, não compreendi por que minha permissão seria necessária, até me assomar a lembrança de que, no ano de 1890, por seu próprio desejo, eu a protegera de outras hipnoses, para que não corresse de novo o perigo de sofrer sob a penosa coação* de um médico que não lhe era simpático, como naquela época em ***berg (...*tal*, ...*wald*). Nesse momento, portanto, renunciei a meu privilégio exclusivo por escrito.

Epícrise

Sem entendimento prévio e minucioso do valor e da significação dos nomes, não é fácil decidir se determinado caso de doença deve ser incluído entre os de histeria ou de outras neuroses (não puramente neurastênicas); e ainda se espera a mão ordenadora que, no campo das neuroses mistas comumente encontradas, assentará o marco de fronteira e destacará os traços distintivos essenciais para sua caracterização. Se estamos acostumados até agora a diagnosticar a histeria em estrito senso conforme a semelhança com os casos típicos conhecidos, dificilmente poderemos contestar, para o da sra. Emmy v. N..., a designação de histeria. A facilidade

---

* "Coação": *Zwang*, que também pode ser traduzido por "pressão, compulsão, obsessão".

com que se davam os delírios e alucinações em meio à atividade mental de resto intacta, a modificação da personalidade e da memória no sonambulismo artificial, a anestesia na extremidade dolorosa, alguns dados da anamnese, a ovarialgia etc., não permitem dúvida sobre a natureza histérica da doença ou, pelo menos, da doente. O fato de que ainda assim essa questão possa ser levantada advém de um caráter específico desse caso que também dá ensejo a uma observação de validade geral. Como se vê claramente em nossa "Comunicação preliminar" do início do livro, consideramos os sintomas histéricos como afetos e restos de excitações que atuaram sobre o sistema nervoso como traumas. Tais resíduos não subsistem quando a excitação original foi eliminada por ab-reação ou trabalho do pensamento. Aqui, não é mais possível deixar de tomar em consideração quantidades (ainda que não mensuráveis). Deve-se conceber o processo como se uma soma de excitação, chegando ao sistema nervoso, fosse convertida em sintoma permanente, na medida em que não tenha sido utilizada para ação externa na proporção de seu montante. Estamos acostumados a observar na histeria que uma considerável parte de "soma de excitação" do trauma se transforma em puro sintoma corporal. É esse traço da histeria que, por tanto tempo, impediu sua concepção como afecção psíquica.

Se, para sermos breves, escolhemos designar por "conversão" a transformação da excitação psíquica em sintomas corporais permanentes, característica da histeria, podemos dizer que o caso da sra. Emmy v. N...

mostra um pequeno montante de conversão; a excitação psíquica original permanece a maioria das vezes no domínio psíquico e é fácil compreender que, com isso, ele se assemelha àquelas outras neuroses, não histéricas. Há casos de histeria nos quais a conversão afeta todo o acréscimo de estímulo, de modo que os sintomas corporais da histeria irrompem numa consciência aparentemente normal. Mais comum, porém, é uma transformação incompleta, de maneira que, pelo menos uma parte do afeto que acompanha o trauma permanece na consciência como componente do ânimo.

Os sintomas psíquicos de nosso caso de histeria com pouca conversão podem ser agrupados em modificações de humor (angústia, depressão melancólica), fobias e abulias (inibições da vontade). As duas últimas categorias de perturbação psíquica, interpretadas pela escola dos psiquiatras franceses como estigmas da degeneração nervosa, mostram-se porém, em nosso caso, como suficientemente determinadas por vivências traumáticas, sendo, em sua maioria, fobias e abulias traumáticas, como explicarei em detalhes.

Algumas das fobias correspondem de fato às fobias primárias das pessoas, em particular dos neuropatas, sobretudo o medo de animais (serpentes, sapos e também todos os vermes dos quais Mefistófeles se vangloria de ser o senhor),* o medo de tempestades, entre outros. Mas também essas fobias foram consolidadas por vi-

---

* Mefistófeles, "O senhor dos ratos e dos camundongos, / Das moscas, rãs, percevejos, piolhos", Goethe, *Fausto*, parte I, cena 3.

vências traumáticas: assim, o medo de sapos por uma impressão da infância, quando um irmão lançou-lhe um sapo morto, após o que teve seu primeiro ataque de convulsões histéricas; o medo de tempestades por aquele sobressalto que deu ocasião ao aparecimento do estalar da língua; o medo de neblina por aquele passeio em Rügen. Em todo caso, o medo primário e, por assim dizer, instintivo [*instinktiv*], tomado como estigma psíquico, desempenha nesse grupo o papel principal.

As outras fobias, mais especiais, também são justificadas por vivências particulares. Seu medo de um horror inesperado e súbito é o resultado daquela pavorosa impressão vivida ao ver seu marido falecer de um ataque cardíaco, quando parecia gozar da melhor saúde. O medo de pessoas estranhas, o medo de pessoas em geral, revela-se um resíduo daquele tempo em que estava exposta às perseguições da família do marido, inclinada a ver em cada desconhecido um agente dos parentes e em que lhe parecia natural a ideia de que os estranhos soubessem das coisas propagadas a seu respeito, oralmente e por escrito. O temor a manicômios e seus moradores remonta a toda uma série de tristes acontecimentos em sua família e a descrições que uma criada estúpida fizera à menina atenta que a escutava. Além disso, essa fobia apoia-se, de um lado, no horror primário instintivo do são diante da loucura e, de outro, na preocupação, presente nela como em todos os nervosos, de sucumbir ela mesma à loucura. Um temor tão especial como o de que alguém estivesse de pé atrás dela é motivado por várias impressões aterradoras de sua juventude e de época posterior. Desde um episódio no hotel, para ela particularmente penoso por associar-se ao erotismo, acentua-se muito seu medo de que uma pessoa estranha se introduzisse em seu quarto às escondidas. Por fim, uma fobia tão frequente nos neuropatas, a de ser enterrado vivo, encontra sua plena explicação na crença de que seu marido não estava morto quando levaram embora seu cadáver, uma crença na qual se manifesta de modo tão comovente a incapacidade de conformar-se à súbita interrupção da convivência com o ser amado. Penso, a propósito, que todos esses fatores psíquicos podem explicar apenas a escolha, não a persistência das fobias. Para esta última, devo ter em conta um fator neurótico, a saber, a circunstância de que a paciente encontrava-se havia anos em abstinência sexual, um dos motivos mais frequentes para a tendência à angústia.

As abulias presentes em nossa doente (inibições da vontade, incapacidades) admitem, ainda menos que as fobias, a concepção de estigmas psíquicos em consequência da limitação geral da capacidade de agir. Pelo contrário, a análise hipnótica do caso evidencia que as abulias são aqui condicionadas por um mecanismo psíquico duplo que, no fundo, é apenas um. A abulia pode ser simplesmente a consequência de uma fobia; é o que ocorre em todos os casos nos quais a fobia se liga a uma ação própria (sair, visitar pessoas) em vez de ligar-se a uma expectativa (de que alguém penetrasse furtivamente no quarto etc.) e a causa da inibição da vontade é a angústia associada ao resultado da ação. Seria um erro apresentar esse gênero de abulias como sintomas particulares, ao lado das fobias a elas correspondentes; porém, deve-se admitir que uma fobia dessa espécie, quando não é demasiado extrema, pode existir sem conduzir à abulia. O outro gênero de abulias repousa na existência de associações marcadamente carregadas de afeto e não resolvidas que se opõem à junção com novas associações, em particular aquelas de natureza incompatível. A anorexia de nossa doente oferece o exemplo mais brilhante de tal abulia. Ela come pouco apenas porque a comida não lhe agrada e não pode saboreá-la porque nela o ato de comer está, há muito, associado a lembranças de asco, cujo montante de afeto ainda não experimentou nenhuma diminuição. Ora, é impossível comer com asco e prazer ao mesmo tempo. A redução do asco, ligado às refeições desde tempos remotos, não teve lugar porque sempre tinha que reprimi-lo, em vez de livrar-se dele por reação; quando criança, por temor do castigo, vira-se obrigada a comer com repugnância a refeição fria e, em anos mais maduros, a consideração pelos irmãos a impedira de externar os afetos que a dominavam durante as refeições feitas em comum.

Talvez possa lembrar aqui um pequeno trabalho no qual tentei dar uma explicação psicológica das paralisias histéricas. Ali, cheguei à suposição de que a causa dessas paralisias residiria na inacessibilidade de um círculo de ideias — por exemplo, relativo a uma extremidade — a novas associações. Esta inacessibilidade associativa, por sua vez, proviria de que a ideia do membro paralisado está incluída na lembrança do trauma, carregada de afeto não tratado. Mostrei, a partir de exemplos da vida ordinária, que tal investimento* de uma ideia com afeto não resolvido sempre traz consigo certa medida de inacessibilidade associativa, de incompatibilidade com novos investimentos.[25]

Até hoje não logrei demonstrar, por análise hipnótica, meus pressupostos de então para um caso de paralisia motora, mas posso invocar a anorexia da sra. v. N... como prova de que esse mecanismo se confirma para certas abulias. E abulias não são outra coisa senão paralisias psíquicas muito especializadas — "sistematizadas", conforme a expressão francesa.

No essencial, podemos caracterizar o estado psíquico da sra. v. N... destacando dois aspectos: 1. Nela, os afetos penosos de vivências traumáticas ficaram por resolver, por exemplo, o mau humor, a dor (da morte do marido), o rancor (pelas perseguições dos parentes), a repugnância (das refeições que era obrigada a fazer), a angústia (de tantos episódios apavorantes) e assim por diante; e 2. Há nela uma viva atividade mnemônica, a qual, ora espontaneamente, ora suscitada por estímulos do presente (por exemplo, no caso da notícia da revolução em S. Domingo), traz fragmento por fragmento dos traumas à consciência atual, com

---

* "Investimento": *Besetzung*, que também poderia ser traduzido por "ocupação". Esta parece ser, de acordo com Strachey, a primeira vez que Freud utiliza essa palavra no sentido psicanalítico, num texto publicado.

[25] "Quelques Considérations pour une étude comparative des paralysies motrices, organiques et hystériques". *Archives de Neurologie*, n. 77, 1893.

os afetos que os acompanham. Minha terapia aliou-se ao curso dessa atividade mnemônica e buscou, dia após dia, solucionar e liquidar o que cada dia trazia à superfície, até que o estoque acessível de lembranças mórbidas parecesse esgotado.

A esses dois caracteres psíquicos, que considero comuns em paroxismos histéricos, poderiam juntar-se algumas considerações importantes que adiarei até ter dedicado alguma atenção ao mecanismo dos sintomas físicos.

Não se pode atribuir a mesma origem a todos os sintomas físicos dos doentes. Pelo contrário, mesmo nesse caso que não é rico nesse aspecto, observa-se que os sintomas físicos de uma histeria se produzem de diversas maneiras. Permito-me, em primeiro lugar, situar as dores entre os sintomas físicos. Tanto quanto posso ver, uma parte das dores era, sem dúvida, condicionada organicamente por aquelas leves alterações (reumáticas) em músculos, tendões e aponeuroses, mais dolorosas para os nervosos que para os sãos; outra parte, muito provavelmente, era uma lembrança de dores, um símbolo mnemônico dos períodos de agitação e cuidados prestados a doentes, que tanto espaço haviam ocupado na vida da doente. Também essas dores, em sua origem, podem ter sido alguma vez organicamente justificadas, mas foram a partir de então elaboradas para os fins da neurose. Apoio essas afirmações sobre as dores da sra. v. N... em experiências feitas alhures, que exporei em parte posterior deste trabalho; precisamente sobre esse ponto, pouco esclarecimento se pôde obter junto à própria doente.

Uma parte das surpreendentes manifestações motoras apresentadas pela sra. v. N... era simplesmente expressão de emoções e fácil de reconhecer como tal: o estender as mãos à frente com os dedos abertos e crispados como expressão do pavor, o jogo mímico fisionômico etc. Na verdade, uma expressão mais viva e desinibida de emoções do que a mímica habitual dessa mulher, condizente com sua educação e sua raça; quando não se encontrava em estado histérico, era comedida, quase rígida em seus movimentos expressivos. Outra parte dos seus sintomas motores, segundo o que ela própria declarou, estava diretamente relacionada a suas dores; ela movia os dedos sem cessar (1888) ou esfregava as mãos uma na outra (1889) para não ter que gritar. Essa motivação lembra vivamente um dos princípios darwinianos para a explicação dos movimentos expressivos, o princípio da "derivação da emoção", pelo qual ele esclarece, por exemplo, o abanar a cauda dos cães. Todos nós, aliás, por ocasião de estímulos dolorosos substituímos o grito por outro tipo de inervação motora. Quem, no consultório do dentista, pretende manter imóveis a cabeça e a boca e não intervir com as mãos, pelo menos bate com os pés.

Os movimentos semelhantes a tiques da sra. v. N..., como o estalar da língua e a gagueira, o chamado de seu nome, "Emmy", no acesso de confusão, a fórmula protetora composta — "Fique quieto! Não diga nada! Não me toque!" (1888) —, revelam uma forma de conversão mais complicada. Dessas manifestações motoras, o gaguejar e o estalar da língua admitem ser explicados segundo um mecanismo que, numa breve comunicação na *Revista de Hipnotismo*, tomo I (1893),* designei como "objetivação da ideia contrastante". O processo, ilustrado por nosso próprio exemplo, seria o seguinte: a histérica, esgotada pelas preocupações e vigílias, está sentada junto ao leito de sua filha doente, que, por fim, adormeceu. Diz então a si mesma: "Agora, porém, você precisa ficar totalmente quieta para não acordar a pequena". Esse desígnio desperta provavelmente uma ideia contrastante, a apreensão de que, não obstante, ela faça um barulho que acorde a pequena do sono longamente almejado. Tais ideias contrastantes perante um desígnio também se produzem em nós, de modo perceptível, quando não nos sentimos seguros na realização de um importante propósito.

O neurótico em cuja consciência de si raramente falta um traço de depressão, de expectativa angustiada, forma um número maior de tais ideias contrastantes ou as percebe com mais facilidade, e elas também lhe parecem mais significativas. No estado de esgotamento em que se encontra nossa doente, a ideia contrastante, de ordinário rejeitada, mostra-se a mais forte; é ela que se objetiva e que então, para horror da doente, produz realmente o temido barulho. Para explicar todo o processo, presumo ainda que o esgotamento seja parcial e atinja, como diríamos nos termos de Janet e seus seguidores, apenas o Eu primário da doente, não tendo como consequência que a ideia contrastante também seja enfraquecida.

* "Um caso de cura hipnótica" (1893).

Suponho, ademais, que seja o horror ante o barulho produzido contra a vontade o que confere ao momento eficácia traumática e fixa o próprio barulho como sintoma* mnemônico físico de toda a cena. Acredito mesmo reconhecer no caráter desse tique, que consiste de vários sons espasmodicamente emitidos, separados uns dos outros por pausas e que mais se assemelham a estalos, traços do processo ao qual deve seu aparecimento. Parece que uma luta desenrolou-se entre o propósito e a ideia contrastante, a "contravontade", dando ao tique o caráter intermitente e restringindo a ideia contrastante a insólitas vias de inervação da musculatura vocal.

A inibição espástica da fala, a peculiar gagueira, subsistiu como resíduo de uma ocorrência de natureza semelhante. Dessa vez, porém, não foi o resultado da inervação final, o grito, que foi alçado a símbolo do episódio na lembrança, mas o próprio processo de inervação, a tentativa de inibição convulsiva dos instrumentos da fala.

Os dois sintomas, a gagueira e o estalar da língua, estreitamente aparentados pela história de sua origem, permaneceram associados no futuro e, pela repetição em ocasião semelhante, tornaram-se sintomas permanentes. A seguir, porém, outro emprego lhes foi atribuído. Surgidos sob intenso pavor, desde então se juntaram (conforme o mecanismo da histeria monossintomática,

---

* Strachey observa que, embora nas edições alemãs se ache *Symptom* nesse ponto, deve se tratar de um erro de impressão; o correto seria *Symbol* ("símbolo"), que faz mais sentido e é usado em outras passagens do livro.

que apresentarei no caso v)* a todo sobressalto, mesmo quando este não podia dar ocasião à objetivação de uma ideia contrastante.

Por fim, estavam ligados a tantos traumas, tinham tanta razão de se reproduzirem na lembrança que, sem outro motivo, à maneira de um tique sem sentido interrompiam permanentemente a fala. Mas a análise hipnótica pode mostrar quanto significado se ocultava por trás desse tique aparente, e se o método de Breuer não conseguiu aqui fazer desaparecer, de uma vez e inteiramente, os dois sintomas, foi porque a catarse estendeu-se apenas aos três traumas principais, e não aos associados secundariamente.[26]

---

* O caso da srta. Elisabeth von R...
26 Com isso eu poderia dar a impressão de que atribuo demasiada importância aos detalhes dos sintomas e me perco em supérflua interpretação de sinais. Mas aprendi que a determinação dos sintomas histéricos de fato se estende à sua mais sutil configuração e que dificilmente é excessivo o sentido que se lhes possa atribuir. Quero apresentar aqui um exemplo que me justificará. Há meses eu tratava uma garota de dezoito anos, oriunda de família com males hereditários e em cuja complicada neurose a histeria tinha sua participação. A primeira coisa que dela ouvi foi uma queixa de ataques de desespero com dois tipos de conteúdo. No primeiro, ela sentia uma tirada e um formigamento na parte inferior do rosto, das bochechas em direção à boca; no outro, os dedos de ambos os pés esticavam-se espasmodicamente e moviam-se sem cessar para lá e para cá. A princípio, eu não estava inclinado a atribuir muita importância a esses detalhes; e os estudiosos da histeria que me precederam certamente tenderiam a ver nessas manifestações provas da excitação dos centros corticais nos ataques histéricos. É verdade que não sabemos onde se localizam os centros dessas parestesias, mas é notório que elas introduzem a epilepsia parcial e

II. CASOS CLÍNICOS — EMMY VON N.

constituem a epilepsia sensorial de Charcot. As zonas corticais simétricas nas imediações da fissura mediana poderiam ser responsabilizadas pelo movimento dos dedos dos pés. Mas a explicação era outra. Quando já conhecia melhor a garota, perguntei-lhe diretamente que tipo de pensamentos lhe ocorria em tais ataques; disse-lhe que não devia se acanhar, provavelmente poderia dar uma explicação para os dois fenômenos. A doente enrubesceu de vergonha, mas, por fim, sem hipnose, consegui movê-la a dar os seguintes esclarecimentos, cuja relação com a realidade foi integralmente confirmada por sua companheira, então presente. Desde sua primeira menstruação, ela padecera, durante anos, de *cephalaea adolescentium*, o que tornou impossível qualquer ocupação permanente e interrompeu sua educação. Livre enfim desse obstáculo, a menina ambiciosa e algo ingênua decidiu trabalhar duro na própria formação, para alcançar de novo suas irmãs e contemporâneas. Nisso ela se esforçava além de toda medida, e esse empenho terminava habitualmente numa irrupção de desespero por haver superestimado as próprias forças. Naturalmente, ela costumava comparar seu corpo ao de outras meninas e ficava infeliz ao descobrir em si uma desvantagem física. Seu prognatismo (bastante evidente) começou a mortificá-la e ocorreu-lhe a ideia de corrigi-lo, exercitando-se, durante quinze minutos, em puxar o lábio superior para baixo, por sobre os dentes proeminentes. O insucesso desse esforço infantil levou, um dia, a um acesso de desespero, e daí em diante as tiradas e os formigamentos das bochechas para baixo forneceram o conteúdo de um dos tipos de ataque. Não menos transparente era a determinação dos outros ataques com o sintoma motor da distensão e da agitação dos artelhos. Haviam me informado que o primeiro de tais ataques se manifestara após uma excursão ao Schafberg, perto de Ischl, e os parentes inclinaram-se a atribuí-lo ao esforço excessivo. A menina, porém, relatou o seguinte: um dos temas prediletos de troça recíproca entre as irmãs era chamar a atenção uma da outra para seus pés (inegavelmente) grandes. Nossa paciente, há muito infeliz com essa falha estética, tentava comprimir seus pés nas mais estreitas botas, mas o pai, sempre atento, não admitia isso e cuidava para que ela usasse apenas

O chamado do nome "Emmy" em acessos de confusão que, segundo a regra dos ataques histéricos, reproduziam os frequentes estados de desespero durante o tratamento da filha, estava ligado ao conteúdo do acesso por uma complicada sucessão de ideias e correspondia talvez a uma fórmula protetora da doente contra esse ataque. Tal chamado, numa utilização mais solta de seu significado, provavelmente também teria sido suscetível de degenerar num tique; a complicada fórmula

---

sapatos confortáveis. Bastante descontente com essa disposição paterna, ela sempre pensava nisso e acostumou-se a mover os dedos dentro do sapato, como se faz quando se quer avaliar o quanto um sapato está grande demais, que tamanho menor se poderia tolerar etc. Durante a excursão alpina ao Schafberg, que ela de modo algum achou fatigante, houve naturalmente nova oportunidade — com as saias mais curtas — de se ocuparem dos calçados. Uma de suas irmãs lhe disse, no meio do caminho: "Mas hoje você calçou sapatos especialmente grandes". Ela experimentou mover os dedos do pé e assim também lhe pareceu. A aflição com os pés infelizmente grandes não mais a abandonou, e quando voltaram para casa irrompeu o primeiro ataque, em que, como símbolo mnemônico para toda a sequência de pensamentos desagradáveis, os dedos dos pés moviam-se involuntariamente e contraíam-se em convulsões.

Observo que se trata aqui de um ataque e não de sintomas permanentes; acrescento ainda que, após essa confissão, os ataques do primeiro tipo cessaram; os do segundo, com agitação dos artelhos, prosseguiram. Portanto, devia certamente existir algo mais, que não foi confessado.

Pós-escrito: Mais tarde soube também do seguinte: a insensata garota trabalhava com zelo tão excessivo em seu embelezamento porque queria agradar a um jovem primo. [Acrescentado em 1924:] (Alguns anos depois, sua neurose transformou-se em *dementia praecox*.)

de proteção "Não me toque etc." já havia alcançado esse emprego, mas a terapia hipnótica deteve, em ambos os casos, o desenvolvimento ulterior desse sintoma. A recém-surgida exclamação do nome "Emmy" encontrei ainda restrita a seu solo original, o acesso de confusão.

Tenham-se originado esses sintomas motores por objetivação de uma ideia contrastante, como foi o estalar de língua; por mera conversão da excitação psíquica em motora, como a gagueira; ou por deliberada ação da doente no paroxismo histérico, no caso da exclamação "Emmy" e da fórmula mais extensa, como dispositivos de proteção — a todos algo é comum: pode-se demonstrar que estão ligados, originalmente ou de modo permanente, a traumas dos quais são símbolos na atividade mnemônica.

Outros sintomas físicos da doente não são absolutamente de natureza histérica, por exemplo, a cãibra na nuca, que considero uma enxaqueca modificada e que, como tal, não deve de fato ser situada entre as neuroses, mas entre as afecções orgânicas. A ela, porém, ligam-se regularmente sintomas histéricos; na sra. v. N... as cãibras na nuca são utilizadas para os ataques histéricos, ao passo que as formas típicas de manifestação do ataque histérico não estão disponíveis.

Completarei a caracterização do estado psíquico da sra. v. N... detendo-me nas modificações patológicas da consciência que nela puderam ser comprovadas. Assim como as cãibras na nuca, também as penosas impressões do presente (cf. o último delírio no jardim) ou as poderosas ressonâncias de um de seus traumas induzem-na a um estado de delírio no qual — conforme as poucas observações que fiz, não posso afirmar outra coisa — preponderam uma limitação da consciência e uma compulsão à associação semelhantes às do sonho, alucinações e ilusões são extremamente facilitadas e conclusões estúpidas ou francamente absurdas são tiradas. Esse estado, comparável a uma alienação mental, provavelmente substitui seu ataque; talvez como uma psicose aguda, equivalente de ataque, que classificaríamos de "confusão alucinatória". Outra semelhança com o típico ataque histérico reside em que, na maioria das vezes, evidencia-se, como fundamento do delírio, um fragmento das antigas lembranças traumáticas. A passagem do estado normal para o delírio ocorre, com frequência, de modo totalmente imperceptível. Ela acabou de falar, com perfeita correção, de coisas pouco afetivas e, na continuação da conversa que a conduz a ideias penosas, percebo em seus gestos exacerbados, no aparecimento de suas fórmulas verbais etc., que ela delira. No início do tratamento, o delírio se estendia por todo o dia, de modo que era difícil afirmar com segurança, sobre os diferentes sintomas, se eles — como os gestos — faziam parte do estado psíquico apenas como sintoma do ataque ou se, como o estalar da língua e a gagueira, tinham se tornado verdadeiros sintomas permanentes. Muitas vezes, só se lograva distinguir o que ocorrera no delírio ou em estado normal a posteriori. É que os dois estados encontravam-se separados pela memória e ela ficava extremamente admirada ao tomar conhecimento das coisas que o delírio havia acrescentado a uma conversação conduzida em estado normal. Minha primeira entrevista com ela foi o mais surpreendente exemplo de como os dois estados se mesclavam sem dar notícia um do outro. Uma única vez durante essa gangorra psíquica, a consciência normal, atenta observadora do presente, sofreu uma influência: quando ela me deu a resposta, proveniente do delírio, de que era uma mulher do século passado.

A análise desse delírio na sra. v. N... não foi feita de modo exaustivo, sobretudo porque seu estado logo melhorou tanto que os delírios se separaram nitidamente da vida normal e se restringiram aos momentos de cãibra na nuca. Mais informações sobre o comportamento da paciente eu reuni num terceiro estado psíquico, o do sonambulismo artificial. Enquanto em seu próprio estado normal ela ignorava o que tinha vivenciado psiquicamente em seus delírios e no sonambulismo, neste último ela dispunha de lembranças de todos os três estados; na realidade, nele ela era mais normal. Se desconsidero o fato de que, sonâmbula, ela era muito menos reservada comigo que nas melhores horas de sua vida ordinária, isto é, como sonâmbula me fazia comunicações sobre sua família etc., enquanto de hábito me tratava como se eu fosse um estranho; se, além disso, ignoro que ela mostrava a total sugestionabilidade dos sonâmbulos, devo de fato dizer que, como sonâmbula, ela se encontrava num estado perfeitamente normal. Por outro lado, era interessante observar que esse sonambulismo não mostrava nenhum traço do supranormal, que o afetavam todas as deficiências psíquicas que atribuímos ao estado normal de consciência. Os seguintes exemplos podem elucidar o comportamento da memória sonâmbula. Certa vez, ela expressou-me seu encanto por uma bela planta de vaso que adornava o saguão do sanatório. "Mas como ela se chama, doutor? Você não sabe? Eu sabia o nome alemão e o latino e me esqueci dos dois." Ela era uma exímia conhecedora de plantas, ao passo que eu, nessa ocasião, tive de confessar minha falta de cultura botânica. Poucos minutos mais tarde, perguntei-lhe na hipnose: "Sabe agora o nome da planta na escadaria do saguão?". Sem qualquer hesitação, ela respondeu: "Em alemão, chama-se *Türkenlilie*,* o nome latino realmente esqueci". Outra vez, estando com ótima saúde, ela me contou sobre uma visita às catacumbas de Roma e, nessa descrição, não pôde lembrar-se de dois termos, no que também não pude ajudá-la. Logo em seguida, na hipnose, perguntei-lhe a que palavras se referia. Tampouco o sabia na hipnose. Disse-lhe então: "Não pense mais nisso; amanhã, no jardim, entre cinco e seis horas da tarde, mais perto das seis, subitamente elas lhe ocorrerão".

Na noite seguinte, durante uma conversa que não tinha relação com as catacumbas, ela deixou escapar abruptamente: "Cripta, doutor, e columbário". "Ah, estas são as palavras das quais não pôde se lembrar ontem. Quando lhe ocorreram?" "Hoje à tarde, no jardim, pouco antes de subir." — Percebi que, desse modo, queria me mostrar que observara exatamente o horário indicado, pois estava acostumada a deixar o jardim por volta das seis horas. Portanto, mesmo no sonambulismo ela não dispunha de

---

* Trata-se do *lírio martagão*, planta da família das liliáceas, cujo nome científico é *Lilium martagon*.

toda a extensão de seu conhecimento; também nele havia uma consciência atual e uma potencial. Igualmente ocorria, com frequência, que, ao lhe perguntar no sonambulismo de onde provinha esta ou aquela manifestação, ela franzisse a testa e, depois de uma pausa, respondesse acanhada: "Isso não sei". Eu me habituara a lhe dizer então: "Pense você mesma, logo descobrirá", e, após refletir um pouco, ela conseguia me dar a informação solicitada. Mas sucedia também que nada lhe ocorresse e eu tivesse que lhe deixar a incumbência de se lembrar até o dia seguinte, o que sempre se verificava. A mulher, que em sua vida ordinária evitava com máximo escrúpulo toda inverdade, também jamais mentia na hipnose, porém, acontecia-lhe dar indicações incompletas e reter uma passagem do relato até que, numa segunda vez, eu a constrangia a completá-lo. Como no exemplo dado à p. 117, geralmente era a aversão que o tema lhe inspirava o que, também no sonambulismo, fechava-lhe a boca. Não obstante essa reserva, seu comportamento psíquico no estado sonambúlico dava, em seu conjunto, a impressão de um livre desenvolvimento de sua força mental e de usufruto pleno de sua bagagem de lembranças.

Mas sua grande e inegável sugestionabilidade no sonambulismo estava longe de ser uma ausência doentia de resistência. Devo dizer que, no conjunto, eu não lhe causava mais impressão do que podia esperar em incursão semelhante no mecanismo psíquico de qualquer pessoa que me tivesse escutado com grande confiança e em plena lucidez mental; só que a sra. v. N..., em seu estado dito normal, não podia manifestar-me tal disposição psíquica favorável. Sempre que eu não lograva apresentar-lhe razões que a convencessem, como no caso do medo de animais, ou não entrava na história psíquica da origem do sintoma e queria agir por meio de sugestão autoritária, percebia na fisionomia da sonâmbula uma expressão tensa e insatisfeita e quando, por fim, perguntava: "Então, você continuará temendo esse animal?", a resposta era: "Não — porque você o exige".Tal promessa contudo, que só podia apoiar-se em sua docilidade para comigo, jamais tinha efetivamente sucesso; tinha tão pouco sucesso quanto os muitos conselhos gerais que lhe dava, no lugar dos quais eu poderia igualmente bem ter repetido esta sugestão: "Fique boa".

A mesma pessoa que, contra a sugestão, agarrava-se tão obstinadamente a seus sintomas mórbidos e só os abandonava ante a análise psíquica ou o convencimento, era, por outro lado, dócil como o melhor médium de hospital* quando se tratava de sugestão sem importância, de coisas que não tinham relação com a sua doença. Citei exemplos de semelhante obediência pós-hipnótica na história clínica. Não vejo nenhuma contradição nesse comportamento. Também aqui devia atuar o direito da ideia mais forte. Se penetramos o mecanismo da "ideia fixa" patológica, nós a encontramos fundada e apoiada por tantos episódios intensamente ativos que não podemos nos admirar de que seja capaz de oferecer exitosa

---

* "Médium de hospital" (*Spitalsmedium*): pessoa que, por sua constituição psíquica e física, prestava-se a experimentos, particularmente no âmbito da hipnose.

resistência à ideia contrária sugerida, dotada apenas de certa força. Só de um cérebro verdadeiramente patológico seria possível fazer desaparecer pela sugestão resultados tão legítimos de processos psíquicos intensos.[27]

27 Um outro caso deixou-me profunda impressão desse interessante contraste entre a extrema obediência sonâmbula em todos os demais aspectos e a obstinada persistência dos sintomas da doença, por estes se acharem profundamente alicerçados e inacessíveis à análise. Havia mais de cinco meses, e sem que pudesse ajudá-la, eu tratava uma garota, cheia de vida e talentosa, que havia um ano e meio padecia de grave perturbação do andar. A menina tinha analgesia e pontos dolorosos nas duas pernas, além de rápido tremor nas mãos. Andava inclinada para a frente, com pernas pesadas e passos curtos, cambaleava como na marcha cerebelar e também caía com frequência. Seu ânimo era extraordinariamente alegre. Uma de nossas autoridades vienenses da época deixara-se levar por esse complexo de sintomas, diagnosticando uma esclerose múltipla. Outro especialista reconheceu no caso uma histeria, a favor da qual também falava a complicada configuração do quadro clínico no início da doença (dores, desmaios, amaurose), e confiou-me o tratamento da doente. Tentei melhorar sua marcha por sugestão hipnótica, tratamento das pernas na hipnose etc., mas sem qualquer resultado, embora ela fosse uma excelente sonâmbula. Um dia, quando mais uma vez entrava cambaleando no aposento, um braço apoiado no de seu pai, o outro num guarda-chuva, cuja ponta mostrava-se já fortemente desgastada, perdi a paciência e lhe gritei durante a hipnose: "Agora basta, foi tempo mais que suficiente. Amanhã, ainda pela manhã, esse guarda-chuva se quebrará em suas mãos e você terá que ir para casa sem ele; daí em diante, não precisará mais de um guarda-chuva". Não sei como cheguei à tolice de dirigir uma sugestão a um guarda-chuva; mais tarde me envergonhei e não imaginei que minha arguta paciente me salvaria perante o pai, que era médico e estava presente às hipnoses. No dia seguinte, o pai me relatou: "Você sabe o que ela fez ontem? Passeávamos pela Ringstrasse; de repente, ficou muito alegre e — no meio da rua — começou a cantar: 'Levamos uma vida livre' [canção

Quando estudava o estado sonambúlico da sra. v. N... ocorreram-me pela primeira vez dúvidas sérias sobre a correção da afirmativa de Bernheim, "*tout est dans la suggestion*" [tudo está na sugestão] e a conclusão de seu perspicaz amigo Delbœuf, "*comme quoi il n'y a pas d'hypnotisme*" [assim sendo, não há hipnotismo]. Ainda hoje não posso compreender que meu dedo mantido à sua frente e meu único "durma" possam ter criado o estado psíquico particular em que sua memória abarcava todas as suas experiências psíquicas. Eu podia ter suscitado esse estado, mas não tê-lo criado com minha sugestão, pois suas características, aliás universalmente válidas, me surpreenderam bastante.

A história clínica mostra com suficiente clareza de que modo realizei o trabalho terapêutico no sonambu-

---

de uma famosa peça de Schiller, *Os bandoleiros*]; com isso, bateu o guarda-chuva na calçada, marcando o compasso, e o quebrou". Naturalmente, não tinha a menor suspeita de que, com tanta astúcia, ela mesma havia transformado uma sugestão absurda em outra brilhantemente bem-sucedida. Como seu estado não melhorasse com garantias, ordens e tratamento hipnótico, voltei-me para a análise psíquica e quis saber que emoção havia precedido a irrupção da doença. Ela me contou então (sob hipnose, mas sem qualquer agitação) que pouco antes morrera um jovem parente, de quem desde muitos anos se considerava noiva. Essa comunicação, porém, nada alterou em seu estado; assim, na hipnose seguinte eu lhe disse que estava inteiramente convencido de que a morte do primo nada tinha a ver com seu estado, algo diverso ocorrera que ela não havia mencionado. Deixou-se então induzir a fazer uma única alusão, mas, mal havia pronunciado uma palavra, calou-se, e o velho pai, que estava sentado atrás dela, começou a soluçar com amargura. Naturalmente, não continuei a pressionar a paciente, mas também não tornei a vê-la.

lismo. Como é usual na psicoterapia hipnótica, combatia as ideias patológicas presentes por meio de garantias, proibições e introdução de ideias contrárias de toda espécie. Mas não me contentei com isso, investiguei a história da origem dos diferentes sintomas para poder combater os pressupostos sobre os quais haviam sido construídas as ideias mórbidas. Durante essas análises, acontecia regularmente que a doente, em meio a sinais da mais violenta agitação, falasse sobre coisas cujo afeto até então só encontrara escoadouro como expressão de emoções. Não posso indicar quanto do êxito terapêutico obtido em cada vez provinha da sugestão de eliminá--lo *in statu nascendi* e quanto vinha da resolução do afeto por ab-reação, pois deixei que agissem em conjunto os dois fatores terapêuticos. Por conseguinte, esse caso não poderia ser utilizado como prova rigorosa de que uma eficácia terapêutica seja inerente ao método catártico; devo dizer, no entanto, que apenas aqueles sintomas da doença nos quais havia realizado a análise psíquica foram realmente removidos de forma duradoura.

O êxito terapêutico foi, no conjunto, bastante considerável, mas não duradouro; a tendência da paciente a adoecer de maneira semelhante, ao ser afetada por novos traumas, não foi eliminada. Quem quisesse empreender a cura definitiva de tal histeria deveria deslindar a relação entre os fenômenos mais a fundo do que então tentei. A sra. v. N... era sem dúvida uma pessoa afetada por uma carga hereditária neuropática. Sem tal predisposição, provavelmente, nenhuma histeria se produz. Porém, a predisposição sozinha ainda não faz uma histeria;

para isso são necessários motivos, e — é o que sustento — motivos adequados, uma etiologia de determinada natureza. Há pouco mencionei que na sra. v. N... os afetos de grande número de vivências traumáticas pareciam conservados e que uma viva atividade mnemônica trazia à superfície psíquica ora esse, ora aquele trauma. Ousaria agora indicar o motivo para essa conservação dos afetos na sra. v. N... Com certeza, está relacionado à sua constituição hereditária. Por um lado, seus sentimentos eram muito intensos, ela possuía uma natureza impetuosa, capaz do maior arrebatamento passional; por outro, desde a morte de seu marido vivia em completa solidão psíquica, tornara-se, devido às perseguições dos parentes, desconfiada dos amigos, zelosa e vigilante para que ninguém influísse demais sobre seus atos. Era extenso o rol de suas obrigações, e todo o trabalho psíquico a que a obrigavam ela fazia sozinha, sem amigo ou confidente, quase isolada de sua família e com os agravantes que lhe impunham sua meticulosidade, sua inclinação a atormentar-se e, com frequência, também seu desamparo como mulher. Em suma, o mecanismo da *retenção de grandes somas de excitação* é aqui efetivamente inequívoco. Ele se sustenta em parte nas circunstâncias de sua vida, em parte em sua constituição natural; por exemplo, seu recato em comunicar algo sobre si mesma era tão grande que nenhum dos visitantes diários de sua casa, como notei com espanto em 1891, reconhecia nela uma doente ou em mim seu médico.

Terei com isso esgotado a etiologia desse caso de histeria? Não creio, pois, à época dos dois tratamentos, não me colocava ainda aquelas questões, cuja resposta se requer para uma explicação exaustiva. Penso agora que deve ter havido outro fator para, nas condições por tantos anos inalteradas e etiologicamente ativas, provocar uma irrupção do padecimento justo nesses últimos anos. Observei que em todas as comunicações íntimas feitas a mim pela paciente faltava inteiramente o elemento sexual, o qual, no entanto, dá ocasião a traumas como nenhum outro. É impossível que as excitações nessa esfera não tenham deixado nenhum resíduo; o que me fora dado escutar era, decerto, uma *editio in usum delphini** da história de sua vida. A paciente parecia comportar-se com máxima e natural decência, sem hipocrisia. Porém, quando penso na reserva com que me relatou na hipnose a pequena aventura de sua camareira no hotel, vem-me a suspeita de que essa mulher intensa, capaz de tão fortes sentimentos, não tenha alcançado a vitória sobre suas necessidades sexuais sem árdua batalha e, na tentativa de repressão desse instinto,** o mais poderoso entre todos, às vezes tenha sofrido grave esgotamento psíquico. Uma vez confessou-me que não se casara de novo porque, dada sua grande fortuna, não podia confiar no desinteresse do pretendente e, além disso, teria se recriminado por prejudicar os interesses de suas duas filhas com um novo casamento.

---

* *Editio in usum delphini*, edição para uso do delfim, o herdeiro do trono da França; edição expurgada.
** "Instinto": *Trieb*, que também poderia ser traduzido por "impulso, pulsão, ímpeto" etc.

Antes de concluir a história clínica da sra. v. N... devo acrescentar mais uma observação. O dr. Breuer e eu a conhecíamos bastante bem e havia bastante tempo e costumávamos sorrir quando comparávamos seu quadro de caráter com a descrição da psique histérica, presente nos livros e na opinião dos médicos desde tempos remotos. Se a partir da observação da sra. Cäcilie M... havíamos constatado que a mais grave forma de histeria é compatível com o talento mais rico e original — fato que aliás refletem com evidência as biografias de mulheres notáveis na história e na literatura —, no caso da sra. Emmy v. N... tínhamos um exemplo de que a histeria também não exclui um impecável desenvolvimento de caráter e uma vida conduzida de modo resoluto e consciente de seus fins. Era uma mulher extraordinária, cuja seriedade moral no entendimento de seus deveres, cuja energia e inteligência francamente masculinas, elevada cultura e amor à verdade nos impressionavam, enquanto seu bondoso desvelo para com todos os seus dependentes, sua modéstia interior e a fineza de suas maneiras ressaltavam-lhe a figura de dama respeitável. Chamar "degenerada" a uma tal mulher é deturpar o significado dessa palavra a ponto de torná-la irreconhecível. Faremos bem em separar conceitualmente as pessoas "predispostas" das "degeneradas"; caso contrário, nos veremos obrigados a admitir que a humanidade deve uma boa parte de suas grandes conquistas aos esforços de indivíduos "degenerados".

Confesso, igualmente, que não consigo ver na história da sra. v. N... nada da "insuficiência psíquica" a que P. Janet relaciona a gênese da histeria. A predisposição histérica consistiria, segundo ele, em um estreitamento anormal do campo da consciência (em virtude de degeneração hereditária), que resulta na negligência de séries inteiras de percepções e, em seguida, na desagregação do Eu e na organização de personalidades secundárias. De acordo com isso, o que resta do Eu, após a subtração dos grupos psíquicos histericamente organizados, também deveria ser menos capaz de desempenho do que o Eu normal e, de fato, conforme Janet, esse Eu, nos histéricos, é afetado por estigmas psíquicos, condenado ao monoideísmo e incapaz dos atos volitivos habituais da vida. Creio que aqui, erroneamente, Janet alçou os estados consecutivos à modificação histérica da consciência à categoria de condições primárias da histeria. O tema merece um tratamento mais cuidadoso em outro lugar; na sra. v. N..., porém, nada se observou de tal insuficiência. Durante os períodos em que seu estado mais se agravou, ela era e permaneceu capaz de cuidar de sua participação na direção de uma grande empresa industrial, de jamais perder de vista a educação de suas filhas, de manter sua correspondência com pessoas de proeminência intelectual, em suma, de cumprir a tal ponto todas as suas obrigações que sua doença pôde permanecer oculta. Acredito que tudo isso constituiu um grau elevado de atuação psíquica, talvez insustentável a longo prazo, que tinha de levar a um esgotamento, a uma *misère psychologique* secundária. É provável que essas perturbações de sua capacidade de desempenho já começassem a se fazer sentir à época em que a vi pela primeira vez, mas, de todo modo, havia uma histeria grave muitos anos antes desses sintomas de esgotamento.[28]

28 [Acrescentado em 1924:] Sei que nenhum analista pode ler essa história clínica hoje sem um sorriso compassivo. Pondere-se, no entanto, que este foi o primeiro caso em que empreguei o procedimento catártico em larga medida. Por esse motivo, quero conservar o relato em sua forma original. Não apresentarei nenhuma das críticas que hoje tão facilmente se faria, não empreenderei nenhuma tentativa de preenchimento posterior das numerosas lacunas. Quero acrescentar apenas duas coisas: minha compreensão, adquirida mais tarde, da etiologia atual da doença e notícias sobre a evolução ulterior da mesma.

Quando, conforme referi, passei alguns dias como hóspede em sua casa de campo, esteve presente a uma refeição um desconhecido que se esforçava visivelmente em ser agradável. Após sua partida, ela me perguntou o que achara dele e acrescentou, como de passagem: "Imagine você, o homem quer se casar comigo". Cotejando esta com outras declarações que me descuidara de tomar em consideração, não pude deixar de constatar que naquela época ela ansiava por um novo casamento, mas via na existência das duas filhas, herdeiras dos bens paternos, o obstáculo à realização de seu propósito.

Alguns anos mais tarde, encontrei, numa reunião de naturalistas, um médico proeminente da mesma região da sra. Emmy, a quem perguntei se a conhecia e se sabia algo sobre seu estado de saúde. Sim, conhecia-a, ele mesmo a tratara por meio da hipnose e ela havia encenado com ele — e com muitos outros médicos — a mesma peça que encenara comigo. Havia chegado em condições lastimáveis, recompensara o tratamento hipnótico com êxito excepcional para, em seguida, de súbito, se indispor com o médico, abandoná-lo e mais uma vez ativar toda a dimensão de sua doença. Era a autêntica "compulsão à repetição".

Só um quarto de século depois voltei a receber notícias da sra. Emmy. Sua filha mais velha, a mesma para quem eu havia estabelecido outrora um prognóstico tão desfavorável, dirigiu-se a mim

3. MISS LUCY R., 30 ANOS
(FREUD)

No final de 1892, um colega amigo me encaminhou uma jovem dama de quem tratava em virtude de uma rinite supurativa cronicamente recorrente. Como se verificou mais tarde, a causa da tenacidade de seus transtornos era uma cárie do etmoide. Ultimamente, a paciente o procurara em decorrência de novos sintomas que o experiente médico não mais pôde imputar a uma afecção local. Havia perdido por completo a percepção do olfato e era perseguida quase continuamente por uma ou duas sensações olfativas subjetivas que muito a afligiam. Além disso, sentia-se deprimida, cansada, queixava-se de cabeça pesada e de apetite e vigor diminuídos.

A jovem dama, que vivia como preceptora na casa de um diretor de fábrica nos arredores de Viena, visitava-me em meus horários de consulta, de tempos em tempos. Era inglesa, de constituição delicada, de pele escassamente pigmentada e, exceto pela afecção do nariz, saudável. Suas primeiras comunicações confirmaram as indicações do médico. Sofria de abatimento do ânimo e fadiga, era atormentada por sensações olfativas subjetivas e apresentava, como sintoma histérico, uma analgesia

---

solicitando um parecer sobre o estado mental de sua mãe, com base em meu tratamento daquela época. Pretendia tomar medidas judiciais contra a mãe, que ela pintava como tirana cruel e insensível. Havia repudiado as duas filhas e recusava-se a ajudá-las em suas aflições materiais. Quanto à autora da carta, esta havia obtido um título de doutora e estava casada.

geral bastante nítida, com sensibilidade tátil intacta; num exame grosseiro (com a mão), os campos de visão não revelavam nenhuma redução. O interior do nariz mostrava-se completamente analgésico e sem reflexo. Contatos eram sentidos, mas a percepção desse órgão sensorial encontrava-se suspensa tanto para estímulos específicos como para outros (amoníaco, ácido acético). O catarro nasal purulento estava justamente num período de melhora.

No primeiro esforço para tornar compreensível esse caso de doença, as sensações subjetivas do olfato, na qualidade de alucinações recorrentes, tiveram de ser interpretadas como sintomas histéricos permanentes. O abatimento do ânimo era talvez o afeto concernente ao trauma, e devia ser possível encontrar uma vivência em que esses odores, agora tornados subjetivos, tivessem sido objetivos. Essa vivência tinha de ser o trauma, do qual eram símbolo na lembrança as sensações olfativas recorrentes. Talvez fosse mais correto considerar as alucinações olfativas recorrentes, juntamente com o ânimo abatido que as acompanha, como equivalentes do ataque histérico; sua natureza torna-as, com efeito, inadequadas ao papel de sintomas permanentes. Na verdade, isso não importava nesse caso rudimentarmente desenvolvido; era indispensável, porém, que as sensações subjetivas do olfato mostrassem uma especialização tal que sua origem correspondesse a um objeto real bem definido.

Essa expectativa logo se cumpriu. À minha pergunta sobre que tipo de odor a perseguia com mais frequência, recebi a resposta: "Como o de torta queimada". Assim, precisei apenas supor que o odor de torta queimada realmente ocorrera no episódio de efeito traumático. É mesmo bastante incomum que sensações olfativas sejam escolhidas como símbolos da lembrança de traumas, mas parecia evidente o motivo dessa escolha. A doente padecia de uma rinite supurativa e por isso o nariz e suas percepções estavam no primeiro plano de sua atenção. Sobre as circunstâncias de vida da doente eu sabia apenas que na casa onde cuidava de duas crianças, faltava a mãe, morta havia alguns anos em decorrência de aguda e grave doença.

Resolvi então fazer do odor de "torta queimada" o ponto de partida da análise. Relatarei a história dessa análise como se tivesse podido realizar-se em circunstâncias favoráveis; de fato, o que deveria ter sido uma única sessão prolongou-se por várias, pois a doente só podia visitar-me na hora de consulta, quando tinha pouco tempo para lhe dedicar. E como suas obrigações também não lhe permitiam fazer tão amiúde o longo caminho da fábrica até meu consultório, uma única conversa se estendia por mais de uma semana. Assim, interrompíamos o diálogo no meio, para retomar-lhe o fio na vez seguinte.

Miss Lucy R. não entrou em estado sonambúlico quando tentei hipnotizá-la. Então renunciei ao sonambulismo e fiz toda a análise tendo-a num estado talvez pouco diferente do normal.

Devo estender-me mais detalhadamente sobre esse ponto na técnica do meu procedimento. Quando visitei as clínicas de Nancy no ano de 1889, ouvi o velho mestre da hipnose, dr. Liébeault, dizer: "Sim, se possuíssemos os meios para induzir qualquer pessoa ao sonambulismo, a terapia hipnótica seria a mais poderosa de todas". Na clínica de Bernheim, tinha-se quase a impressão de que tal arte realmente existisse e fosse possível aprendê-la com ele. Mas, tão logo tentei exercê-la com meus próprios doentes, percebi que, ao menos nesse aspecto, minhas forças atinham-se a estreitos limites e que, quando um paciente não entrava em sonambulismo ao cabo de uma a três tentativas, eu não possuía nenhum meio de levá-lo a esse estado. Em minha experiência, a porcentagem de sonâmbulos permanecia, de todo modo, muito abaixo da indicada por Bernheim.

Assim, encontrava-me diante da escolha entre abster-me do método catártico na maioria dos casos que podiam lhe ser apropriados ou atrever-me a tentar praticá-lo fora do sonambulismo, em casos leves e mesmo duvidosos de influência hipnótica. A que grau de hipnose — segundo uma das escalas estabelecidas para esse fim — correspondia o estado não sonâmbulo, isso me parecia indiferente, pois cada orientação da sugestionabilidade é de qualquer modo independente das outras, e a geração de catalepsia, movimentos automáticos etc. não favorecia ou prejudicava aquilo que eu necessitava, que era o despertar de lembranças esquecidas. Logo também deixei de realizar aqueles testes para determinar o grau da hipnose, pois, em toda uma série de casos, isso ativava a resistência dos doentes e abalava a confiança de que eu precisava para o trabalho psíquico mais importante. Além disso, ao assegurar e ordenar: "Você

II. CASOS CLÍNICOS — LUCY R.

dormirá, durma!", logo me cansei de sempre escutar, nos graus mais leves de hipnose, a objeção: "Mas doutor, eu não durmo", para então ter que fazer a distinção demasiado delicada: "Não me refiro certamente ao sono comum, refiro-me à hipnose. Veja, você está hipnotizada, não pode abrir os olhos etc. Aliás, não preciso absolutamente do sono" etc. Estou mesmo convencido de que muitos de meus colegas na psicoterapia sabem sair dessas dificuldades com mais habilidade do que eu; talvez procedam então de modo diverso. Mas penso que, se prevemos com tal frequência que o uso de uma palavra nos causará embaraço, é melhor evitar a palavra e o embaraço. Quando, portanto, a primeira tentativa não produzia sonambulismo ou um grau de hipnose com modificações corporais pronunciadas, eu abandonava aparentemente a hipnose, exigia apenas "concentração" e, como meio para alcançá-la, ordenava ao doente que se deitasse de costas e fechasse propositadamente os olhos. Assim, e com leve esforço, devo ter alcançado os mais profundos graus de hipnose então possíveis.

Mas, renunciando ao sonambulismo, eu me privava talvez de uma precondição sem a qual o método catártico parecia inaplicável. Com efeito, ela se baseava em que os doentes, no estado de consciência modificado, dispunham de lembranças e reconheciam conexões que supostamente inexistiam em seu estado normal de consciência. Quando não havia a ampliação sonâmbula da memória, tinha que faltar também a possibilidade de estabelecer uma determinação causal que o doente apresentasse ao médico como algo que lhe era desconhecido; e são justamente as lembranças patogênicas que, de fato, "faltam por completo à memória dos doentes em seu estado psíquico habitual ou aí estão presentes apenas de forma extremamente sumária". (Comunicação preliminar.)

Dessa nova dificuldade salvou-me a recordação de que vira o próprio Bernheim apresentar a prova de que as lembranças do sonambulismo estavam apenas aparentemente esquecidas e podiam ser outra vez evocadas por uma leve exortação associada a um toque de mão que devia marcar um outro estado de consciência. Por exemplo, havia sugerido a uma sonâmbula a alucinação negativa de que ele não estava mais presente, tentara em seguida fazer-se notar pela doente das mais variadas formas e mesmo por agressões impiedosas. Não conseguiu. Uma vez desperta, exigiu que ela lhe dissesse o que ele lhe havia feito enquanto pensava que estava ausente. Respondeu-lhe, estupefata, que não sabia de nada, mas ele não cedeu. Asseverou que ela se lembraria de tudo, pôs-lhe a mão sobre a testa para que refletisse e eis que enfim ela contou tudo que em estado sonambúlico supostamente não havia percebido e que em estado de vigília supostamente ignorara.

Essa espantosa e instrutiva experiência foi meu modelo. Decidi partir do pressuposto de que minha paciente também sabia tudo que de algum modo tivesse significado patogênico e que se tratava apenas de forçá-la a comunicá-lo. Assim, quando havia chegado a um ponto em que, à pergunta "Desde quando você tem esse sintoma?" ou "De onde ele provém?", recebia a resposta "Isso realmente não sei", procedia da seguinte maneira: colocava a mão sobre a testa da doente ou tomava sua cabeça entre minhas mãos e dizia: "Agora, sob a pressão de minha mão, isso lhe ocorrerá. No instante em que eu cessar a pressão, verá algo diante de si ou algo lhe passará pela cabeça como ideia súbita. Agarre isso. É o que procuramos. — Então, o que você viu ou o que lhe ocorreu?".

Nas primeiras vezes em que empreguei esse procedimento (não foi com Miss Lucy R.), eu mesmo me admirei de que ele me proporcionasse exatamente o que eu precisava e, posso dizer, desde então quase nunca me faltou, sempre me mostrou o caminho que minha investigação devia percorrer e possibilitou-me conduzir toda análise desse tipo até o fim, sem sonambulismo. Tornei-me pouco a pouco tão ousado que, aos pacientes que me davam como resposta: "Não vejo nada" ou "Nada me ocorreu", eu declarava: isso não é possível. Seguramente, tinham se dado conta da coisa certa, mas não acreditaram que o fosse e haviam-na rejeitado. Eu repetiria o procedimento quantas vezes quisessem e eles sempre veriam a mesma coisa. De fato, acabei por ter razão todas as vezes. Os doentes ainda não tinham aprendido a deixar sua crítica repousar, haviam rejeitado a lembrança emergente ou a ideia que os assaltara porque a tomaram por inútil, uma perturbação interveniente, mas, depois que a comunicavam, sempre se verificava que era a certa. Ocasionalmente, quando, após a terceira ou quarta pressão, eu forçava a comunicação, também recebia a resposta: "Sim, isso eu já sabia na primeira vez, mas, precisamente, não queria dizê-lo" ou "Achava que não fosse isso".

Essa forma de ampliar a consciência supostamente estreitada era trabalhosa, pelo menos bem mais que a investigação no sonambulismo, mas fazia-me independente deste e me permitia uma percepção dos motivos que, muitas vezes, são decisivos para o "esquecimento" de lembranças. Posso afirmar que esse esquecimento é com frequência intencional, desejado. E é sempre bem-sucedido apenas de forma *aparente*.

Pareceu-me talvez ainda mais insólito que, por um procedimento semelhante, se pudesse trazer de volta números e datas há muito supostamente esquecidos e comprovar assim uma inesperada fidelidade da memória.

A reduzida escolha que se tem na busca por números e datas permite-nos recorrer à conhecida proposição da teoria da afasia, segundo a qual reconhecer constitui trabalho menor para a memória do que lembrar-se espontaneamente.

Assim, ao paciente que não pode se lembrar em que ano, mês e dia ocorreu determinado episódio, repetimos os números dos anos prováveis, os doze nomes dos meses, os 31 números dos dias do mês e lhe asseguramos que, à menção do número ou do nome certo, seus olhos se abrirão por si mesmos, ou sentirá qual é o correto. Na grande maioria dos casos, os doentes realmente se decidem por uma data determinada e com bastante frequência (como no caso da sra. Cäcilie M...) foi possível comprovar, por apontamentos feitos naquela época, que a data fora reconhecida corretamente. Em outras vezes, com outros doentes, o contexto dos fatos lembrados mostrou que a data assim encontrada era indiscutível.

Por exemplo, a doente observou, depois que a data recuperada pela "enumeração" lhe foi apresentada: "Esse é o aniversário do meu pai" e então prosseguiu: "Sim, claro, porque era o aniversário do meu pai, esperei o acontecimento de que falamos".

Aqui, não posso mais que tocar levemente esse tema. A conclusão que tirei de todas essas experiências foi que os acontecimentos importantes do ponto de vista patogênico, com todas as suas circunstâncias acessórias, são fielmente conservados pela memória, mesmo quando parecem esquecidos, quando falta ao doente a capacidade de recordá-los.[29]

---

29 Como exemplo da técnica, acima descrita, de investigação em estado não sonâmbulo, ou seja, de consciência não ampliada, relatarei um caso que analisei justamente nos últimos dias. Estou tratando uma mulher de 38 anos que padece de neurose de angústia (agorafobia, acessos de medo da morte etc.). Como muitos desses doentes, ela não gosta de admitir que adquiriu esse transtorno em sua vida conjugal e desejaria fazê-lo remontar à sua primeira juventude. Assim, relata-me que aos dezessete anos, numa rua de sua pequena cidade natal, teve o primeiro ataque de vertigem com angústia e sensação de desfalecimento e que esses ataques tinham se repetido de tempos em tempos até que, há poucos anos, deram lugar ao sofrimento atual. Suponho que esses primeiros ataques de vertigem, em que a angústia desvanecia-se cada vez mais, tenham sido histéricos, e decido empreender sua análise. A princípio, ela sabe apenas que o primeiro ataque a acometeu enquanto estava fora, fazendo compras nas lojas da rua principal. — "O que você queria comprar?" — "Coisas variadas, creio, para um baile para o qual me haviam convidado." — "Quando devia se realizar esse baile?" — "Parece-me que dois dias depois." — "Então algo deve ter acontecido, alguns dias antes, que a agitou, que a impressionou." — "Mas não sei nada, isso faz 21 anos." — "Não importa, você se lembrará mesmo assim.

Farei uma pressão sobre sua cabeça e, quando abrandá-la, você pensará em algo ou verá alguma coisa, e em seguida me dirá..." Realizo o procedimento; ela, porém, se cala. — "Então, nada lhe ocorreu?" — "Pensei em algo, mas não pode ter nenhuma ligação com isso." — "Apenas diga o que foi." — "Pensei numa jovem amiga, uma garota que morreu; ela, porém, morreu quando eu tinha dezoito anos, ou seja, um ano depois." — "Veremos; agora vamos nos deter nisso. Fale dessa amiga." — "Sua morte me abalou muito, pois nos víamos com frequência. Algumas semanas antes, outra garota havia morrido e isso causou sensação na cidade; sim, foi quando eu tinha dezessete anos." — "Você vê? Eu lhe disse, pode-se confiar nas coisas que ocorrem a alguém sob a pressão da mão. Agora você se lembra que tipo de pensamento lhe ocorria quando teve o ataque de vertigem na rua?" — "Não havia pensamento algum, apenas uma vertigem." — "Isso não é possível, tais estados não existem sem uma ideia que os acompanhe. Vou pressionar outra vez e o pensamento daquele instante ressurgirá. Então, o que lhe ocorreu?" — "Ocorreu-me: Agora sou a terceira." — "O que significa isso?" — "Devo ter pensado durante o ataque de vertigem: Agora também vou morrer como as duas outras garotas." — "Esta era, pois, a ideia; durante o ataque, você pensou na amiga. Sua morte deve ter lhe causado uma grande impressão." — "Sim, certamente, agora me lembro; quando soube da morte, me pareceu terrível que eu devesse ir a um baile, enquanto ela estava morta. Mas ansiava tanto pelo baile e estava tão ocupada com o convite que não queria absolutamente pensar no triste acontecimento." (Nota-se aqui a repressão intencional que afasta da consciência e torna patogênica a lembrança da amiga.)

Em certa medida, o ataque está agora explicado, mas preciso ainda de um fator ocasional que houvesse provocado a lembrança justo naquele momento. Faço, a esse respeito, uma conjectura casualmente feliz: — "Você se lembra exatamente por qual rua passava então?" — "Sem dúvida, a rua principal com suas casas antigas, vejo-a diante de mim." — "Pois bem, e onde morava a amiga?" — "Na mesma rua. Acabava de passar por lá e, duas casas depois, aconteceu-me o ataque." — "Então, ao passar pela

II. CASOS CLÍNICOS — LUCY R.

Feita essa longa mas inevitável digressão, volto à história de Miss Lucy R. Nas tentativas de hipnose, portanto, ela não entrava em sonambulismo; apenas ficava deitada, tranquila, em algum grau de influência mais leve, os olhos continuamente fechados, a fisionomia algo rígida, sem mover um membro. Perguntei-lhe se se lembrava em que ocasião havia surgido a sensação do cheiro de torta queimada.

---

casa, ela lhe recordou a amiga morta, e o contraste, que queria ignorar completamente, apoderou-se uma vez mais de você."

Ainda não me dou por satisfeito. Talvez houvesse alguma outra coisa em jogo que tivesse despertado ou reforçado na garota, até então normal, a disposição histérica. Minhas conjecturas dirigem-se ao mal-estar periódico como um fator apropriado a isso e lhe pergunto: "Sabe quando veio sua menstruação naquele mês?". Ela se mostra relutante: — "Devo saber isso também? Sei apenas que, por essa época, era muito rara e muito irregular. Quando tinha dezessete anos, menstruei apenas uma vez." — "Então, vamos enumerar dias e meses e encontrar quando se deu essa única vez." Na enumeração, ela se decide com firmeza por um mês e hesita entre dois dias imediatamente anteriores à data de um feriado fixo. — "Isso coincide de algum modo com o momento do baile?" Ela responde acanhada: "O baile foi — no feriado. E agora também me lembro da impressão que me causou o fato de que minha única menstruação naquele ano tivesse que vir precisamente antes do baile. Era o primeiro para o qual me convidavam".

Podemos agora reconstruir sem dificuldade a conexão entre os episódios e penetrar no mecanismo desse ataque histérico. É verdade que esse resultado foi obtido à custa de muito trabalho e exigiu total confiança na técnica, de minha parte, e a ocorrência de várias ideias condutoras, para redespertar numa paciente incrédula e, afinal, em estado de vigília, esses pormenores de uma vivência esquecida 21 anos antes. Mas depois tudo se harmonizou.

"Oh, sim, isso sei com precisão. Foi há cerca de dois meses, dois dias antes do meu aniversário. Estava com as crianças no quarto de estudos e brincava com elas (duas meninas) de cozinhar, quando trouxeram uma carta que o carteiro acabara de entregar. Reconheci pelo selo postal e pela caligrafia que a carta era de minha mãe, de Glasgow, e quis abri-la e lê-la. As crianças então se atiraram sobre mim, arrancaram-me a carta das mãos e gritaram: Não, você não pode lê-la agora; com certeza, é pelo seu aniversário, vamos guardá-la para você. Enquanto as crianças brincavam assim à minha volta, espalhou-se de repente um odor intenso. As meninas haviam deixado a torta cozinhando e ela queimara. Desde então esse odor me persegue, na verdade está sempre comigo e se torna mais forte quando me inquieto."

"Você vê essa cena nitidamente diante de si?" — "Palpável, como a vivi." — "O que pôde perturbá-la tanto nesse episódio?" — "Comoveu-me o fato de que as crianças fossem tão carinhosas comigo." — "Não o eram sempre?" — "Sim, mas justamente quando eu recebia a carta de minha mãe." — "Não compreendo em que medida a ternura das pequenas e a carta de sua mãe produziriam um contraste, ao qual você parece aludir." — "É que tinha a intenção de viajar para a casa de minha mãe e aflige-me tanto o coração abandonar essas crianças queridas." — "O que há com sua mãe? Porventura vive só e mandou chamá-la para junto de si? Ou na época estava doente e você esperava notícias dela?" — "Não, está adoentada mas não exatamente doente e tem consigo uma acompanhante." — "Então por que precisava deixar as crianças?"

"A situação na casa estava insustentável. A governanta, a cozinheira e a francesa parecem ter julgado que eu me ensoberbecia em meu cargo, uniram-se numa pequena intriga contra mim, contaram ao avô (das crianças) toda sorte de coisas a meu respeito e não encontrei nos dois senhores o apoio que esperava quando me queixei a eles. Diante disso, apresentei minha demissão ao senhor diretor (o pai das crianças); ele me respondeu, muito amavelmente, que eu deveria refletir ainda por duas semanas, antes de comunicar-lhe minha decisão definitiva. Eu estava então nesse período de suspensão; acreditava que iria deixar a casa. E afinal fiquei."

"E além da ternura que lhe tinham, algo particular ligava-a às crianças?" — "Sim, em seu leito de morte, havia prometido à sua mãe — uma parente distante da minha — que me dedicaria a cuidar das pequenas com todas as minhas forças, que não as abandonaria e que substituiria a mãe junto a elas. Havia quebrado essa promessa ao apresentar minha demissão."

Assim, pois, parecia concluída a análise da sensação olfativa subjetiva; de fato, ela fora um dia objetiva e, para ser exato, intimamente associada a uma vivência, uma pequena cena em que afetos contraditórios haviam se confrontado: o pesar de abandonar as crianças e as ofensas que a impeliam a essa decisão. A carta da mãe, compreensivelmente, lhe havia lembrado os motivos de tal decisão, pois pensava em ir embora para a casa materna. O conflito dos afetos havia elevado o momento à condição de trauma e, como símbolo deste, ficara-lhe a sensação olfativa a ele ligada. Era preciso explicar ainda o fato de que, entre todas as percepções sensoriais daquela cena, ela houvesse escolhido como símbolo justamente um odor. Mas eu já estava preparado para utilizar a afecção crônica do nariz para essa explicação. À pergunta direta que lhe fiz, informou-me que, precisamente àquela época, teria voltado a padecer de uma constipação tão violenta que quase não sentia odores. Mas ela percebeu, em sua inquietação, o cheiro da torta queimada; ele superou a anosmia de fundamento orgânico.

Não me dei por satisfeito com a explicação assim alcançada. Tudo parecia bastante plausível, mas algo me faltava, um motivo aceitável para que essa série de excitações e esse conflito dos afetos tivessem que conduzir precisamente à histeria. Por que tudo isso não permaneceu no terreno da vida psíquica normal? Em outras palavras, o que justificava a conversão neste caso? Por que ela não se lembrava constantemente da própria cena, em lugar de lembrar-se da sensação a ela associada, que preferia como símbolo da lembrança? Tais questões poderiam ser impertinentes e supérfluas se se tratasse de uma velha histérica, em quem aquele mecanismo de conversão fosse habitual. Essa garota, porém, só havia adquirido histeria por ocasião desse trauma ou, ao menos, dessa pequena história de padecimento.

Ora, pela análise de casos semelhantes, eu já sabia

que, para a aquisição de uma histeria, uma condição psíquica é indispensável, a saber, que uma ideia seja intencionalmente afastada* da consciência e excluída da elaboração associativa.

Nessa repressão** intencional vejo também o motivo para a conversão da soma de excitação, seja ela total ou parcial. A soma de excitação, não devendo entrar em associação psíquica, encontra mais facilmente o caminho errado para uma inervação corporal. O motivo da própria repressão só podia ser uma sensação de desprazer, a incompatibilidade da ideia a ser reprimida com a massa de ideias dominante no Eu. Mas a ideia reprimida vinga-se, tornando-se patogênica.

Assim, do fato de Miss Lucy R. ter sucumbido naquele momento à conversão histérica tirei a conclusão de que, entre os pressupostos daquele trauma, devia haver um que ela deliberadamente deixava obscuro, que se empenhava em esquecer. Juntando a ternura pelas crianças e a suscetibilidade para com as outras pessoas da casa, apenas uma interpretação seria admissível. Tive a coragem de comunicá-la à paciente. Disse-lhe: "Não acredito que essas sejam todas as razões para seu senti-

---

* "Afastada": no original, *verdrängt*, que também poderia ser traduzido por "reprimida, desalojada, recalcada, deslocada"... Não obstante a possibilidade de uma evolução na regência verbal, faz-se aqui a opção pelo verbo "afastar" e não por "reprimir", transitivo direto, cuja regência, a nosso ver, não se adequaria ao uso da preposição "de".
** "Repressão": *Verdrängung*, que também poderia ser traduzido por "recalque, desalojamento".

mento em relação às duas crianças; antes presumo que esteja apaixonada por seu patrão, o diretor, talvez sem se dar conta disso você mesma, e que alimente em si a esperança de ocupar efetivamente o lugar da mãe. A isso acrescenta-se ainda o fato de ter-se tornado tão suscetível em relação aos empregados, com os quais convivera pacificamente durante anos. Você teme que eles percebam algo de sua esperança e zombem de você por isso".

Respondeu-me, no seu estilo lacônico: — "Sim, creio que é isso." — "Mas se você sabia que ama o diretor, por que não me disse?" — "Não o sabia de fato, ou melhor, não queria sabê-lo, queria tirar isso da minha cabeça, nunca mais pensar a respeito; creio, aliás, tê-lo conseguido nesses últimos tempos."[30]

"Por que você não queria confessar essa inclinação? Você se envergonhava de amar um homem?" — "Oh não, não sou tolamente pudica; por sentimentos não so-

---

30 Jamais pude obter descrição melhor do singular estado em que ao mesmo tempo sabemos e não sabemos alguma coisa. Evidentemente, só podemos compreendê-lo quando nós mesmos já nos achamos nesse estado. Disponho de uma lembrança desse gênero, bastante impressionante, que trago ainda vívida diante dos olhos. Quando me esforço por recordar o que então se passou em mim, consigo muito pouco. Vi algo que não se coadunava de modo nenhum com minha expectativa, e não me deixei minimamente abalar em minha intenção pelo que vira, embora essa percepção devesse anular meu propósito. Não tive consciência da contradição e tampouco notei algo do afeto de repulsa, que era, sem dúvida, responsável pelo fato de a percepção não ter alcançado nenhuma influência psíquica. Acometeu-me aquela cegueira de olhos abertos que tanto nos surpreende nas mães para com suas filhas, nos homens com suas esposas, nos governantes com seus favoritos.

mos de modo algum responsáveis. Isso me era penoso apenas por ser ele o patrão a quem sirvo, em cuja casa vivo, em relação ao qual não sinto em mim, como em relação a um outro, uma independência total. E porque sou uma garota pobre e ele um homem rico de família distinta; decerto as pessoas ririam de mim, se suspeitassem de alguma coisa."

Não encontro agora nenhuma resistência para elucidar a origem dessa inclinação. Ela conta-me que vivera os primeiros anos na casa serenamente e cumprira suas obrigações sem que lhe ocorressem desejos irrealizáveis. Uma vez, porém, o senhor sério, superocupado, em geral sempre reservado em relação a ela, começou uma conversa sobre as exigências da educação infantil. Tornou-se mais suave e afável que de ordinário, falou-lhe de como contava tanto com ela no cuidado a suas filhas órfãs e, ao dizê-lo, olhou-a de um modo particular... Nesse instante ela começou a amá-lo e a cultivar a alentadora esperança que nasceu naquela conversa. Apenas quando nada mais sucedeu e, não obstante sua expectativa e espera, nenhuma outra hora íntima de troca de ideias ocorreu, ela decidiu tirar do pensamento o assunto. Dá-me inteira razão em que aquele olhar, no contexto da conversa, se dirigia certamente à lembrança de sua falecida mulher e vê com total clareza que sua inclinação por ele não tem nenhuma perspectiva.

Esperava dessa conversa uma profunda transformação de seu estado, a qual, entretanto, não ocorreu naquele momento. Ela continuou deprimida e mal-humorada; um tratamento hidropático, que lhe prescrevi simultaneamente, revigorava-a um pouco pela manhã. O odor de torta queimada não havia desaparecido por completo, mas tornara-se mais raro e mais brando; como ela dizia, ele vinha apenas quando estava muito inquieta.

A persistência desse símbolo mnêmico me fez supor que, além da cena principal, ele passara a representar os traumas secundários muitos pequenos. Assim, investigamos tudo o mais que pudesse estar relacionado à cena da torta queimada, repassamos o tema dos atritos domésticos e do comportamento do avô, entre outros. Com isso, a sensação do cheiro de queimado foi desaparecendo cada vez mais. Nesse mesmo período, houve uma interrupção mais longa do tratamento, provocada por nova afecção do nariz que levou então à descoberta da cárie do etmoide.

Ao retornar, contou-me que ganhara numerosos presentes de Natal dos dois senhores e mesmo dos empregados da casa, como se todos estivessem empenhados em reconciliar-se com ela e apagar a lembrança dos conflitos dos últimos meses. Mas essa amabilidade ostensiva não lhe havia causado nenhuma impressão.

Quando voltei a lhe perguntar sobre o cheiro de torta queimada, informou-me que havia desaparecido por completo, porém incomodava-a outro cheiro semelhante, que parecia fumaça de charuto. Esse também estivera presente antes, mas como que encoberto pelo odor da torta. Agora surgia puro.

Eu não estava muito satisfeito com o resultado da minha terapia. Sucedera, pois, o que sempre se imputa a uma terapia meramente sintomática: um sintoma fora removido apenas para que um novo pudesse tomar o lugar desocupado. Entretanto, iniciei prontamente a eliminação analítica desse novo símbolo mnêmico.

Dessa vez, porém, ela não sabia de onde provinha a sensação subjetiva do olfato, em que ocasião importante ela fora objetiva. "Fuma-se todos os dias em nossa casa", ela disse, "realmente não sei se o odor que sinto representa uma ocasião especial." Insisti então em que, sob a pressão de minha mão, tentasse se lembrar. Já mencionei que suas lembranças tinham vivacidade plástica, que ela era uma "visual". De fato, sob minha instância, emergiu-lhe uma imagem, de início vacilante e apenas fragmentária. Era a sala de jantar da sua casa, onde esperava com as crianças até que os senhores viessem da fábrica para o almoço. — "Agora estamos todos sentados em volta da mesa: os senhores, a francesa, a governanta, as crianças e eu. Mas é como em todos os dias." — "Apenas continue a olhar para a imagem, ela vai se desenvolver e ficar mais específica." — "Sim, há um convidado, o contador-chefe, um velho senhor que ama as crianças como se fossem seus próprios netos, mas ele vem com muita frequência para o almoço, isso também não é nada especial." — "Apenas tenha paciência e olhe para a imagem, algo seguramente acontecerá." — "Nada acontece. Nós nos levantamos da mesa, as crianças devem se despedir e em seguida, como todos os dias, sobem conosco ao segundo andar." — "Então?" — "De fato, é mesmo uma ocasião especial, agora reconheço a cena. Quando as crianças se despedem, o contador-chefe quer beijá-las. O patrão se exaspera e grita-lhe abertamente: 'Não beije as crianças!'. Isso me dá uma pontada no coração e, como os senhores já fumavam, fica-me na memória a fumaça dos charutos."

Essa era portanto a segunda cena, situada mais no fundo, que havia atuado como trauma e deixara atrás de si um símbolo mnêmico. Mas de onde provém a eficácia dessa cena? — Perguntei-lhe: "O que é anterior no tempo? Esta cena ou a da torta queimada?". — "A última cena é a mais antiga; e, para ser precisa, em quase dois meses." — "Por que então sentiu uma pontada no coração no momento da rejeição* do pai? A reprimenda, de qualquer forma, não se dirigia a você." — "Não foi certo tratar assim asperamente um velho senhor, que é um amigo querido e, além do mais, um convidado. Pode-se dizer aquilo com tranquilidade." — "Então foi apenas a expressão violenta de seu patrão que a feriu? Talvez tenha se envergonhado por ele ou pensado: se por uma tal insignificância pode ser tão violento com um velho amigo e convidado, como não seria comigo, se eu fosse sua mulher?" — "Não, não é isso." — "Mas, de qualquer forma, foi por causa da violência?" — "Sim, por causa do beijo nas crianças, ele jamais gostou disso." — E nesse momento, sob a pressão de minha mão, volta a emergir a lembrança de uma cena ainda mais antiga, que era o trauma na verdade atuante e que também havia emprestado eficácia traumática à cena com o contador-chefe.

Outra vez, alguns meses antes, sucedera que uma senhora amiga fora visitá-los e, ao despedir-se, beijara as duas crianças na boca. O pai, que estava presente, con-

---

* No original, *Abwehr*, que também pode significar "defesa".

teve-se muito bem para não dizer nada à dama, porém, quando ela partiu, sua fúria irrompeu sobre a infeliz preceptora. Declarou-lhe que a responsabilizaria se alguém beijasse as crianças na boca, que era sua obrigação não tolerar isso e incorreria em negligência de seus deveres se o consentisse. Se isso voltasse a ocorrer, ele confiaria a educação das crianças a outras mãos. Era a época em que ela ainda se acreditava amada e esperava por uma repetição daquela primeira conversa amigável. Essa cena minou suas esperanças. Disse a si mesma: "Se por um assunto tão pequeno em que, além do mais, sou completamente inocente, ele pode exasperar-se comigo desse modo e fazer-me tais ameaças, então me enganei, ele nunca teve por mim um sentimento mais cálido; este lhe teria ensinado a mostrar consideração". Foi evidentemente a lembrança dessa cena penosa que lhe veio, quando o contador-chefe quis beijar as crianças e o pai o repreendeu.

Quando, dois dias depois dessa última análise, Miss Lucy voltou a me visitar, tive de perguntar-lhe o que lhe acontecera de venturoso.

Ela parecia transfigurada, sorria e trazia a cabeça erguida. Por um instante, pensei que afinal tivesse julgado erroneamente as circunstâncias e, de preceptora das crianças que era, tornara-se agora a noiva do diretor. Mas Miss Lucy afastou minhas suspeitas: "Nada ocorreu, absolutamente. Você não me conhece mesmo, só me viu doente e mal-humorada. De ordinário, sou sempre muito alegre. Ontem pela manhã, ao despertar, a pressão havia desaparecido, e desde então me sinto bem." — "E o que pensa de suas perspectivas na casa?"

— "Estou claramente ciente de que não tenho nenhuma e não ficarei infeliz por isso." — "E agora você se entenderá com as pessoas da casa?" — "Creio que a maior parte do que houve se deveu à minha suscetibilidade." — "E você ainda ama o diretor?" — "Amo-o, seguramente, mas isso já não me perturba. Posso pensar e sentir comigo mesma o que quiser."

Examinei então seu nariz e encontrei sua sensibilidade à dor e reflexa quase inteiramente restabelecida. Também distinguiu odores, mas insegura e apenas quando eram mais intensos. Porém devo deixar em aberto a questão de em que medida a afecção do nariz participava nessa anosmia.

Todo o tratamento se estendera-se por nove semanas. Quatro meses mais tarde, encontrei casualmente a paciente numa de nossas estâncias de verão. Ela estava alegre e confirmou a persistência de seu bem-estar.

Epícrise

Não quero subestimar o caso de doença aqui relatado, ainda que ele corresponda a uma histeria leve e pequena e tenha poucos sintomas. Pelo contrário, parece-me instrutivo que também uma enfermidade assim, pobre como neurose, necessite de tantos pressupostos psíquicos, e, numa apreciação mais cuidadosa dessa história clínica, sinto-me tentado a vê-la como modelo de um tipo de histeria, a saber, a forma de histeria que mesmo uma pessoa sem carga hereditária pode adquirir mediante vivências

II. CASOS CLÍNICOS — LUCY R.

apropriadas a isso. Bem entendido, não falo de uma histeria independente de toda predisposição; tal histeria provavelmente não existe, mas desse tipo de predisposição falamos apenas quando a pessoa já se tornou histérica, nada a revelava antes disso. A predisposição neuropática, tal como de hábito a compreendemos, é algo diverso; antes do aparecimento da doença, já está determinada pelo montante de carga hereditária ou pela soma de anormalidades psíquicas individuais. Tanto quanto estou informado, não se verificava em Miss Lucy R. nenhum indício desses dois fatores. Sua histeria, portanto, pode ser designada como adquirida e não pressupõe nada além da aptidão, provavelmente muito disseminada, para... adquirir histeria, aptidão essa que ainda não sabemos caracterizar. Em tais casos, porém, a ênfase principal recai sobre a natureza do trauma, em combinação, naturalmente, com a reação da pessoa a ele. Revela-se condição imprescindível à aquisição da histeria que se produza uma relação de incompatibilidade entre o Eu e uma ideia que dele se aproxima. Espero poder mostrar, em outro lugar, como diferentes perturbações neuróticas resultam dos diferentes procedimentos que o "Eu" adota para se livrar dessa incompatibilidade. A forma histérica de defesa — para a qual se requer justamente uma aptidão especial — consiste na *conversão* da excitação numa inervação corporal, e o benefício, então, é que a ideia incompatível é impelida para fora da consciência do Eu. Esta contém a reminiscência corporal gerada com a conversão — em nosso caso, as sensações subjetivas de odor — e sofre com o afeto que, de modo mais ou menos nítido, liga-se precisamente a essas reminiscências. A situação assim criada não pode mais se modificar, pois a contradição que teria exigido a resolução do afeto é anulada pela repressão e conversão. Assim, por um lado o mecanismo que produz a histeria corresponde a um ato de hesitação moral; por outro, apresenta-se como um dispositivo de proteção que se acha às ordens do Eu. Há não poucos casos em que é preciso admitir que a defesa contra o crescimento de excitação, pela produção de histeria, foi mesmo, então, a coisa mais apropriada; com mais frequência, se chegará naturalmente à conclusão de que um grau maior de coragem moral teria sido uma vantagem para o indivíduo.

O momento verdadeiramente traumático é, portanto, aquele em que a contradição se impõe ao Eu e este decide expulsar a ideia contrária. Tal expulsão não a aniquila, apenas a impele para o inconsciente. Quando esse processo ocorre pela primeira vez, estabelece-se um centro de cristalização para a formação de um grupo psíquico separado do Eu, um núcleo em torno do qual se reúne, em seguida, tudo o que teria por pressuposto a aceitação da ideia incompatível. Desse modo, a cisão da consciência, nestes casos de histeria adquirida, é desejada, intencional, muitas vezes introduzida por um ato voluntário, pelo menos. Na verdade, sucede algo diverso do que o indivíduo pretendia; ele queria anular uma ideia, como se ela não tivesse surgido, mas consegue apenas isolá-la psiquicamente.

Na história de nossa paciente, o momento traumático corresponde àquela cena que o diretor lhe fez por causa dos beijos nas crianças. Essa cena, porém, permanece por algum tempo sem efeito visível; talvez o abatimento de ânimo e a suscetibilidade tenham começado com ela, não sei dizer. Os sintomas histéricos apareceram apenas mais tarde, em momentos que podemos qualificar como "auxiliares" e que caracterizaríamos pelo fato de que neles os dois grupos psíquicos separados confluem temporariamente, como na consciência sonâmbula ampliada. O primeiro desses momentos em que se deu a conversão foi, no caso de Miss Lucy R., a cena à mesa, quando o contador-chefe quis beijar as crianças. Ali atuou também a lembrança traumática, e a paciente se comportou como se não se tivesse desprendido de tudo o que se relacionava à sua inclinação pelo patrão. Em outras histórias clínicas, esses diferentes momentos coincidem, a conversão acontece imediatamente sob o efeito do trauma.

O segundo momento auxiliar repete de modo bastante exato o mecanismo do primeiro. Uma forte impressão restabelece temporariamente a unidade da consciência e a conversão segue o mesmo caminho que se lhe abrira na primeira vez. Interessante é que o sintoma surgido em segundo lugar encobre o primeiro, de modo que este não é claramente sentido antes que aquele seja removido. Notável me parece também a inversão da sequência, que também a análise deve acompanhar. Em toda uma série de casos sucedeu-me o mesmo, os sintomas surgidos mais tarde encobriram os primeiros, e somente o último alcançado pela análise continha a chave de tudo.

A terapia consistiu, aqui, na coação que impôs a união do grupo psíquico separado com a consciência do Eu. Estranhamente, o êxito não seguiu paralelamente à extensão do trabalho realizado; apenas quando o último fragmento foi resolvido sobreveio de repente a cura.

4. KATHARINA...

(FREUD)

Nas férias do ano de 189*, fiz uma excursão aos Hohe Tauern* para esquecer por um momento a medicina e, particularmente, as neuroses. Quase o conseguira, no dia em que abandonei a estrada principal, para subir uma montanha algo afastada, que se tornou célebre como mirante e por seu bem cuidado abrigo. Chegado ao cimo, após fatigante caminhada, estava sentado ali, revigorado e descansado, imerso na contemplação de um panorama encantador, tão esquecido de mim que, quando escutei a pergunta, inicialmente julguei que não me dizia respeito: "O senhor é médico?". Mas a pergunta se endereçava a mim, e vinha da moça de cerca de dezoito anos que na refeição me servira com semblante aborrecido e a quem a estalajadeira chamara "Katharina". Por suas roupas e sua conduta não podia ser uma criada; devia ser filha ou parente da proprietária.

Respondi, voltando a mim mesmo: "Sim, sou médico. Como sabe disso?".

"O senhor escreveu seu nome no livro de visitantes.

---

* Umas das mais altas cadeias de montanhas dos Alpes.

Achei que se o senhor tivesse um pouquinho de tempo agora — é que sou doente dos nervos e já fui uma vez a um médico em L..., ele me deu algo, mas não fiquei boa ainda."

Ali estava eu, portanto, de novo em meio às neuroses, pois dificilmente se trataria de algo diverso no caso daquela moça grande e robusta, de semblante atormentado. Interessou-me que as neuroses prosperassem tão bem a uma altitude acima de 2 mil metros; assim, continuei a fazer perguntas.

Reproduzirei a conversa que houve entre nós tal como ficou gravada em minha memória, sem alterar o dialeto da paciente.*

"Do que você sofre então?"

"Tenho muita falta de ar. Não sempre, mas às vezes é tanta que acho que vou sufocar."

De início, isso não pareceu de natureza nervosa, mas logo achei provável que fosse apenas outra designação para um ataque de angústia. Do complexo de sensações da angústia, ela ressaltava indevidamente esse fator, a dificuldade de respiração.

"Sente-se aqui. Descreva-me como é essa 'falta de ar'."

"Ela me toma de repente. Primeiro vem como uma pressão sobre os olhos, a cabeça fica muito pesada e faz um zunido insuportável, fico tão tonta que acho que vou cair e depois sinto o peito comprimido, e o ar me falta."

"E na garganta, não sente nada?"

---

* Não é possível reproduzir em português as peculiaridades desse dialeto.

"A garganta aperta, como se eu fosse sufocar!"
"E sente mais alguma coisa na cabeça?"
"Sim, um martelamento a ponto de explodir."
"Sim, e você não teme nada então?"
"Sempre acho que vou morrer nesse instante. E normalmente sou corajosa, vou sozinha a toda parte, ao porão e por toda a montanha embaixo, mas quando é um dia desses, em que tenho isso, então não me atrevo a ir a lugar nenhum. Sempre acho que tem alguém atrás de mim e vai me agarrar de repente."

Era realmente um ataque de angústia e, de fato, introduzido pelos sinais da aura histérica; ou, mais precisamente, era um ataque histérico que continha angústia. Mas conteria alguma coisa mais?

"Você pensa em algo, sempre o mesmo, ou vê algo à sua frente, quando tem o ataque?"
"Sim, sempre vejo um rosto pavoroso que olha para mim assustadoramente, tenho medo dele então."

Aí se oferecia talvez um caminho para se avançar rapidamente ao cerne da coisa.

"Você reconhece o rosto, quero dizer, é um rosto que você realmente viu alguma vez?"
"Não."
"Você sabe de onde vêm seus ataques?"
"Não."
"Quando os teve pela primeira vez?"
"Primeiro há dois anos, quando ainda estava com a tia na outra montanha. Ela antes teve o abrigo lá; agora estamos aqui há um ano e meio, mas sempre volta a acontecer."

Deveria eu fazer aqui uma tentativa de análise? Na

verdade, não me aventurava a transplantar a hipnose para essas alturas, mas talvez tivesse êxito com uma simples conversa. Precisava adivinhar acertadamente. Com bastante frequência havia identificado a angústia, em moças mais jovens, como consequência do pavor que acomete uma mente virgem, quando pela primeira vez depara com o mundo da sexualidade.[31]

Eu disse então: "Se você não sabe, vou lhe dizer como penso que começou a ter seus ataques. Naquela época, há dois anos, você viu ou escutou algo que a incomodou muito, que você preferiria não ter visto".

E ela, a isso: "Jesus! Sim, eu peguei o tio com a menina, com a Franziska, minha prima!".

"Que história é essa com a menina? Não quer me contar?"

"A um médico a gente pode contar tudo. Então, o senhor sabe, o tio, o marido da tia que o senhor viu aqui, tinha com ela a estalagem no ** [o nome da outra montanha]. Agora estão separados e sou culpada disso, porque

---

[31] Quero mencionar aqui o caso em que primeiro reconheci essa relação causal. Eu tratava uma jovem senhora que sofria de uma neurose complicada e, mais uma vez, não queria admitir que sua doença tinha origem em sua vida conjugal. Ela objetava que já quando menina sofrera de ataques de angústia que terminavam em desmaio. Eu me mantive firme. Quando nos conhecíamos melhor, ela me falou um dia, subitamente: "Agora vou lhe contar de onde vieram meus estados de angústia quando era menina. Eu dormia, naquele tempo, em um quarto ao lado do de meus pais, a porta estava aberta e uma lamparina queimava sobre a mesa. Ali vi, algumas vezes, o papai ir para o leito de mamãe, e ouvi algo que me excitou muito. Depois disso, comecei a ter meus ataques".

foi por mim que as pessoas descobriram que ele estava com a Franziska."

"Sim, e como chegou a essa descoberta?"

"Foi assim. Uma vez, há dois anos, subiram lá alguns homens e pediram para comer. A tia não estava em casa, e a Franziska, que era quem cozinhava, não foi encontrada em lugar nenhum. O tio também não foi encontrado. Procuramos por toda parte e então o garoto, o Alois, meu primo, diz: 'A Franziska deve estar com o pai'. Então rimos os dois, mas não pensamos nada de mal. Fomos ao quarto onde o tio vivia, estava trancado. Isso me chamou a atenção. O Alois disse: 'No corredor tem uma janela, ali a gente pode olhar para dentro do quarto'. Fomos para o corredor. Mas o Alois não quis chegar até a janela, disse que tinha medo. Eu disse então: 'Que menino bobo, você! Eu vou lá, não tenho medo nenhum'. Eu também não tinha nada de ruim na cabeça. Olhei para dentro, o quarto estava bem escuro, mas vi o tio e a Franziska e ele estava deitado em cima dela."

"Então?"

"Saí da janela, encostei na parede e senti a falta de ar que tenho desde então; tudo ficou escuro, meus olhos fechavam com força e martelava e zumbia na minha cabeça."

"Você contou isso à sua tia, naquele dia mesmo?"

"Oh, não, não disse nada."

"Por que ficou tão assustada quando encontrou os dois juntos? Entendeu algo então? Imaginou o que ali ocorria?"

"Oh, não, naquele momento não entendi absolutamente nada, tinha só dezesseis anos. Não sei com o que fiquei tão assustada."

"Srta. Katharina, se pudesse se lembrar agora do que se passou com você naquela ocasião, como teve o primeiro ataque, o que imaginou naquele momento, isso lhe ajudaria."

"Sim, se eu pudesse, mas fiquei tão apavorada que esqueci tudo."

(Traduzido na linguagem de nossa "Comunicação preliminar", isto significa: o afeto cria por si mesmo o estado hipnoide, cujos produtos ficam então fora do tráfego associativo com o Eu-consciência.)

"Diga, senhorita, a cabeça que sempre vê, quando sente a falta de ar, seria talvez a cabeça de Franziska, como a viu naquela ocasião?"

"Oh, não, ela não era realmente tão horrível, e além disso é uma cabeça de homem."

"Ou talvez do tio?"

"Não vi seu rosto com tanta clareza, estava escuro demais no quarto e por que ele deveria fazer uma cara tão pavorosa naquele momento?"

"Você tem razão." (Aqui, o caminho pareceu subitamente bloqueado. Talvez aparecesse algo na sequência da narrativa.)

"E o que mais aconteceu depois?"

"Bem, os dois devem ter ouvido algum barulho. Logo saíram. Me senti muito mal todo o tempo, pensava sempre naquilo, e dois dias mais tarde era domingo, havia muito o que fazer. Trabalhei o dia inteiro, e na segunda, bem cedo, tive de novo a vertigem e vomitei, fiquei na cama e vomitei três dias sem parar."

Com frequência, havíamos comparado a sintomatologia histérica a uma escrita pictográfica que aprendemos a ler após descobrir alguns casos bilíngues. Nesse alfabeto, vomitar significa repugnância. Eu disse a ela, então:

"Se três dias depois você vomitou, creio que sentiu repugnância no momento em que olhou para dentro do quarto."

"Sim, certamente devo ter sentido repugnância", ela disse, pensativa. "Mas de quê?"

"Não terá visto talvez alguém nu? Como estavam as duas pessoas no quarto?"

"Estava escuro demais para ver alguma coisa, e os dois estavam vestidos.* Sim, se eu ao menos soubesse o que me repugnou naquele momento."

Também eu não o sabia então. Mas incitei-a a continuar o relato e contar o que lhe ocorresse, na segura expectativa de que lhe ocorreria justamente o que eu precisava para a elucidação do caso.

Ela então relatou que finalmente havia comunicado sua descoberta à tia, que, achando-a mudada, presumira ali algum segredo; que, em seguida, houvera cenas desagradáveis entre o tio e a tia, e as crianças ouviram

---

* No original "... angezogen (in Kleidern)", "vestidos (em roupas)", o que em português seria redundante, mas que se explica em alemão pelas várias acepções do verbo anziehen. As palavras entre parênteses lembram sua acepção na frase (vestir), distinguindo-a de outras possíveis no contexto da narrativa, como atrair.

coisas que lhes abriram os olhos, que teriam preferido não ouvir; até que a tia resolvera assumir essa outra estalagem, com os filhos e a sobrinha, e deixar o tio sozinho com Franziska, que naquele meio-tempo engravidara. Mas em seguida, para meu espanto, ela abandonou esse fio e começou a contar duas séries de histórias mais antigas, que remontavam a dois, três anos antes do momento traumático. A primeira série incluía ocasiões em que o mesmo tio a assediou sexualmente, quando tinha apenas catorze anos de idade. Como certa vez em que, no inverno, fez com ele uma excursão ao vale e lá pernoitaram na hospedaria. Ele ficou no salão, bebendo e jogando cartas; ela sentiu sono e foi mais cedo para o quarto destinado a ambos, no andar superior. Não dormia ainda profundamente quando ele subiu; voltou a adormecer em seguida, mas de súbito despertou e "sentiu seu corpo" na cama. Levantou-se de um salto e o repreendeu.

"O que está fazendo, tio? Por que não fica em sua cama?"

Ele tentou persuadi-la: "Vamos, mocinha tola, fique calada, você não sabe como isso é bom".

"Não gosto do seu 'bom', nem deixa a gente dormir."

E ela ficou de pé junto à porta, pronta para escapar pelo corredor afora, até que o tio desistiu e adormeceu. Então ela foi para sua cama e dormiu até de manhã. Pelo modo de defesa que relatou, parece que não reconheceu claramente o ataque como sexual. Depois, ao ser questionada se sabia o que ele pretendera com ela, respondeu: "Naquela época, não", apenas muito mais tarde isso se tornou claro para ela. Havia resistido porque lhe desagradava ser perturbada durante o sono e "porque isso não convinha".

Precisei relatar minuciosamente esse incidente, pois ele possui grande significado para a compreensão de tudo que se seguiu. Ela me contou ainda outras vivências de uma época um tanto posterior: como teve que se defender dele mais uma vez numa hospedaria, quando estava completamente bêbado, e casos similares. Quando lhe perguntei se sentira nesses episódios algo semelhante à posterior falta de ar, respondeu com segurança que todas as vezes tivera a pressão nos olhos e no peito, mas nem de longe tão forte como na cena da descoberta.

Imediatamente após concluir essa série de lembranças, ela começou a relatar outra, relacionada a ocasiões em que se dera conta de algo entre o tio e Franziska. Certa vez, toda a família passou a noite com a roupa do corpo, no chão de um palheiro, e ela acordou de repente, por causa de um barulho; julgou notar que o tio, que estava deitado entre ela e Franziska, se afastava, e Franziska se deitava. De outra vez, pernoitaram numa estalagem do vilarejo N..., ela e o tio num quarto e Franziska em outro, ao lado. Durante a noite, ela despertou subitamente e viu à porta uma figura comprida e branca, prestes a baixar a maçaneta:

"Jesus, tio, é você? O que faz aí na porta?"
"Fique calada, só procurava uma coisa."
"Mas é pela outra porta que a gente sai..."
"Então me enganei", e assim por diante.
Pergunto-lhe se suspeitou de algo naquela época.

"Não, não imaginei nada então; apenas me chamava a atenção, mas não passava disso." Se naquela ocasião ela também sentiu angústia? Acredita que sim, mas dessa vez não está tão certa disso.

Após terminar essas duas séries de histórias, ela se interrompe. Está como que transfigurada, o rosto casmurro e sofrido se revitalizou, seus olhos emitem frescor, está aliviada e radiante. Nesse ínterim, desvelou-se para mim a compreensão de seu caso; o que ela me contou por último, em aparente desordem, explica muito bem seu comportamento na cena da descoberta. Naquela ocasião ela trazia consigo duas séries de vivências, de que se lembrava, mas não compreendia e não aproveitava para nenhuma conclusão; ao ver o casal copulando, ela estabeleceu prontamente a ligação da nova impressão com essas duas séries de reminiscências, e começou simultaneamente a compreender e se defender. Seguiu-se então um curto período de elaboração, "de incubação", e logo apareceram os sintomas da conversão, o vômito como substituto para a repugnância moral e física. Com isso, o enigma estava solucionado. Não a repugnara a visão dos dois, mas uma lembrança que aquela visão lhe despertara e, tudo pesado, essa só podia ser a lembrança da investida noturna, quando ela "sentiu o corpo do tio".

Quando ela terminou sua confissão, eu lhe disse: "Agora já sei o que imaginou naquele momento, quando olhou para dentro do quarto. Você pensou: agora ele faz com ela o que naquela noite e nas outras vezes quis fazer comigo. Isto a repugnou, porque se lembrou da sensação que teve quando acordou durante a noite e sentiu seu corpo".

Ela respondeu: "Pode muito bem ser que eu tenha me enojado disso e que tenha pensado isso naquele momento".

"Diga-me então exatamente, você agora é uma moça adulta e sabe todo tipo de coisas."

"Sim, agora sim."

"Diga-me com exatidão. O que realmente sentiu do corpo dele naquela noite?"

Mas ela não deu nenhuma resposta mais precisa, sorriu constrangida e como que flagrada, como alguém que deve admitir que foi alcançado o fundo das coisas, acerca do qual não há muito mais a dizer. Eu podia imaginar qual era a sensação tátil que ela depois aprendeu a interpretar; sua expressão também me parecia dizer que supunha que eu imaginava a coisa certa, mas eu não podia insistir mais. De qualquer maneira, eu lhe fiquei grato por se dispor à conversa muito mais facilmente do que as senhoras pudicas em meu consultório da cidade, para as quais todas as *naturalia sunt turpia* [as coisas naturais são torpes].

O caso estaria assim esclarecido. Mas alto lá! De onde vinha a recorrente alucinação da cabeça, que suscitava pavor durante os ataques? Perguntei-lhe então sobre isso. Como se também ela tivesse ampliado a compreensão nessa conversa, respondeu prontamente:

"Sim, agora já sei, a cabeça é a do tio, eu a reconheço agora, mas não era a daquele tempo. Mais tarde, quando começaram as desavenças, o tio ficou bastante furioso comigo, dizia sempre que eu era culpada de tudo, que se eu não tivesse tagarelado eles não teriam chegado à separação; sempre ameaçou me fazer alguma coisa; quando me via de longe, seu rosto se contorcia de raiva e ele avançava para mim com a mão erguida. Sempre fugi dele e sempre tive muito medo de que ele me pegasse em algum lugar, inesperadamente. O rosto que sempre vejo agora é seu rosto quando estava em fúria."

Essa informação me lembrou que o primeiro sintoma da histeria, o vômito, havia passado; o ataque de angústia permaneceu e encheu-se de novo conteúdo. Trata-se, portanto, de uma histeria que em boa parte fora ab-reagida. De fato, ela comunicara sua descoberta à tia pouco depois.

"Você também contou à sua tia as outras histórias? De como ele a assediou?"

"Sim, não em seguida mas depois, quando já se falava em separação. A tia disse então: isso fica entre nós; se ele colocar dificuldades no tribunal, falaremos disso também."

Posso compreender que precisamente desse último período, quando se repetiam em casa as cenas exaltadas, quando seu estado não mais despertava o interesse da tia, inteiramente absorvida pelos desentendimentos, que desse período de acumulação e retenção lhe tenha ficado o símbolo da lembrança [o rosto].

Espero que a conversa comigo tenha feito algum bem a essa moça tão precocemente ferida em sua sensibilidade sexual; não tornei a vê-la.

Epícrise

Nada poderei objetar se alguém enxergar nessa história clínica não tanto um caso de histeria analisado quanto resolvido por adivinhação. É certo que a doente admitiu como provável tudo que interpolei em seu relato; mas não era capaz de reconhecê-lo como algo vivido. Penso que para isso a hipnose teria sido necessária. Se suponho que conjecturei corretamente e agora tento reduzir esse caso ao esquema de uma histeria adquirida, como aquela do caso 3, é plausível comparar as duas séries de vivências eróticas com momentos traumáticos e a cena da descoberta do casal com um momento auxiliar. A semelhança consiste em que nas primeiras foi criado um conteúdo de consciência que, excluído da atividade pensante do eu, permaneceu guardado, enquanto na última cena uma nova impressão forçou esse grupo à parte a se unir associativamente ao Eu. Por outro lado, encontram-se também diferenças que não podem ser negligenciadas. A causa do isolamento não é, como no caso 3, a vontade do Eu, mas a ignorância do Eu, que ainda não sabe o que fazer das experiências sexuais. Nesse aspecto, o caso Katharina é típico; constata-se, na análise de qualquer histeria fundada em traumas sexuais, que impressões do tempo pré-sexual, que permaneceram sem efeito sobre a criança, depois adquirem força traumática como lembranças, quando a compreensão da vida sexual se abre para a moça virgem ou a mulher. A cisão de grupos psíquicos é, digamos, um processo normal no desenvolvimento dos adolescentes, e vem a ser compreensível que sua posterior acolhida no Eu dê ocasião, aproveitada com bastante frequência, para perturbações psíquicas. Gostaria ainda de expressar a dúvida de que a cisão da consciência por ignorância realmente seja diferente daquela por recusa consciente, e também de que os adolescentes não possuam conhecimento sexual com muito mais frequência do que se presume e do que eles próprios acreditam.

Outra diferença no mecanismo psíquico desse caso está em que a cena da descoberta, que designamos como "auxiliar", merece ao mesmo tempo a denominação de "traumática". Ela atua por seu próprio conteúdo, não apenas por despertar as vivências traumáticas anteriores; ela reúne as características de um momento "auxiliar" e de um traumático. Mas essa coincidência não me parece motivo para abandonar uma separação conceitual que em outros casos corresponde também a uma separação temporal. Outra particularidade do caso Katharina, que, aliás, há muito tempo se conhece, está em que a conversão, a produção dos fenômenos histéricos, não ocorre imediatamente após o trauma, e sim após um intervalo de incubação. Charcot gostava de denominar esse intervalo "o tempo da elaboração psíquica".

A angústia de que sofria Katharina em seus ataques é histérica, ou seja, uma reprodução da angústia que se manifestou em cada um dos traumas sexuais. Não discutirei aqui o fato, que verifiquei regularmente em vasto número de casos, o de que o pressentimento de relações sexuais provoca em pessoas virgens um afeto de angústia.[32]

5. SRTA. ELISABETH VON R...
(FREUD)

No outono de 1892, um colega amigo pediu-me que examinasse uma jovem mulher que há mais de dois anos sofria de dores nas pernas e andava com dificuldade. À solicitação, acrescentou que considerava tratar-se de um caso de histeria, ainda que nele não se encontrasse nenhum dos sinais habituais da neurose. Ele conhecia um pouco a família e sabia que os últimos anos lhe haviam trazido muito infortúnio e pouco do que se alegrar. Primeiro morrera o pai da paciente, em seguida a mãe tivera que se submeter a uma grave operação nos olhos e logo depois uma irmã casada sucumbiu a um antigo mal cardíaco, após o parto. Em toda a aflição e todos os cuidados com os doentes, nossa paciente teve grande participação.

Não avancei muito na compreensão do caso, após ter visto pela primeira vez a senhorita de 24 anos. Ela

---

[32] [Nota acrescentada em 1924:] Após tantos anos, atrevo-me a faltar com a discrição que então observei, para informar que Katharina não era a sobrinha, mas a filha da estalajadeira. A garota adoeceu, portanto, em decorrência de tentativas de sedução sexual que partiam do próprio pai. Uma distorção como a que fiz nesse caso deveria ser evitada numa história clínica. Naturalmente, ela não é tão irrelevante para a compreensão como, por exemplo, a transposição do cenário de uma montanha para outra.

parecia inteligente e psiquicamente normal e carregava o padecimento que minava suas relações e prazeres com semblante alegre, com a *"belle indifférence"* dos histéricos, não pude deixar de pensar. Caminhava com o tronco inclinado para a frente, mas sem apoio; seu andar não correspondia a nenhum tipo conhecido de marcha patológica e não era, de modo algum, notavelmente mau. O que havia é que se queixava de dores intensas ao andar, de pronto cansaço que então lhe sobrevinha ou ao ficar de pé; em pouco tempo buscava o repouso, no qual as dores diminuíam mas de jeito nenhum desapareciam. A dor era de natureza indeterminada, talvez se pudesse inferir: uma fadiga dolorosa. Uma região bastante grande e mal delimitada na face anterior da coxa direita foi indicada como o foco das dores, de onde com mais frequência se irradiavam e onde alcançavam sua máxima intensidade. Ali, pele e musculatura também eram particularmente sensíveis a pressão e beliscões; picadas de agulha, de modo diverso, foram aceitas com alguma indiferença. A mesma hiperalgesia da pele e dos músculos verificava-se não apenas nessa área, mas em quase toda a extensão das duas pernas. Os músculos eram talvez ainda mais dolorosos que a pele, e ambos os tipos de estado doloroso apresentavam-se inequivocamente mais exacerbados nas coxas. Não se podia dizer que fosse pequena a força motora das pernas, os reflexos eram de média intensidade e todos os outros sintomas faltavam, de modo que não se oferecia nenhum indício para a suposição de afecção orgânica mais séria. O padecimento se desenvolvera gradualmente ao longo dos dois anos precedentes, variando muito em sua intensidade.

Não era fácil chegar a um diagnóstico, mas, por duas razões, resolvi concordar com o do meu colega. Em primeiro lugar, era notável como soavam imprecisas todas as informações da paciente, no entanto muito inteligente, sobre o caráter de suas dores. Um doente que sofre de dores orgânicas, se não é, além disso, nervoso, as descreverá com precisão e tranquilidade; dirá, por exemplo, que são lancinantes, sobrevêm a intervalos determinados, estendem-se deste àquele lugar e, em sua opinião, seriam provocadas por essa e aquela ação. O neurastênico,[33] ao descrever suas dores, dá a impressão de estar ocupado com um difícil trabalho intelectual que ultrapassa suas forças. Seus traços fisionômicos são tensos e contorcidos, como sob o domínio de um penoso afeto, sua voz torna-se mais estridente, luta em busca de expressão, rejeita cada designação que o médico lhe sugere para suas dores, mesmo quando, mais tarde, essa se revela indubitavelmente apropriada; ele é evidentemente da opinião de que a língua é pobre demais para emprestar palavras a suas sensações, elas próprias seriam algo de único, de ainda não existente, que não se poderia de modo nenhum descrever exaustivamente e por isso também não se cansa de acrescentar sempre novos detalhes e, quando tem que se interromper, domina-o certamente a impressão de que não conseguiu se fazer compreender pelo médico. Isso advém de que

---

33 Hipocondríaco, afetado por neurose de angústia.

suas dores atraíram sobre si toda sua atenção. Na srta. v. R..., o comportamento era oposto, e como, não obstante, ela conferia bastante significado às dores, era preciso deduzir que sua atenção se detinha em alguma outra coisa da qual as dores eram apenas um fenômeno acessório; provavelmente, portanto, em pensamentos e sensações relacionados a elas.

Um segundo fator, porém, devia ser ainda mais determinante para essa concepção das dores. Quando se excita uma região dolorosa em um doente orgânico ou um neurastênico, sua fisionomia mostra a pura expressão do desassossego ou da dor física; ademais, o doente se sobressalta, se furta ao exame e se defende. Mas quando se beliscava ou se pressionava a pele e a musculatura hiperálgica das pernas da srta. v. R..., seu rosto tomava uma expressão peculiar, mais de prazer que de dor, ela soltava gritos — como em meio a cócegas voluptuosas, não pude evitar pensar —, seu rosto se enrubescia, ela jogava a cabeça para trás, cerrava os olhos, o tronco se curvava para trás, e tudo isso não era muito grosseiro, mas sim bastante nítido, e só podia se harmonizar com a concepção de que o distúrbio era uma histeria e a excitação teria atingido uma zona histérica.

A fisionomia não sintonizava com a dor que o beliscar dos músculos e da pele supostamente provocava, decerto se afinava melhor com o conteúdo dos pensamentos que se ocultavam por trás dessa dor, despertados na doente pela excitação das regiões do corpo a eles associadas. Eu observara repetidas vezes, em casos inequívocos de histeria, expressões similarmente significativas quando da excitação de zonas hiperálgicas; os outros gestos correspondiam evidentemente a levíssimos indícios de um ataque histérico.

De início, não se obteve nenhum esclarecimento para a localização insólita da zona histerógena. Que a hiperalgesia afetasse principalmente a musculatura, dava também o que pensar. O transtorno mais frequentemente responsável pela sensibilidade difusa e local dos músculos à pressão é a infiltração reumática dos mesmos, o reumatismo muscular crônico comum, cuja aptidão para simular afecções nervosas já mencionei. A consistência dos músculos dolorosos na srta. v. R... não contradiz essa suposição. Encontravam-se na massa muscular múltiplos feixes rijos que também pareciam particularmente sensíveis. Assim, havia provavelmente uma alteração orgânica dos músculos no sentido indicado, na qual a neurose se apoiou e cujo significado fazia parecer exageradamente grande.

A terapia também partiu do pressuposto de que se tratava de uma doença mista. Recomendamos o prosseguimento da massagem sistemática e a faradização dos músculos sensíveis, não obstante a dor que provocava, e reservei para mim o tratamento das pernas com fortes descargas elétricas franklinianas, a fim de conseguir me manter em contato com a doente. À sua pergunta sobre se deveria se obrigar a caminhar, respondemos com um decidido sim.

Obtivemos assim uma leve melhora. A doente parecia entusiasmar-se, muito particularmente, pelos dolorosos choques da máquina de indução, e quanto mais

II. CASOS CLÍNICOS — ELISABETH VON R.

fortes eles eram, mais pareciam afastar suas próprias dores. Meu colega, enquanto isso, preparava o terreno para um tratamento psíquico, e quando, após quatro semanas de tratamento simulado, eu o propus e dei à doente algumas explicações sobre o procedimento e seu modo de ação, encontrei pronta compreensão e pouca resistência.

O trabalho que então iniciei se revelou, contudo, um dos mais árduos que jamais me couberam, e a dificuldade de fazer seu relato está à altura das dificuldades vencidas então. Por longo tempo também não soube encontrar a conexão entre a história do padecimento e o próprio padecimento que, no entanto, devia ter sido causado e determinado por essa série de vivências.

Quando se empreende um tratamento catártico desse gênero, o que primeiro se coloca é a questão: a doente conhece a origem e o ensejo de sua enfermidade? Nesse caso, nenhuma técnica particular é necessária para alcançar que ela reproduza a história de sua doença; o interesse que lhe testemunhamos, a compreensão que a fazemos sentir, a esperança de cura que lhe damos vão decidi-la a renunciar a seu segredo. Desde o início me pareceu provável que a srta. Elisabeth fosse consciente das razões de seu sofrimento; que, portanto, tivesse na consciência apenas um segredo e não um corpo estranho. Observando-a, era impossível não pensar nas palavras do poeta: "Esta pequena máscara pressagia sentido oculto".[34]

---

34 [Goethe, *Fausto*, cena do jardim de Marta.] Será visto que nesse ponto, todavia, eu me equivocara.

Portanto, pude prescindir da hipnose a princípio, mas com a ressalva de me servir dela mais tarde, se no curso da confissão surgissem conexões para cuja elucidação sua lembrança talvez não bastasse. Assim, nessa primeira análise completa de uma histeria, por mim empreendida, cheguei a um procedimento que mais tarde elevei a método e empreguei deliberadamente, um procedimento de remoção do material psíquico patogênico por camadas, que gostávamos de comparar à técnica de escavação de uma cidade soterrada. Primeiramente, fazia com que a doente me contasse o que sabia e reparava cuidadosamente onde uma conexão permanecia enigmática, onde parecia faltar um elo na cadeia causal; depois penetrava em camadas mais profundas da lembrança, fazendo agir naquele lugar a investigação hipnótica ou uma técnica similar. O pressuposto de todo o trabalho era naturalmente a expectativa de que uma determinação perfeitamente suficiente se verificasse. Logo falaremos dos meios para a investigação profunda.

A história que a srta. Elisabeth me contou de sua doença era longa, tecida de muitas vivências dolorosas. Durante o relato, não se achava sob hipnose, contudo eu a instruía a deitar-se e mantinha seus olhos fechados, sem que me opusesse a que os abrisse de vez em quando, mudasse de posição, se sentasse etc. Quando um trecho da narrativa a tocava mais profundamente, parecia cair espontaneamente num estado próximo ao da hipnose. Permanecia então deitada sem se mover e mantinha seus olhos firmemente cerrados.

II. CASOS CLÍNICOS — ELISABETH VON R.

Começo por reproduzir o que despontou como camada mais superficial de suas recordações. A mais nova de três filhas, ela passara sua juventude, carinhosamente apegada aos pais, numa propriedade rural na Hungria. A saúde da mãe era com frequência perturbada por uma afecção dos olhos e também por estados nervosos. Assim se deu que ela se ligou de forma particularmente íntima ao pai alegre e conhecedor da vida, que costumava dizer que esta filha substituía para ele um filho e um amigo com quem podia trocar suas ideias. A despeito do quanto ela ganhasse em estímulo intelectual nessa relação, não escapava ao pai que, com isso, sua constituição espiritual se distanciava do ideal que se aprecia ver realizado numa menina. Brincando, chamava-a de "atrevida e teimosa", alertava-a para a certeza demasiado incisiva em seus julgamentos, para sua inclinação a dizer brutalmente a verdade às pessoas e muitas vezes considerava que ela teria dificuldade de encontrar um marido. De fato, Elisabeth se sentia bastante insatisfeita com sua condição de menina, era cheia de planos ambiciosos, queria estudar ou formar-se em música e indignava-se com a ideia de ter que sacrificar suas inclinações e sua liberdade de opinião num casamento. Ao mesmo tempo, vivia orgulhosa do pai, do prestígio e posição social da família, e cuidava zelosamente de tudo o que se ligava a esses bens. Mas o altruísmo com que se colocava em segundo plano em relação à mãe e às irmãs mais velhas, havendo ocasião para isso, reconciliava inteiramente os pais com o lado mais ríspido de seu caráter.

A idade das meninas levou a família a se transferir para a capital, onde Elisabeth pôde desfrutar por algum tempo da vida mais rica e alegre em família. Mas veio então o golpe que destruiu a felicidade daquela casa. O pai lhes ocultara, ou ele mesmo não se dera conta, de uma afecção cardíaca crônica; um dia, após um primeiro ataque de edema pulmonar, trouxeram-no inconsciente para casa. Seguiu-se um ano e meio de cuidados, em que Elisabeth assumiu o primeiro lugar à beira do leito. Dormia no quarto do pai, à noite despertava a seu chamado, cuidava dele durante o dia e se obrigava a parecer até mesmo mais alegre, enquanto ele suportava com amável resignação seu desesperançado estado. O início de sua enfermidade devia relacionar-se a esse período, pois podia lembrar-se de que nos últimos seis meses de cuidados com o pai ficara um dia e meio de cama por causa das dores na perna direita. Mas asseverou que elas logo haviam passado e não haviam despertado sua preocupação nem sua atenção. De fato, foi apenas dois anos após a morte do pai que se sentiu doente e não pôde andar por causa das dores.

A lacuna que a morte do pai deixou na vida dessa família composta por quatro mulheres, o isolamento social, a interrupção de tantas relações que prometiam estímulo e alegria, o estado enfermiço da mãe agora acentuado, tudo isso turvou o ânimo de nossa paciente, mas, ao mesmo tempo, avivou-lhe o ardente desejo de que os seus logo pudessem encontrar um substituto para a felicidade perdida e significou para ela concentrar na mãe sobrevivente toda a sua afeição e desvelo.

Transcorrido o ano de luto, a irmã mais velha se casou com um homem talentoso e trabalhador, em posição proeminente. Por sua capacidade intelectual parecia destinado a um grande futuro, mas desenvolveu na convivência mais íntima uma suscetibilidade doentia, uma insistência egoísta em seus caprichos e, pela primeira vez no círculo dessa família, ousou negligenciar a deferência à velha senhora. Isso era mais do que Elisabeth podia suportar. Sentiu-se chamada a travar uma luta contra o cunhado, sempre que este lhe oferecia ocasião para isso, enquanto as outras mulheres aceitavam facilmente as explosões do temperamento irritável dele. Foi para ela uma dolorosa decepção ver a reconstrução da antiga felicidade familiar experimentar esse transtorno e não podia perdoar à irmã casada que, em sua docilidade feminina, se empenhasse em evitar qualquer tomada de partido. Assim, toda uma série de cenas ligadas às queixas em parte não expressas contra seu primeiro cunhado ficara gravada na memória de Elisabeth. Sua maior censura a ele, contudo, foi a de ter se transferido com sua pequena família para uma longínqua cidade da Áustria, movido pela perspectiva de uma promoção, e ter contribuído assim para aumentar o isolamento da mãe. Nessa oportunidade, Elisabeth sentiu muito claramente seu desamparo, sua incapacidade de oferecer à mãe um substituto para a felicidade perdida e a impossibilidade de cumprir seu propósito, assumido quando da morte do pai.

O casamento da segunda irmã pareceu prometer algo de mais venturoso para o futuro da família, pois esse cunhado, embora intelectualmente menos dotado, era um homem conforme ao coração daquelas mulheres de fina sensibilidade, educadas no cuidado a todas as atenções, e seu comportamento reconciliou Elisabeth com a instituição do casamento e com a ideia dos sacrifícios a ela associados. Além disso, o jovem casal permaneceu perto da mãe e seu filho tornou-se o favorito de Elisabeth. Infelizmente, outro acontecimento veio turvar o ano em que essa criança nasceu. A afecção visual da mãe exigiu várias semanas de um tratamento em quarto escuro, que Elisabeth compartilhou. Em seguida, uma operação foi declarada necessária; a inquietação diante dela coincidiu com os preparativos para a mudança do primeiro cunhado. Realizada enfim por mãos de mestre, a operação foi superada, as três famílias reuniram-se numa estação de veraneio e ali, no primeiro período livre de doenças e apreensões concedido a essa família desde a morte do pai, Elisabeth, esgotada pelas preocupações dos últimos meses, deveria ter se recuperado inteiramente.

Contudo, precisamente nesse período de veraneio dá-se o aparecimento das dores e da fraqueza no andar. As dores haviam se insinuado algum tempo antes, mas surgiram com violência depois de um banho quente que tomou na casa de banhos do pequeno balneário. Um longo passeio, na verdade uma caminhada de meio dia, feita alguns dias antes, foi então relacionada ao surgimento das dores, de modo que facilmente formou-se a opinião de que Elisabeth se havia primeiro "fatigado" e depois "resfriado".

A partir desse momento, Elisabeth foi a doente da família. Um conselho médico levou-a a aproveitar o resto daquele verão numa cura de banhos em Gastein, para onde viajou com a mãe, mas não sem que uma nova preocupação aparecesse. A segunda irmã estava novamente grávida e as notícias pintavam seu estado de saúde como bastante desfavorável, de modo que Elisabeth custou a se decidir pela viagem. Mal haviam transcorrido duas semanas de estada em Gastein, mãe e irmã foram chamadas de volta; as coisas não iam bem com a doente, agora acamada.

Foi uma viagem torturante, na qual se mesclaram dores e expectativas pavorosas para Elisabeth; depois, na estação, houve certos indícios que faziam pressentir o pior, e, quando ela penetrou no quarto da enferma, a certeza de que haviam chegado tarde demais para se despedirem dela em vida.

Elisabeth sofreu não apenas com a perda dessa irmã que ela amava ternamente, mas também, quase na mesma medida, com os pensamentos que essa morte suscitou e com as mudanças que trouxe consigo. A irmã havia sucumbido a uma afecção cardíaca que se agravara com a gravidez.

Surgiu então a ideia de que a doença cardíaca era a herança paterna da família. Depois se lembraram de que a falecida, nos primeiros anos da mocidade, sofrera uma coreia com ligeira afecção cardíaca. Recriminaram os médicos e a si mesmas por terem consentido no casamento e não puderam poupar ao infeliz viúvo a recriminação de ter posto em perigo a saúde de sua mulher com duas gestações consecutivas. Dali em diante ocupou os pensamentos de Elisabeth, de forma incontestável, a triste impressão de que, uma vez reunidas as raras condições para um casamento feliz, a felicidade teria tal fim. Além disso, viu desmoronar novamente tudo o que almejava para a mãe. O cunhado viúvo estava inconsolável e se afastou da família da mulher. Parece que sua própria família, da qual se distanciara durante o curto e feliz casamento, encontrou o momento propício para atraí-lo de novo a seu próprio campo. Não houve meio de manter de pé a antiga comunidade; uma coabitação com a mãe, considerando a presença da cunhada solteira, era impraticável e, recusando-se a confiar às duas mulheres a criança, única herança da morta, o cunhado deu-lhes, pela primeira vez, a oportunidade de acusá-lo por sua dureza. Por fim — e isto não foi o menos penoso — recebera sombrias notícias de uma desavença deflagrada entre os dois cunhados, cujo motivo apenas podia presumir. Parece que o viúvo teria formulado exigências relativas aos bens, que o outro cunhado considerava injustificadas e que, tendo em vista a dor recente da mãe, podia até mesmo qualificar de vil chantagem. Esta era, portanto, a história da doença da jovem ambiciosa e carente de amor. Irritada com seu destino, amargurada com o fracasso de todos os seus pequenos planos de restabelecer o esplendor da casa — as pessoas que amava, mortas, distantes ou afastadas —, sem inclinação a buscar refúgio no amor de um homem desconhecido, ela vivia desde um ano e meio dos cuidados com sua mãe e suas dores, quase apartada de todo contato social.

II. CASOS CLÍNICOS — ELISABETH VON R.

Se quisermos esquecer sofrimentos maiores e nos colocar na psique de uma jovem, não poderemos recusar à srta. Elisabeth uma profunda simpatia humana. Mas que dizer sobre o interesse médico por essa história clínica, sobre as relações desta com sua dolorosa fraqueza no andar, sobre as perspectivas de elucidação e cura desse caso, porventura resultantes do conhecimento desses traumas psíquicos?

Para o médico, a confissão da paciente significou inicialmente uma grande decepção. Era uma história de doença constituída de comoções psíquicas banais, a partir da qual não se esclarecia por que a afetada teve que adoecer de histeria nem por que a histeria tomara precisamente a forma de dolorosa abasia. Não elucidava a causa nem a determinação da histeria em questão. Podia-se talvez supor que a doente estabelecera uma associação entre suas dolorosas impressões psíquicas e dores corporais que sentira casualmente à mesma época, e agora, em sua vida relembrada, utilizava a sensação corporal como símbolo da psíquica. Que motivo teria porventura para essa substituição e em que momento ela se consumou, isso permanecia por esclarecer. Estas eram perguntas, de fato, cuja formulação até o momento não era habitual entre os médicos. Costumavam se contentar com a resposta de que a doente era uma histérica por constituição, que, sob a pressão de intensas excitações *de natureza qualquer*, pôde desenvolver sintomas histéricos.

Essa confissão parecia se prestar ainda menos para a cura do caso do que para seu esclarecimento. Não era possível compreender que influência benéfica poderia ter para a srta. Elisabeth contar as histórias de seus sofrimentos dos últimos anos, bem conhecidas de todos os seus familiares, também a um estranho, que por isso lhe mostrava uma simpatia moderada. Também não se percebia nenhum efeito curativo da confissão. Durante esse primeiro período do tratamento, a doente jamais deixou de repetir ao médico: "Mas continuo me sentindo mal, tenho as mesmas dores de antes", e quando me olhava então com astuciosa malícia, eu bem podia me lembrar do juízo que o velho sr. v. R... proferia sobre sua filha predileta: ela era com frequência "atrevida" e "malcomportada"; no entanto, eu tinha que admitir que ela estava com a razão.

Tivesse eu nesse estágio renunciado ao tratamento psíquico da doente, o caso da srta. Elisabeth v. R... provavelmente se tornaria irrelevante para a teoria da histeria. Mas prossegui minha análise, pois tinha a segura expectativa de que, das camadas mais profundas da consciência, obteríamos a compreensão tanto para a causação como para a determinação dos sintomas histéricos.

Decidi, portanto, dirigir diretamente à consciência ampliada da doente a pergunta sobre que impressão psíquica estava ligada à primeira manifestação das dores nas pernas.

Para este propósito, a doente devia ser colocada em hipnose profunda. Mas tive de reconhecer, lamentavelmente, que meus procedimentos nesse sentido não a levaram a nenhum outro estado de consciência que não aquele no qual me havia feito suas confissões. Ainda me dei por bastante satisfeito de que dessa vez ela se abstivesse de me advertir, triunfante: "Você vê, realmente não durmo, não sou hipnotizável". Em tal apuro, ocorreu-me a ideia de empregar aquele artifício da pressão sobre a cabeça, a respeito de cuja origem informei detalhadamente numa observação anterior, a de Miss Lucy. Assim fiz, exortando a doente a me comunicar rigorosamente o que emergia ante seu olhar interior ou atravessava a sua lembrança. Ela calou-se longamente e então, à minha instância, admitiu que havia pensado numa noite em que um jovem a acompanhara de uma reunião até sua casa, nas conversas que se desenrolaram entre os dois e nas sensações com as quais depois retornara ao cuidado de seu pai.

Com essa primeira menção ao jovem, abria-se um novo filão, cujo conteúdo passei a extrair gradualmente. Tratava-se de um segredo, pois, à exceção de uma amiga comum, ela não informara a ninguém sobre suas relações e as esperanças a elas associadas. Era o filho de uma família que havia muito se relacionava com a sua e cuja casa ficava próxima de sua antiga residência. Esse rapaz, órfão, ligara-se com grande devoção a seu pai, deixando-se guiar em sua carreira por seus conselhos e estendera sua veneração às mulheres da família. Numerosas lembranças de leituras em conjunto, trocas de ideias, manifestações de sua parte, que lhe haviam sido repetidas, reforçaram pouco a pouco sua convicção de que ele a amava e compreendia e que desposá-lo não lhe infligiria o sacrifício que receava do casamento. Infelizmente, ele era apenas pouco mais velho que ela e, naquela época, bem longe ainda de ser independente. Mas ela estava firmemente decidida a esperar por ele.

Com a grave doença do pai e as exigências de seu trabalho como cuidadora, essa convivência tornou-se cada vez mais esporádica. A noite de que ela primeiro se lembrara marcava precisamente o ápice de seu sentimento; mas mesmo naquele momento não se chegara a uma conversa esclarecedora entre eles. Por instância dos seus e do próprio pai, deixara-se então persuadir a se afastar do leito do doente para ir a uma reunião onde esperava encontrá-lo. Quis depois apressar-se de volta a casa, mas constrangeram-na a ficar e cedeu quando ele prometeu acompanhá-la. Jamais sentira por ele algo tão ardente como durante esse percurso em sua companhia; mas quando, em tal felicidade, chegou tarde a sua casa, encontrou o estado do pai agravado e se fez as mais amargas recriminações por ter consagrado tanto tempo a seu próprio prazer. Foi a última vez que abandonou o pai doente por toda uma noite. Voltou a ver seu amigo apenas esporadicamente; após a morte do pai, ele pareceu manter-se afastado por respeito a sua dor; depois, a vida o arrastou por outros caminhos. Elisabeth tivera que se acostumar gradualmente à ideia de que seu interesse por ela fora suplantado por outros sentimentos e o havia perdido. Contudo, esse fracasso do primeiro amor ainda lhe doía toda vez que nele pensava.

Nessa relação e na cena à qual levou, acima mencionada, eu devia então procurar a motivação das primeiras dores histéricas. O contraste entre a felicidade que ela então se permitira e a miséria do pai, que encontrou em casa, produzira um conflito, um caso de incompatibilidade. Como resultado, a ideia erótica foi reprimida da associação e o afeto a ela aderido foi utilizado no aumento e reanimação de uma dor corporal simultaneamente (ou pouco antes) presente. Era, pois, o mecanismo de uma *conversão com propósito de defesa*, tal como tratei pormenorizadamente em outro lugar.[35]

Naturalmente, há aqui espaço para toda sorte de observações. Devo ressaltar que não consegui provar, a partir de sua lembrança, que a conversão se efetuara naquele momento da volta à casa. Por isso pesquisei episódios similares, ocorridos no período dos cuidados com o doente, e evoquei uma série de cenas, entre as quais se destacou, por sua mais frequente repetição, aquela em que, a um chamado do pai, saltava da cama no quarto frio, com os pés descalços. Estava inclinado a atribuir a esses momentos um certo significado porque, além da queixa de dor nas pernas, havia também a de torturante sensação de frio. Entretanto, também aqui não pude obter uma cena que se pudesse com certeza designar como a cena da conversão. Inclinava-me a admitir aqui uma lacuna na explicação, até me aperceber do fato de que as dores histéricas nas pernas simplesmente não existiam na época em que cuidara do pai. Sua lembrança lhe trazia um único acesso de

---

[35] *Neurologisches Zentralblatt* (As neuropsicoses de defesa), n. 1, junho de 1894.

dores, que se estendera por poucos dias e não despertara nenhuma atenção na época. Minha investigação voltou-se então para essa primeira manifestação das dores. Logrei reavivar com certeza sua lembrança: precisamente naqueles dias viera em visita um parente que ela não pôde receber porque estava acamada e que, voltando a visitá-la dois anos mais tarde, teve o infortúnio de encontrá-la de novo na cama. Mas a busca por um ensejo psíquico para essas primeiras dores fracassou todas as vezes que a empreendemos. Achei que podia supor que haviam surgido realmente *sem* ocasião psíquica, como doença reumática branda, e pude ainda verificar que esse padecimento orgânico, o modelo da imitação histérica ulterior, devia situar-se de qualquer modo num período anterior à cena do acompanhamento. Dada a natureza da coisa, era possível que essas dores, sendo organicamente fundadas, tivessem continuado por algum tempo com intensidade abrandada e sem despertar muita atenção. A obscuridade devida ao fato de a análise indicar uma conversão de excitação psíquica em dor física, num tempo em que essa dor certamente não era percebida nem lembrada — esse problema espero resolver com reflexões posteriores e outros exemplos.[36]

Com a descoberta do motivo para a primeira conversão, teve início um segundo e frutuoso período

---

[36] Não posso descartar, mas tampouco demonstrar que essas dores, que afetavam principalmente as coxas, fossem de natureza *neurastênica*.

do tratamento. Primeiramente, a doente logo me surpreendeu com a comunicação de que sabia agora por que as dores sempre se irradiavam daquele ponto específico da coxa direita e ali eram mais violentas. Esse era exatamente o lugar onde toda manhã a perna do pai repousava, muito inchada, enquanto ela renovava as faixas com as quais era envolvida. Isso ocorrera uma centena de vezes, e até aquele dia, curiosamente, não havia pensado nessa conexão. Ela me fornecia, assim, a desejada explicação para o surgimento de uma zona histerógena *atípica*. Além disso, as pernas dolorosas passaram a "participar da conversa"* sempre. Refiro-me ao seguinte fato notável: na maioria das vezes, quando iniciávamos nosso trabalho, a doente estava sem dor; se então, com uma pergunta ou uma pressão sobre sua cabeça, eu evocava uma lembrança, apresentava-se inicialmente uma sensação de dor, em geral tão viva que ela se crispava e levava a mão ao local dolorido. Essa dor despertada perdurava enquanto a doente se achasse dominada pela lembrança, alcançava seu ápice quando estava na iminência de enunciar o essencial e decisivo em sua comunicação e desaparecia com as últimas palavras desta. Pouco a pouco, aprendi a utilizar essa dor despertada como bússola; quando ela se calava mas ainda admitia dores, eu sabia que não dissera tudo e instava-a a prosseguir a confis-

---

* No original, *mitsprechen*, que significa "participar da conversa, ter uma palavra a dizer"; verbo prefixado, composto de *mit* ("com") e *sprechen* ("falar, dizer").

são, até que a dor fosse removida pela fala.* Só então eu despertava uma nova lembrança.

Nesse período de "ab-reação", o estado da doente melhorou tão notoriamente, tanto no aspecto somático como no psíquico, que eu costumava afirmar, apenas em parte por gracejo, que a cada vez retirava certa quantidade de motivos de dor e quando tivesse removido tudo, ela estaria sã. Logo chegou a passar a maior parte do tempo sem nenhuma dor, deixou-se persuadir a caminhar muito e a renunciar a seu isolamento anterior. No curso da análise, ora eu seguia as oscilações espontâneas de seu estado de saúde, ora minha própria avaliação, quando julgava que um fragmento de sua história de sofrimento não fora ainda completamente esgotado. Nesse trabalho, tive algumas percepções interessantes, cujos ensinamentos vi confirmados mais tarde em outros doentes.

Em primeiro lugar, no que concerne às oscilações espontâneas, percebi que nenhuma em realidade ocorria que não tivesse sido provocada associativamente por um acontecimento do dia. Certa vez ela ouviu falar de uma doença, no círculo de seus conhecidos, que lhe lembrou um detalhe da enfermidade do pai; outra vez o filho da irmã morta estivera lá em visita e por sua semelhança despertara a dor pela desaparecida; outra vez

---

* No original, *weggesprochen*, particípio passado de *wegsprechen*, que significa "livrar-se, desembaraçar-se pela língua, pelas palavras"; verbo prefixado, composto de *weg* (embora, fora, longe, ausente) e *sprechen* (falar, dizer).

ainda, fora uma carta da irmã que vivia distante, que mostrava nitidamente a influência do cunhado grosseiro e despertou uma dor que a compeliu à comunicação de uma cena familiar ainda não relatada.

Visto que ela nunca apresentava duas vezes o mesmo motivo de dor, nossa expectativa de esgotar dessa forma o estoque não parecia injustificada e de modo algum me opunha a que se colocasse em situações apropriadas a suscitar novas lembranças ainda não chegadas à superfície; por exemplo, mandá-la ao túmulo de sua irmã ou incitá-la a ir a uma reunião onde poderia ver o amigo de juventude, agora outra vez presente.

Obtive em seguida uma visão de como se dá a gênese de uma histeria que se pode qualificar de monossintomática. Observei notadamente que, durante nossas sessões de hipnose, a perna direita ficava dolorida quando se tratava de lembranças dos cuidados com o pai doente, das relações com o companheiro de juventude e outras ocorrências havidas no primeiro período do tempo patogênico, enquanto a dor na outra perna, a esquerda, aparecia assim que eu havia despertado uma lembrança da irmã perdida, dos dois cunhados, em suma, uma impressão da segunda metade da história do padecimento. Alertado por esse comportamento constante, continuei a investigar e me ficou a impressão de que o detalhamento ia ainda mais longe, como se cada novo motivo psíquico para sensações dolorosas tivesse se ligado a um outro ponto da área dolorida da perna. O local originalmente doloroso na coxa direita se relacionara com os cuidados ao pai; daí em diante a região da dor se ampliara na ocasião de novos traumas, por aposição, de modo que a rigor não havia aqui um sintoma corporal único ligado a múltiplos complexos mnêmicos psíquicos, mas uma maioria de sintomas semelhantes que, numa observação superficial, pareciam fundidos num só sintoma. Contudo, não busquei delimitar as zonas de dor correspondentes aos diferentes motivos psíquicos, pois notei que a atenção da doente estava alheia a essas relações.

Mas dediquei um interesse mais amplo à forma como todo o complexo de sintomas da abasia podia ter se construído sobre essas zonas dolorosas, e nesse intuito fiz diferentes perguntas, como: de onde provêm as dores ao andar, ao estar de pé, ao manter-se deitada? — que ela respondeu, em parte livre de influência, em parte sob a pressão de minha mão. Daí resultaram duas coisas diferentes. De um lado, ela me agrupou todas as cenas ligadas a impressões dolorosas segundo estivesse sentada ou de pé etc. Assim, por exemplo, ela estava de pé junto a uma porta, quando trouxeram seu pai para casa em seguida a um ataque cardíaco e, apavorada, ali ficou, como que enraizada. A esse primeiro "pavor ao estar de pé" ela acrescentou depois outras lembranças até a cena apavorante em que de novo estava de pé, como que enfeitiçada, junto ao leito da irmã morta. Toda a cadeia de reminiscências devia evidenciar a justificada ligação entre as dores e o estar de pé e podia também ser considerada prova da associação. Contudo, era preciso ter em conta a premissa de que em todas essas ocasiões devia se verificar ainda outro fator que tivesse dirigido a aten-

II. CASOS CLÍNICOS — ELISABETH VON R.

ção — e a seguir a conversão — precisamente para o estar de pé (o andar, o sentar-se etc.). A explicação para esse direcionamento da atenção dificilmente poderia ser encontrada em outra circunstância que não fosse a de que andar, estar de pé e deitar estão ligados justamente a ações e estados daquelas partes do corpo que incluíam as zonas dolorosas, a saber, as pernas. Portanto, era fácil compreender a relação entre a astasia-abasia e o primeiro caso de conversão nessa história clínica.

Entre as cenas que, conforme essa relação, teriam tornado o andar doloroso, uma sobressai: um passeio que ela fizera em numerosa companhia naquela estância termal e que, supostamente, se prolongara em demasia. As circunstâncias mais detalhadas desse episódio revelaram-se apenas de modo hesitante, e vários enigmas restaram por resolver. Ela estava num estado de ânimo particularmente sensível e reuniu-se de bom grado ao círculo de pessoas amigas. Era um belo dia, não muito quente, sua mãe ficou em casa, sua irmã mais velha já havia partido, a mais nova se sentia adoentada mas não queria estragar-lhe o prazer; o cunhado declarou a princípio que ficaria com sua mulher e depois, por causa dela (Elisabeth), acompanhou-os. Essa cena parecia ter muito a ver com o primeiro aparecimento das dores, pois ela se lembrava de ter regressado do passeio muito cansada e com dores violentas; no entanto, não sabia dizer ao certo se já as tinha sentido antes. Argumentei que dificilmente se teria decidido a esse longo caminho se houvesse qualquer dor considerável. À pergunta sobre o que, nesse passeio, poderia ter provocado as dores, obtive a resposta, não de todo transparente, de que lhe fora doloroso o contraste entre seu isolamento e a felicidade conjugal da irmã doente, que a conduta de seu cunhado não cessava de evidenciar ante seus olhos.

Outra cena, muito próxima da anterior no tempo, desempenhou um papel importante na ligação das dores com o *sentar*. Foi alguns dias depois; irmã e cunhado já haviam partido, ela se encontrava numa disposição de espírito excitada e ansiosa, levantou-se cedo pela manhã, subiu uma pequena colina até um lugar que haviam visitado juntos com frequência e oferecia uma vista magnífica e ali sentou-se, absorta em seus pensamentos, sobre um banco de pedra. Seus pensamentos voltaram-se novamente para seu isolamento, o destino de sua família e o desejo ardente de tornar-se tão feliz como era sua irmã, ela confessou, dessa vez abertamente. Regressou dessa meditação matinal com dores violentas e, no entardecer do mesmo dia, tomou o banho após o qual as dores se manifestaram de forma definitiva e permanente.

Verificou-se ainda com toda clareza que, no início, as dores ao andar e estar de pé costumavam se apaziguar se ela se deitava. Foi apenas quando, tendo recebido a notícia da doença da irmã, partiu de Gastein ao entardecer e, durante a noite, jazendo estirada e insone no vagão do trem, foi atormentada ao mesmo tempo pela preocupação com a irmã e pelas dores atrozes, que se estabeleceu a associação das dores também com o estar deitada, o que, por todo um período, foi-lhe até mais doloroso que andar e estar de pé.

II. CASOS CLÍNICOS — ELISABETH VON R.

Dessa forma, em primeiro lugar a região dolorosa se ampliara por aposição, cada novo tema patogenicamente ativo ocupando uma nova região da perna; em segundo lugar, cada uma das cenas de forte impressão deixara atrás de si um rastro, produzindo uma "ocupação"* permanente e cada vez maior das diferentes funções da perna, uma associação dessas funções com as sensações de dor. Mas ainda um terceiro mecanismo cooperara de modo inequívoco na formação da astasia-
-abasia. Como a doente terminasse o relato de toda uma série de episódios com a queixa de que então sentira dolorosamente seu *"estar só"*** e, em outra série, que compreendia suas malogradas tentativas de estabelecer uma nova vida familiar, não se cansando de repetir que o doloroso nisso era o sentimento do seu desamparo, a sensação de que "não saía do lugar", tive de conceder também às suas reflexões uma influência sobre a formação da abasia, tive de supor que ela procurou diretamente uma expressão *simbólica* para seus pensamentos dolorosos e a encontrara na intensificação de seu padecimento. Que, por meio de tal simbolização, sintomas somáticos histéricos podem se produzir, já o afirmamos em nossa "Comunicação preliminar". Na epícrise desta história de doença, apresentarei alguns exemplos que o comprovam indubitavelmente. Na srta. Elisabeth v. R...

---

* No original, *Besetzung*, que se costuma traduzir por "investimento" na psicanálise.
** No original, *Alleinstehen*, ser solteiro, sem família; composto de *allein* (sozinho) e *stehen* (estar, estar de pé, estar parado).

o mecanismo psíquico da simbolização não estava em primeiro plano, ele não havia criado a abasia, mas tudo leva a crer que a abasia já existente experimentara por esse caminho um substancial fortalecimento. Portanto, no estágio de desenvolvimento em que a encontrei, essa abasia era equiparável não apenas a uma paralisia funcional psíquica associativa, mas também a uma paralisia funcional simbólica.

Antes de prosseguir com a história de minha doente, quero acrescentar ainda uma palavra sobre sua conduta ao longo desse segundo período do tratamento. Durante toda essa análise me servi do método de suscitar imagens e pensamentos espontâneos pela pressão sobre a cabeça, ou seja, um método inaplicável sem a total cooperação e voluntária atenção dos pacientes. Algumas vezes, seu comportamento era tudo o que eu poderia desejar, e em tais períodos era de fato surpreendente com que prontidão e infalível ordem cronológica apareciam as várias cenas pertencentes a determinado tema. Era como se ela lesse um longo livro ilustrado, cujas páginas fossem passando diante de seus olhos. Outras vezes, parecia haver obstáculos, de cuja natureza naquela época eu ainda não suspeitava. Quando exercia minha pressão, ela afirmava que nada lhe ocorrera; eu repetia a pressão, mandava-a esperar e novamente não vinha nada. As primeiras vezes em que esta recalcitrância se mostrou, aceitei interromper o trabalho, o dia não era favorável; ficava para outra vez. Duas percepções, no entanto, levaram-me a mudar meu comportamento. Primeiro, a de que tal falha do método apenas ocorria quando havia encontrado Elisabeth alegre e livre de dor, jamais quando eu chegava em mau dia; em segundo lugar, a de que tal declaração, de que não via nada diante de si, ela frequentemente fazia depois de ter deixado transcorrer uma longa pausa, durante a qual sua fisionomia tensa e preocupada traía um processo anímico em curso. Assim, optei pela suposição de que o método nunca falhava, de que a cada vez, sob a pressão de minha mão, Elisabeth tinha um pensamento lhe ocorrendo ou uma imagem diante dos olhos, mas nem sempre estava disposta a me fazer uma comunicação a respeito; ao contrário, tentava reprimir de novo o evocado. Eu podia imaginar dois motivos para esse ocultamento: ou Elisabeth fazia à sua ideia uma crítica a que não tinha direito, achando-a pouco valiosa e inadequada como resposta à questão colocada; ou receava revelá-la porque... tal comunicação era-lhe muito desagradável. Procedi, portanto, como se estivesse completamente convencido da confiabilidade da minha técnica. Não mais aceitava, quando ela afirmava que nada lhe ocorrera. Assegurava-lhe que algo devia ter lhe ocorrido e ela talvez não estivesse bastante atenta. Nesse caso, eu repetiria de bom grado a pressão. Ou talvez ela pensasse que sua ideia não era a apropriada. Mas isso não lhe concernia, em absoluto; sua obrigação era manter-se inteiramente objetiva e dizer o que lhe vinha à mente, conviesse ou não. Por fim, eu sabia perfeitamente que algo lhe ocorrera e ela me ocultava, mas jamais se livraria de suas dores enquanto ocultasse alguma coisa. Com tal instância, consegui efetivamente que mais nenhuma pressão malograsse. Só pude supor que havia discernido corretamente o estado das coisas e adquiri, nessa análise, uma confiança de fato incondicional em minha técnica. Sucedia com frequência que apenas depois da terceira pressão ela me fizesse uma comunicação, mas, em seguida, ela mesma acrescentava: "Poderia ter lhe falado isso logo na primeira vez". — "Sim, por que você não o disse logo?" — "Pensei que não era o certo", ou: "Pensei que podia evitá-lo, mas voltou sempre". Durante esse difícil trabalho, comecei a atribuir uma significação mais profunda à resistência* que a doente mostrava na reprodução de suas lembranças e a reunir com cuidado as ocasiões em que ela se traía de modo particularmente evidente.

Procedo agora à exposição do terceiro período de nosso tratamento. A doente se sentia melhor, estava psiquicamente aliviada e tornara-se capaz de agir, mas evidentemente as dores não tinham sido eliminadas, voltavam de tempos em tempos, e com a antiga intensidade. O imperfeito sucesso terapêutico correspondia à análise incompleta. Eu continuava sem saber exatamente em que momento e por qual mecanismo as dores tinham surgido. Durante a reprodução das variadas cenas no segundo período, enquanto observava a resistência da doente em relatá-las, formara-se em mim uma suspeita específica. Contudo, ainda não ousava torná-la a base de meu procedimento. Uma percepção acidental

---

* Esta é a primeira vez que Freud menciona o fenômeno clínico da resistência.

foi aí determinante. Certa vez, durante o trabalho com a doente, ouvi passos de homem no quarto contíguo e uma voz que soava agradavelmente e parecia fazer alguma pergunta. Minha paciente ergueu-se em seguida e me pediu que interrompêssemos por aquele dia; ouvira seu cunhado chegar e perguntar por ela. Até então, estivera sem dor; depois dessa perturbação, sua fisionomia e seu andar denunciaram o súbito aparecimento de dores violentas. Minha suspeita foi reforçada e resolvi provocar a explicação decisiva.

Assim, perguntei-lhe sobre as circunstâncias e causas da primeira manifestação das dores. Como resposta, seus pensamentos dirigiram-se à estância de verão naquele balneário antes da viagem a Gastein, e algumas cenas já tratadas de modo menos exaustivo mostraram-se novamente. Seu estado de ânimo àquele tempo; a exaustão em seguida à preocupação com a visão da mãe e depois dos cuidados com a doente, na época da operação dos olhos; sua desesperança final, como moça solitária, de desfrutar algo da vida ou nela poder realizar alguma coisa. Até então, ela se sentira forte o bastante para poder prescindir da ajuda de um homem; agora se apoderava dela um sentimento de fragilidade como mulher, uma ânsia de amor na qual, conforme suas próprias palavras, seu rígido ser começava a se derreter. Em tal disposição, o casamento feliz de sua irmã mais nova causou-lhe a mais profunda impressão: como ele cuidava dela de modo enternecedor, como eles se entendiam com um olhar, como pareciam estar seguros um do outro. Era decerto lamentável que a segunda gravidez se tivesse seguido à primeira tão depressa, e a irmã sabia que essa era a causa de seu padecimento, mas como o suportava de bom grado por ser ele a causa disso! No passeio que tão intimamente estava associado às dores de Elisabeth, o cunhado, a princípio, não quisera participar; preferia ficar com a mulher enferma. Esta, no entanto, moveu-o com um olhar a ir também, pois julgava que isso alegraria a irmã. Elisabeth ficou todo o tempo em sua companhia, falaram sobre as coisas mais variadas e mais íntimas e ela se sentiu em tal sintonia com tudo o que ele dizia, que o desejo de ter um homem que se assemelhasse a ele tornou-se nela avassalador. Seguiu-se então, poucos dias mais tarde, a cena em que, na manhã após a partida do cunhado e da irmã, ela se dirigiu ao lugar panorâmico que fora um passeio predileto dos ausentes. Sentou-se ali sobre uma pedra e novamente sonhou com uma felicidade vital como a que coubera à sua irmã e com um homem que soubesse cativar seu coração como aquele cunhado. Ao levantar-se, sentiu dores que, entretanto, mais uma vez passaram. Só à tarde, após o banho quente que tomou no lugar, abateram-se sobre ela as dores que desde então não a haviam deixado. Tentei investigar o tipo de pensamento de que ela se ocupava então, no banho; mas se verificou apenas que a casa de banhos lhe recordava as irmãs que haviam partido, porque tinham se hospedado no mesmo balneário.

Há muito tempo ficara claro para mim do que se tratava. A doente, imersa em recordações doce-amargas, parecia não perceber para que explicação se encaminhava e prosseguia na reprodução de suas reminiscências. Veio o tempo em Gastein, a aflição com que ela aguardava cada carta, finalmente a notícia de que a irmã estava mal, a longa espera até o anoitecer, quando puderam partir de Gastein, a viagem em torturante incerteza, em noite insone — todos esses, momentos que foram acompanhados por forte aumento das dores. Perguntei-lhe se durante a viagem havia imaginado a triste possibilidade que em seguida encontrou consumada. Ela respondeu que evitara cuidadosamente esse pensamento, mas a mãe, em sua opinião, desde o início havia esperado o pior. Seguiu-se então sua lembrança da chegada a Viena, das impressões que receberam dos parentes que as esperavam, da curta viagem de Viena à estância de verão próxima, onde a irmã morava, da chegada ali ao anoitecer, do caminho apressadamente transposto, pelo jardim, até a porta do pequeno pavilhão — o silêncio na casa, a escuridão opressiva; o cunhado que não as recebeu; depois ficaram de pé diante do leito, viram a morta e, no momento de horrível certeza de que a irmã amada havia morrido sem se despedir delas, sem ter seus últimos dias confortados pelos seus cuidados — no mesmo momento, um outro pensamento atravessara de súbito o cérebro de Elisabeth, um outro pensamento que agora, incontestavelmente, de novo se apresentava, o pensamento que, como um raio fulgurante, disparou através da escuridão: "Agora ele está livre outra vez e posso me tornar sua mulher".

Assim, pois, tudo estava claro. O esforço do analista fora ricamente compensado: as noções de "defesa" contra uma ideia intolerável, da gênese de sintomas histéricos por conversão da excitação psíquica em algo físico, a formação de um grupo psíquico separado mediante o ato de vontade que leva à defesa, tudo isso me apareceu nitidamente diante dos olhos naquele momento. Assim e não de outra forma sucedera. Essa moça dedicara a seu cunhado uma terna inclinação, mas todo seu ser moral se opunha a admiti-la em sua consciência. Ela conseguira se poupar da dolorosa certeza de que amava o marido de sua irmã, criando para si, em contrapartida, dores físicas. Nos momentos em que essa certeza quis se impor a ela (no passeio com ele, durante aqueles devaneios matinais, no banho, diante do leito da irmã), produziram-se, por conversão bem-sucedida ao somático, aquelas dores. Na época em que a tomei em tratamento, já se separara de seu conhecimento o grupo de ideias relativo a esse amor; de outro modo, penso, ela não teria jamais concordado com um tratamento desse. A resistência que, repetidas vezes, ela opusera à reprodução de cenas de efeito traumático correspondia realmente à energia com a qual a ideia intragável fora impelida para fora da associação.

Mas para o terapeuta veio primeiro um período ruim. O efeito da readmissão daquela ideia reprimida foi devastador para a pobre criatura. Lançou um sonoro grito quando resumi os fatos com estas palavras secas: "Há muito tempo, então, você estava enamorada de seu cunhado". Nesse instante, ela se queixou de dores atrocíssimas e fez ainda um desesperado esforço para rejeitar a explicação. Não era verdade, eu a havia persuadido daquilo, não podia ser, ela não era capaz de uma maldade assim. Não se perdoaria jamais por isso. Foi fácil provar-lhe que suas próprias comunicações não permitiam nenhuma outra interpretação, mas demorou muito até que meus dois argumentos de consolo — de que não somos responsáveis pelos sentimentos e de que seu comportamento, seu adoecer naquelas circunstâncias, era um testemunho suficiente de sua natureza moral —, até que essas consolações, eu dizia, lhe causassem impressão.

Nesse momento, precisava seguir mais que um só caminho para proporcionar alívio à doente. Em primeiro lugar, queria lhe dar a oportunidade de se livrar, por "ab-reação", da excitação desde longo tempo armazenada. Investigamos as primeiras impressões das suas relações com o cunhado, do início daquela inclinação mantida inconsciente. Encontravam-se ali todos os pequenos indícios e pressentimentos a que uma paixão plenamente desenvolvida sabe conferir tanto valor em retrospectiva. Em sua primeira visita à casa, tomara-a pela noiva a ele destinada e a cumprimentara antes da irmã mais velha e pouco vistosa. Certa noite, conversavam tão vivamente um com o outro e pareciam se entender tão bem que a noiva os interrompeu com a observação, meio a sério: "Vocês dois combinariam muito bem". Outra vez, numa reunião social em que nada se sabia ainda sobre o noivado, conversava-se sobre o jovem, e uma senhora criticou um defeito em sua figura, indicativo de uma doença dos ossos na juventude. A própria noiva se manteve calma então, mas Elisabeth se irritou e defendeu o porte ereto de seu futuro cunhado com um entusiasmo que depois a ela mesma pareceu incompreensível. Ao percorrermos essas reminiscências, tornou-se claro para Elisabeth que o terno sentimento por seu cunhado estava adormecido havia muito tempo, talvez desde o início de suas relações, e se ocultara longamente por trás da máscara de mera afeição de parentesco, tal como podia concebê-la seu sentimento de família altamente desenvolvido.

Essa ab-reação com certeza lhe fez muito bem; todavia, mais alívio ainda eu podia lhe trazer cuidando amigavelmente das circunstâncias do presente. Com tal propósito, busquei uma entrevista com a sra. v. R..., em quem encontrei uma mulher compreensiva e de fina sensibilidade, ainda que transtornada em seu ânimo vital pelas últimas fatalidades. Soube, por seu intermédio, que a acusação de chantagem insensível, levantada pelo cunhado mais velho contra o viúvo e que tão dolorosa fora para Elisabeth, tivera que ser retirada ao cabo de uma investigação mais meticulosa. O caráter do jovem permaneceu imaculado. Um mal-entendido, a diferença facilmente compreensível entre a valorização do dinheiro pelo comerciante, para quem o dinheiro é uma ferramenta de trabalho, e a concepção contrária, do funcionário público — mais do que isso não restou do incidente aparentemente tão penoso. Pedi à mãe que desse a Elisabeth todos os esclarecimentos de que necessitava e lhe oferecesse no futuro aquela oportunidade de comunicação íntima a que eu a havia acostumado.

Naturalmente, também me interessava saber que perspectiva teria o desejo da moça, agora consciente, de se tornar realidade. Nisso as coisas se mostravam menos favoráveis! Disse-me a mãe que havia muito suspeitara da inclinação de Elisabeth por seu cunhado, porém não sabia que esta já se fizera notar quando a irmã ainda era viva. A quem os visse conviver — o que entretanto se tornara raro — não podia restar nenhuma dúvida sobre a vontade da moça de agradá-lo. Mas nem ela, a mãe, nem os conselheiros da família eram particularmente simpáticos a uma união matrimonial dos dois. A saúde do jovem não era sólida e sofrera um novo golpe com a morte da mulher amada. Também não era certo, em absoluto, que ele tivesse se recuperado psiquicamente o bastante para contrair um novo matrimônio. Provavelmente, mantinha-se tão reservado a esse respeito porque, inseguro de sua aceitação, talvez quisesse evitar conversas explícitas. Com essa reserva de ambos os lados, a solução pela qual Elisabeth ansiava deveria provavelmente fracassar.

Comuniquei à moça tudo o que soubera pela mãe e tive a satisfação de lhe fazer bem com o esclarecimento daquela questão pecuniária; por outro lado, exortei-a a suportar com serenidade a incerteza quanto ao futuro, que não podia ser dissipada. Mas a aproximação do verão nos compelia a pôr um termo ao tratamento. Ela estava de novo melhor e não conversávamos mais sobre suas dores desde que nos ocupávamos da causa a que elas podiam se relacionar. Tínhamos ambos a sensação de termos concluído, ainda que eu me dissesse que a ab-reação da ternura contida não se fizera de fato muito plenamente. Considerei-a curada, lembrei-lhe que a solução, uma vez encaminhada, progrediria por si mesma e ela não me contradisse. Partiu com a mãe ao encontro da irmã mais velha e sua família, na estância onde passariam juntas o verão.

Tenho ainda algo a relatar brevemente sobre a evolução ulterior da doença da srta. Elisabeth v. R... Algumas semanas após nossa despedida, recebi uma desesperada carta da mãe me informando que, à sua primeira tentativa de falar com Elisabeth de suas questões de coração, ela se revoltara, em completa indignação, e desde então voltara a sentir dores fortes. Estava furiosa comigo porque eu violara seu segredo e mostrava-se completamente inacessível. O tratamento havia, basicamente, fracassado. Que fazer? De mim, ela não queria mais saber. Não dei resposta; era de esperar que ela fizesse ainda uma vez a tentativa de rejeitar a intromissão da mãe e retornar a seu recolhimento, depois de ter sido liberada da minha disciplina. Eu tinha, no entanto, uma espécie de certeza de que tudo se arranjaria e meu esforço não fora em vão. Dois meses mais tarde haviam regressado a Viena, e o colega, a quem devia a apresentação à doente, trouxe-me a notícia de que Elisabeth se sentia perfeitamente bem, se comportava como pessoa saudável, porém ainda tinha alguma dor de tempos em tempos. Desde então, ela ainda me enviou, repetidas vezes, mensagens semelhantes, sempre prometendo me visitar, mas é característico da relação pessoal que se desenvolve em tais tratamentos que ela nunca o tenha feito. Como meu colega assegura, ela pode ser considerada curada. A relação do cunhado com a família não se alterou.

Na primavera de 1894, ouvi dizer que ela compareceria a um baile particular para o qual eu poderia obter

II. CASOS CLÍNICOS — ELISABETH VON R.

acesso, e não deixei escapar a oportunidade de ver minha antiga doente passando a voar numa dança célere. Casou-se depois, por sua livre inclinação, com alguém que não conheço.

Epícrise

Nem sempre fui psicoterapeuta. Como outros neuropatologistas, fui formado na prática dos diagnósticos locais e do eletrodiagnóstico, e a mim mesmo ainda impressiona singularmente que as histórias clínicas que escrevo possam ser lidas como novelas e, por assim dizer, careçam do cunho austero da cientificidade. Devo me consolar com o fato de que evidentemente a responsabilidade por tal efeito deve ser atribuída à natureza da matéria, e não à minha predileção; o diagnóstico local e as reações elétricas não se mostram eficazes no estudo da histeria, enquanto uma exposição minuciosa dos processos psíquicos, como estamos acostumados a obter do escritor, me permite adquirir, pelo emprego de algumas poucas fórmulas psicológicas, uma espécie de compreensão do desenvolvimento de uma histeria. Tais histórias clínicas devem ser apreciadas como psiquiátricas, mas apresentam relativamente a estas últimas uma vantagem, a saber, a íntima relação entre a história do padecimento e os sintomas da doença, que ainda buscamos em vão nas biografias de outras psicoses.

Procurei incluir os esclarecimentos que podia dar sobre o caso da srta. Elisabeth v. R... na exposição da história de seu restabelecimento; talvez não seja supérfluo resumir aqui o essencial. Descrevi o caráter da doente, os traços recorrentes em tantos histéricos e que, em verdade, não se pode imputar a uma degeneração: o talento, a ambição, a delicada sensibilidade moral, a imensa necessidade de amor, que inicialmente encontra a satisfação na família, a independência de sua natureza que ultrapassa o ideal feminino e se manifesta em um bom quinhão de tenacidade, pugnacidade e reserva. Conforme as informações de meu colega, não se verificava nenhum transtorno hereditário relevante nas duas famílias; é verdade que sua mãe sofrera por longos anos de um abatimento neurótico não investigado a fundo, mas as irmãs e irmãos, o pai e sua família, podiam contar-se entre as pessoas equilibradas, não nervosas. Não ocorrera um caso grave de neuropsicose entre os parentes próximos.

Sobre essa natureza atuaram dolorosas comoções, e inicialmente a influência desvigorante do longo período de cuidados junto ao amado pai.

Há boas razões para que os cuidados prestados a um doente desempenhem um papel tão significativo na pré-história das histerias. Alguns dos fatores atuantes nesse caso são evidentes: a perturbação do estado de saúde corporal pelo sono interrompido, a negligência no cuidado do corpo, o efeito de uma preocupação contínua sobre as funções vegetativas; em minha avaliação, porém, o mais importante encontra-se noutra parte. A pessoa cuja mente está ocupada com centenas de tarefas pertinentes aos cuidados com o doente, as quais sucedem-se uma à outra em interminável sequência por semanas e meses a fio, acostuma-se, por um lado, a reprimir todos os sinais de sua própria emoção e, por outro, logo desvia sua atenção das próprias impressões, pois lhe faltam tempo e força para levá-las em consideração. Assim, o cuidador de um doente acumula uma série de impressões suscetíveis de afeto que mal foram percebidas claramente e, de qualquer forma, não foram enfraquecidas por ab-reação. Ele cria o material para uma histeria de retenção. O doente se curando, todas essas impressões perdem naturalmente seu valor; se ele morre, contudo, sobrevém o período de luto, em que apenas o que concerne ao ente perdido parece valioso. Assim, chega também a vez daquelas impressões que aguardavam processamento e, após uma breve pausa de exaustão, irrompe a histeria, para a qual o gérmen fora assentado durante o período dos cuidados prestados ao doente.

Esse mesmo fato da resolução posterior dos traumas acumulados durante os cuidados com o doente pode ser encontrado, ocasionalmente, também onde não surge a impressão geral de estado doentio, mas o mecanismo da histeria se mantém. Assim, conheço uma senhora muito talentosa que sofre de leves estados nervosos, cuja natureza evidencia em tudo a histérica, ainda que nunca tenha sido um fardo para os médicos nem tenha precisado interromper o exercício de suas obrigações. A mulher já cuidou de três ou quatro entes amados até morrerem, cada vez até o completo esgotamento físico, e não adoeceu mesmo depois desses tristes serviços. Mas pouco tempo após a morte do doente se inicia nela o trabalho de reprodução, que mais uma vez leva ante os seus olhos as cenas da doença e da morte. Todo dia ela revive cada impressão, chora por isso e se consola — com vagar, com folga, poderíamos dizer. Esse lidar com as impressões ocorre em meio aos afazeres do dia, sem que as duas atividades se confundam. Tudo passa diante dela cronologicamente. Se o trabalho de rememoração de um dia cobre exatamente um dia do passado, não sei. Presumo que isso dependa da folga que lhe deixam as tarefas correntes da casa.

Além dessas "lágrimas reparadoras"* que, com breve intervalo, sucedem à morte, essa senhora realiza anualmente celebrações periódicas, na época de cada catástrofe, e aqui sua viva reprodução visual e suas manifestações de afeto seguem fielmente a data. Eu a encontro em lágrimas, por exemplo, e lhe pergunto, interessado, o que se passara aquele dia. Meio irritada, ela repele minha pergunta: "Oh, não, hoje foi apenas o conselheiro N... que de novo esteve aqui e nos deu a entender que não se pode esperar mais nada. Não tive tempo de chorar por isso naquele momento". Ela se refere à última doença do marido, falecido há três anos. Para mim seria muito interessante saber se nessas cerimônias comemorativas, reproduzidas a cada ano, ela sempre repete as mesmas cenas ou se, a cada vez, outros

---

* "Reparadoras": *nachholendend*, que também poderia ser traduzido por "compensadoras, recuperadoras", é o particípio presente do verbo *nachholen*, que pode significar "reparar, recuperar..." e também "ir buscar posteriormente".

pormenores se oferecem para sua ab-reação, como suponho no interesse de minha teoria.[37] Mas não consigo

37 Certa vez verifiquei, com surpresa, que tal "ab-reação reparadora" — após outras impressões que não as do cuidado prestado a um doente — pode formar o conteúdo de uma neurose que, de outro modo, seria enigmática. Isso aconteceu com uma bela moça de dezenove anos, a srta. Mathilde H..., que primeiro vi por ocasião de uma paralisia parcial da perna e, meses mais tarde, recebi para tratamento porque seu caráter se transformara, sua indisposição chegara à falta de vontade de viver, tornara-se grosseira com a mãe, irritável e inabordável. O quadro da paciente não me permitia a suposição de uma melancolia comum. Era muito fácil colocá-la em sonambulismo profundo e me servi dessa sua particularidade para, a cada vez, dar-lhe ordens e sugestões que ela escutava em sono profundo, acompanhava com lágrimas abundantes que, no entanto, pouco alteravam em seu estado de saúde. Um dia, na hipnose, ela se tornou loquaz e me comunicou que a causa de seu aborrecimento era a dissolução de seu noivado, ocorrida vários meses antes. Ao conhecer o noivo mais de perto, teriam se revelado cada vez mais aspectos que, a ela e à mãe, seriam indesejáveis; por outro lado, as vantagens materiais da união eram demasiado palpáveis, o que dificultava a decisão de romper. Assim, ambas teriam hesitado por longo tempo, ela própria caíra num estado de indecisão em que aceitava apaticamente tudo que lhe acontecia, até que, por fim, a mãe pronunciara em seu lugar o decisivo não. Algum tempo depois, despertou como de um sonho, começou em seu pensamento a ocupar-se fervorosamente da decisão já tomada, a pesar consigo mesma os prós e os contras, e esse processo ainda prosseguia. Vivia naquele tempo de dúvida, tinha em cada dia o humor e os pensamentos que teriam se adequado àquele dia outrora; sua irritabilidade com a mãe também se fundava apenas nas relações que então vigoravam e, perto dessa atividade ideativa, a vida presente se lhe afigurava como uma existência aparente, como algo sonhado. — Não consegui que a moça voltasse a falar, continuei a incitá-la em sonambulismo profundo, a cada vez eu a via irromper em lágrimas sem que jamais me desse resposta, e um dia,

apurar nada de certo a esse respeito; a mulher, tão inteligente quanto forte, se envergonha da violência com que atuam sobre ela aquelas reminiscências.

Saliento mais uma vez: essa mulher não é doente; a ab-reação posterior, mesmo com toda a semelhança, não é um processo histérico. Podemos nos perguntar por que, após o cuidado prestado a um doente, surge uma histeria e, em seguida a outro, não. Isso não se pode atribuir à predisposição pessoal, pois esta existia, em larga medida, na senhora que tenho em mente.

Volto à srta. Elisabeth v. R... Enquanto cuidava de seu pai, portanto, surgiu nela pela primeira vez um sintoma histérico, uma dor num lugar definido da coxa direita. Pode-se elucidar adequadamente o mecanismo desse sintoma com base na análise. Era um momento em que o círculo de ideias relativas a seus deveres para com o pai doente entrava em conflito com o então conteúdo de sua ânsia erótica. Sob vivas autorrecriminações, ela se decidiu pelo primeiro, criando com isso a dor histérica. Segundo a concepção que a teoria da conversão histérica sugere, o processo seria descrito da seguinte forma: ela reprimiu de sua consciência a ideia erótica e converteu a grandeza afetiva desta em sensação de dor somática. Não ficou claro se esse primeiro conflito se apresentou a ela uma única vez ou, o que é mais provável, repetidas vezes. Um conflito inteiramente similar — mas de maior significado moral

---

próximo ao aniversário do noivado, todo o estado de abatimento desapareceu, o que me foi creditado como um grande sucesso do tratamento hipnótico.

e ainda mais bem evidenciado pela análise — se repetiu anos depois e levou à intensificação das mesmas dores e à sua extensão para além dos limites da região inicialmente ocupada.* Tratava-se novamente de um círculo de ideias eróticas que entrava em conflito com todas as suas ideias morais, pois a inclinação dirigia-se a seu cunhado e, tanto no tempo em que sua irmã vivia como depois de sua morte, o pensamento de que desejasse precisamente esse homem era inaceitável para ela. Sobre esse conflito, que constitui o ponto central da história da doença, a análise dá informação pormenorizada. A inclinação da doente por seu cunhado podia ter germinado há muito tempo; seu desenvolvimento foi favorecido pela exaustão física decorrente dos renovados cuidados prestados aos doentes e pelo esgotamento moral, resultado das decepções ao longo de vários anos. Sua aspereza interior começou então a se esvanecer, e ela admitiu para si mesma a necessidade do amor de um homem. Durante a convivência que se estendeu por semanas (naquele balneário), essa inclinação erótica, ao mesmo tempo que as dores, chegou ao pleno desenvolvimento. Para esse mesmo período, a análise testemunha um estado psíquico particular da doente, cuja ligação com a inclinação pelo cunhado e as dores parece possibilitar uma compreensão do processo conforme a teoria da conversão.

Creio poder afirmar, então, que naquela época a doente não estava claramente consciente de sua inclinação pelo cunhado, por mais intensa que fosse, salvo em

---

* "Ocupada": *besetzte*, que também poderia ser traduzido por "investida, tomada".

algumas raras ocasiões e apenas por momentos. Fosse de modo diverso, ela teria tomado consciência da contradição entre essa inclinação e suas ideias morais e teria sentido tormentos psíquicos semelhantes aos que a vi sofrer depois de nossa análise. Sua lembrança nada tinha a relatar sobre tais sofrimentos, ela se poupara deles e, consequentemente, também a própria inclinação não se tornara clara para ela. Naquela época, como ainda no tempo da análise, o amor por seu cunhado existia em sua consciência à maneira de um corpo estranho, sem entrar em relação com o resto de sua vida ideativa. Com respeito a essa inclinação, havia esse estado de simultaneamente saber e não saber, o estado característico de um grupo psíquico apartado. Outra coisa não queremos dizer, ao afirmar que essa inclinação não lhe era "claramente consciente"; não queremos dizer que se trata de uma qualidade inferior ou um grau menor de consciência, mas sim de uma separação entre o livre trânsito associativo de pensamentos e o conteúdo ideativo restante.

Como pode suceder que um grupo de ideias tão intensamente marcado fosse mantido tão isolado? Em geral, o papel de uma ideia na associação cresce com sua grandeza de afeto.

Podemos responder a essa pergunta se levarmos em consideração dois fatos comprovados, de que podemos nos servir: 1) que as dores histéricas surgiram simultaneamente à formação daquele grupo psíquico separado, 2) que a doente opôs uma grande resistência à tentativa de estabelecimento da associação entre o grupo psíquico separado e o resto do conteúdo da consciência e quando, não obstante, essa ligação se efetuou, sentiu uma grande dor psíquica. Nossa concepção da histeria vincula esses dois fatores à cisão da consciência, afirmando que o segundo deles indica o *motivo* da cisão da consciência e o primeiro indica o próprio *mecanismo*. O motivo foi a *defesa*, a oposição de todo o Eu a se conciliar com esse grupo de ideias; o mecanismo foi o da *conversão*, isto é, no lugar das dores psíquicas, que ela havia se poupado, surgiram dores corporais. Assim, iniciou-se uma transformação cujo benefício foi que a doente escapou de um estado psíquico insuportável, porém ao custo de uma anomalia psíquica, da consentida cisão da consciência e de um padecimento corporal, das dores sobre as quais se constituiu uma astasia-abasia.

Não posso, na verdade, dar uma indicação de como a pessoa produz tal conversão. Não o faz, evidentemente, da mesma forma como executa, com intenção, um ato voluntário; é um processo que ocorre em um indivíduo sob o impulso do motivo da defesa, quando ele traz em sua organização — ou modificação ocasional — a capacidade para isso.

Temos o direito de pressionar mais de perto a teoria e indagar: o que é, afinal, que aqui se converte em dor corporal? A resposta cautelosa será: algo que poderia e deveria ter se tornado dor psíquica. Se ousamos um pouco mais e tentamos uma espécie de exposição algébrica da mecânica da ideia, atribuiremos determinado montante de afeto ao complexo de ideias dessa inclinação mantida inconsciente e designaremos esta última quantidade como a convertida. Uma consequência direta dessa concepção seria que o "amor inconsciente" teria perdido tanto em intensidade com essa conversão que se teria reduzido a uma ideia fraca; sua existência como grupo psíquico separado só se tornaria possível, então, com esse enfraquecimento. Todavia, o presente caso não é muito adequado para fornecer um quadro nítido em matéria tão delicada. Ele corresponde, provavelmente, a uma conversão apenas incompleta; em outros casos pode-se mostrar que também conversões completas ocorrem e que nestas, de fato, a ideia intolerável foi "*reprimida*", como só uma ideia pouco intensa pode sê-lo. Depois de consumada a união associativa, os doentes asseguram que, desde o aparecimento do sintoma histérico, seus pensamentos não mais se ocuparam da ideia intolerável.

Afirmei acima que a doente, em certas ocasiões, embora apenas de modo fugidio, reconheceu também conscientemente o amor por seu cunhado. Um desses momentos foi, por exemplo, quando, junto ao leito da irmã, passou-lhe pela cabeça o pensamento: "Agora ele está livre e você pode se tornar sua mulher". Devo examinar o significado desse momento para a nossa concepção de toda a neurose. Ora, penso que na suposição de uma "histeria de defesa" já está contida a exigência de que ao menos um desses momentos tenha ocorrido. A consciência não sabe antecipadamente quando uma ideia intolerável surgirá. A ideia intolerável que mais tarde é excluída, junto com seu acompanhamento, para formar um grupo psíquico separado, precisa ter sido inicialmente admitida no trânsito dos pensamentos, do contrário não se teria produzido o conflito que levou à sua exclusão.³⁸ Portanto, precisamente esses momentos devem ser qualificados como "traumáticos"; neles houve a conversão cujos resultados são a cisão da consciência e o sintoma histérico. Na srta. Elisabeth v. R... tudo aponta para uma pluralidade de tais momentos (as cenas do passeio, da meditação matinal, do banho, junto ao leito da irmã); talvez tenham até ocorrido novos momentos desse tipo durante o tratamento. A multiplicidade desses momentos traumáticos torna-se possível pelo fato de que um episódio similar àquele que primeiro introduziu a ideia intolerável leva nova excitação ao grupo psíquico separado e assim suspende temporariamente o êxito da conversão. O Eu tem que se ocupar dessa ideia subitamente fulgurante e restabelecer o estado anterior mediante nova conversão. A srta. Elisabeth, em permanente contato com seu cunhado, estava particularmente exposta ao aparecimento de novos traumas. Seria preferível, para esta apresentação, um caso cuja história traumática estivesse encerrada no passado.

Agora devo me ocupar de um ponto que descrevi como uma dificuldade para a compreensão da presente história clínica. Com base na análise, supus que uma primeira conversão se dera na doente durante o período em que cuidava do pai, mais exatamente, naquele momento em que seus deveres como cuidadora entraram em conflito com sua ânsia erótica, e que esse processo fora o

---

38 É diferente numa histeria hipnoide; nesta, o conteúdo do grupo psíquico separado jamais teria estado no Eu-consciência.

modelo para aquele ulterior que, na estância alpina, levara à eclosão da doença. Pelas comunicações da paciente, porém, no tempo dos cuidados prestados ao pai e no intervalo seguinte, que designei como "primeiro período", ela não sofrera *absolutamente de dores ou de fraqueza no andar*. É verdade que estivera acamada por alguns dias durante a doença do pai, com dores nos pés, mas não é certo que esse ataque já deva ser atribuído à histeria. Não se comprovou, na análise, uma relação causal entre essas primeiras dores e uma impressão psíquica qualquer; é possível, até mesmo provável, que se tratasse então de dores musculares reumáticas comuns. Mesmo se quiséssemos admitir que este primeiro acesso de dor fora o resultado de uma conversão histérica devido à rejeição dos seus pensamentos eróticos de então, restaria o fato de que as dores desapareceram poucos dias depois, de modo que a doente se comportara, na realidade, de forma diversa do que parecia mostrar na análise. Durante a reprodução do assim chamado primeiro período, ela acompanhava todos os relatos da doença e da morte do pai, das impressões da convivência com o primeiro cunhado etc., com manifestações de dor, ao passo que, na época em que vivenciara essas impressões, não havia sentido dor nenhuma. Não é essa uma contradição apropriada a reduzir em muito a confiança no valor esclarecedor de tal análise?

Acredito poder solucionar a contradição, supondo que as dores — o produto da conversão — não surgiram enquanto a doente vivia as impressões do primeiro período, mas sim posteriormente, ou seja, no segundo período, quando a doente reproduzia essas impressões em seus pensamentos. A conversão não ocorreu por ocasião das impressões frescas, mas quando de suas lembranças. Julgo mesmo que tal processo não é nada incomum na histeria e tem uma participação regular no desenvolvimento dos sintomas histéricos. Mas como tal afirmação certamente não convence, tentarei torná-la plausível expondo outras experiências.

Aconteceu-me certa vez que, durante um tratamento analítico desse gênero, formou-se na paciente um novo sintoma histérico, de modo que pude iniciar sua eliminação no dia posterior a seu aparecimento.

Incluirei aqui, em seus traços essenciais, a história dessa paciente; é bastante simples, mas não desprovida de interesse.

A srta. Rosalia H..., de 23 anos, empenhada em estudar canto havia alguns anos, queixa-se de que sua bela voz não lhe obedece em certos registros. Ocorre-lhe uma sensação de estrangulamento e compressão na garganta e a voz soa abafada; por isso seu professor ainda não lhe permitira se apresentar como cantora em público. Embora essa imperfeição afete apenas o registro médio, não pode ser explicada por um defeito de seu órgão. Às vezes, a perturbação desaparece por completo, de modo que o professor se declara muito satisfeito; outras vezes, à mais leve excitação e mesmo sem qualquer motivo aparente, reaparece a sensação opressora e o livre desenvolvimento da voz é dificultado. Não era difícil reconhecer nessa sensação atormentadora a conversão histérica; se realmente ocorria uma contratura em determinados músculos das cordas vocais, isso não pude averiguar.[39] Na análise hipnótica que realizei com a moça, soube o seguinte de suas vicissitudes e, assim, da causa de seus sofrimentos. Ficando órfã em tenra idade, ela fora acolhida por uma tia, por sua vez mãe de numerosos filhos e, com isso, veio a participar de uma vida familiar extremamente infeliz. O marido da tia, uma personalidade manifestamente patológica, maltratava mulher e filhos da maneira mais brutal e os magoava sobretudo com sua franca preferência sexual pelas criadas e babás da casa, o que se tornava cada vez mais ofensivo à medida que os filhos cresciam. Quando a tia morreu, Rosalia tornou-se a protetora do bando de crianças órfãs e oprimidas pelo pai. Levou seus deveres a sério, enfrentou todos os conflitos a que essa posição a conduzia, mas tinha que despender extremo esforço para reprimir a expressão de seu ódio e seu desprezo pelo tio.[40] Nessa época, apareceu a sensação de aperto na garganta; toda vez

---

39 Observei outro caso em que uma contratura dos masseteres da cantora tornava impossível o exercício de sua arte. A jovem fora levada a se voltar para o teatro, devido a penosos acontecimentos em sua família. Ela cantava num ensaio em Roma, com grande excitação, quando teve subitamente a sensação de que não podia voltar a fechar a boca, e tombou ao chão desfalecida. O médico chamado comprimiu-lhe violentamente os maxilares; a partir daí, porém, a doente tornou-se incapaz de afastá-los além da largura de um dedo e teve que renunciar à profissão recentemente escolhida. Quando, vários anos mais tarde, ela veio se tratar comigo, obviamente as causas daquela excitação tinham desaparecido havia muito, pois uma massagem, em estado de leve hipnose, bastou para que abrisse amplamente a boca. Desde então ela cantou em público.

40 [Nota acrescentada em 1924:] Aqui também se tratava, na realidade, do pai, e não do tio.

II. CASOS CLÍNICOS — ELISABETH VON R.

que se via forçada a calar uma resposta, que se obrigava a manter a calma ante uma acusação revoltante, sentia o arranhar na garganta, o estreitamento, a falta da voz, em suma, todas as sensações localizadas na laringe e faringe que agora a perturbavam ao cantar. Era compreensível que ela buscasse a oportunidade de se tornar independente para escapar às agitações e penosas impressões que cada dia na casa do tio lhe trazia. Um competente professor de canto a admitiu desinteressadamente e lhe assegurou que sua voz lhe permitia escolher o ofício de cantora. Começou então a ter aulas com ele, em segredo, mas, como sucedia com frequência que se apressasse a sair para as lições de canto com o aperto que lhe ficava na garganta, depois das violentas cenas domésticas, consolidou-se uma relação entre o canto e a parestesia histérica, relação que já fora preparada pela sensação do órgão ao cantar. O aparelho de que ela deveria dispor livremente quando cantava mostrava-se tomado* por restos de inervação, depois daquelas numerosas cenas de excitação reprimida. Desde então, abandonara a casa do tio e se mudara para uma cidade estrangeira, a fim de se distanciar da família, mas com isso o impedimento não fora superado. A moça, bela e de invulgar inteligência, não mostrava outros sintomas histéricos.

Empenhei-me em resolver essa "histeria de retenção" pela reprodução de todas as impressões excitantes e ab-reação a posteriori. Eu a fiz xingar, repreender o tio,

---

* "Tomado": *besetzt*, que também poderia ser traduzido por "investido, ocupado".

dizer-lhe a verdade na cara etc. Esse tratamento lhe fez muito bem; entretanto, infelizmente ela vivia em condições bastante desfavoráveis. Não tinha sorte com os parentes. Era hóspede na casa de outro tio que também a recebeu amigavelmente; mas justamente por isso suscitou o desagrado da tia. Essa mulher supunha em seu marido um interesse mais profundo pela sobrinha e procurou estragar completamente a estada da moça em Viena. Ela própria, na juventude, tivera que renunciar a uma inclinação artística e agora invejava a sobrinha que podia cultivar seu talento, embora no caso da garota não fosse a inclinação, mas a ânsia de independência o que levara à decisão. Rosalie* se sentia tão constrangida em casa que não ousava, por exemplo, cantar ou tocar piano quando a tia se encontrava a uma distância suficiente para ouvi-la, e evitava cuidadosamente tocar ou cantar qualquer coisa para o tio, aliás idoso — irmão de sua mãe —, se a tia pudesse aparecer. Enquanto eu me empenhava em apagar os traços de antigas excitações, outras surgiam dessas relações com seus anfitriões, as quais terminaram por perturbar o êxito do meu tratamento e interromperam prematuramente o processo de cura.

Um dia a paciente me apareceu com um novo sintoma, surgido havia menos de 24 horas. Ela se queixava de um desagradável formigamento na ponta dos dedos, que desde a véspera se manifestava a cada duas horas e a obrigava a fazer movimentos bastante peculiares e rá-

---

* Nas edições alemãs, o nome tem essa grafia — em vez de "Rosalia" — aqui e mais adiante.

pidos com os dedos. Não pude ver o ataque, caso contrário provavelmente adivinharia, pela observação dos movimentos dos dedos, o que o havia ocasionado; mas tentei imediatamente descobrir pela análise hipnótica em que se fundamentava o sintoma (de fato, o pequeno ataque histérico). Como tudo era bastante recente, esperava poder promover rapidamente seu esclarecimento e resolução. Para meu espanto, a doente me trouxe — sem hesitação e em ordem cronológica — toda uma série de cenas, tendo início em sua primeira infância, às quais era comum a circunstância de que havia tolerado uma injustiça sem se defender, de modo que os dedos lhe podiam tremer; cenas como aquela, por exemplo, em que na escola teve que estender a mão para que o professor lhe aplicasse um golpe de régua. Mas eram ocasiões banais, cuja capacidade para intervir na etiologia de um sintoma histérico eu não hesitaria em contestar. De modo diverso apresentava-se uma cena dos seus primeiros anos de mocidade, que relatou em seguida. O tio mau, que sofria de reumatismo, havia exigido que lhe massageasse as costas e ela não se atreveu a recusar. Ele estava deitado na cama e, de repente, livrou-se das cobertas, levantou-se e quis agarrá-la e deitá-la. Naturalmente, ela interrompeu a massagem e, no momento seguinte, fugira e se trancara em seu quarto. Estava claro que não gostava de se lembrar desse episódio e tampouco quis dizer se, na ocasião do súbito desnudamento do homem, vira alguma coisa. A sensação nos dedos podia ser explicada pelo impulso de bater-lhe, então reprimido, ou simplesmente porque estava fazendo a massagem. Somente após relatar essa cena veio a falar sobre o que tinha experimentado na véspera, após o que apareceram, como símbolo mnemônico recorrente, a sensação e o estremecimento nos dedos. O tio com quem morava agora lhe havia pedido que tocasse alguma coisa; achando que a tia havia saído, ela se sentou ao piano e se acompanhou cantando. De repente, porém, a tia apareceu à porta; Rosalie levantou-se de um salto, fechou a tampa do piano e lançou longe a partitura. Pode-se bem adivinhar que recordação nela emergiu e que curso de pensamentos repeliu nesse momento, aquele da amargura com a injusta suspeita que deveria levá-la a deixar a casa, quando era obrigada a permanecer em Viena por causa do tratamento e não tinha outra hospedagem. O movimento dos dedos que vi na reprodução dessa cena era aquele do arremesso, como se alguém — literal e figuradamente — afastasse alguma coisa de si, atirasse uma partitura para longe ou afastasse uma exigência descabida.

Ela assegurava com toda a determinação que não sentira esse sintoma antes — não o havia sentido por ocasião das primeiras cenas narradas. O que restava a supor, senão que primeiramente o acontecimento da véspera despertara a lembrança de conteúdos anteriores semelhantes e, em seguida, um símbolo mnêmico se formara, abrangendo todo o grupo de recordações? A conversão fora custeada, de um lado, por afetos recém-vividos, de outro, por afetos recordados.

Se examinamos mais de perto a questão, temos de admitir que tal processo deve ser considerado antes regra que exceção no surgimento de sintomas histéricos.

Quase todas as vezes que investiguei a determinação desses estados, não se encontrou um ensejo único, mas sim um grupo de ensejos traumáticos semelhantes (cf. os belos exemplos da sra. Emmy, na história clínica 2). Em alguns desses casos, pude verificar que o sintoma em questão já havia aparecido por curto período após o primeiro trauma, para depois retirar-se até ser novamente despertado e estabilizado pelo trauma seguinte. Entre esse aparecimento temporário e o permanecer latente após os primeiros ensejos não se constata nenhuma diferença a princípio. Numa grande maioria de exemplos, viu-se, por outro lado, que os primeiros traumas não haviam deixado nenhum sintoma, enquanto um trauma posterior da mesma espécie provocara um sintoma que, no entanto, não podia prescindir da colaboração dos ensejos anteriores para seu surgimento e cuja solução realmente exigia levar em consideração todos os ensejos. Traduzido na linguagem da teoria da conversão, esse inegável fato da soma dos traumas e da latência inicial do sintoma significa que a conversão pode efetuar-se tanto de afeto recente como de afeto recordado, e esta suposição esclarece inteiramente a contradição em que, na srta. Elisabeth v. R..., parecem estar a história da doença e a análise.

Não há dúvida de que as pessoas sãs suportam em grande medida a permanência de ideias com afeto não resolvido em sua consciência. A afirmação que acabo de defender apenas aproxima o comportamento dos histéricos daquele dos indivíduos sãos. Trata-se evidentemente de um fator quantitativo, a saber, *quanto* dessa tensão afetiva uma organização suporta. Também o histérico poderá conservar determinado montante não resolvido; mas se este cresce por acumulação em ensejos similares, indo além da capacidade de carga individual, é dado o ímpeto para a conversão. Assim, não é uma formulação estranha, mas quase um postulado, que a formação de sintomas histéricos também possa ocorrer à custa de afetos recordados.

Agora que me ocupei dos *motivos* e do *mecanismo* desse caso de histeria, resta discutir a determinação do sintoma histérico. Por que justamente as dores nas pernas tiveram que assumir a representação da dor psíquica? As circunstâncias do caso indicam que essa dor somática não foi criada pela neurose, mas apenas utilizada, intensificada e mantida por ela. Acrescentarei prontamente que foi assim na grande maioria dos casos de algias histéricas que pude examinar; sempre havia, no começo, uma dor real de base orgânica. São as dores mais comuns, as mais disseminadas na humanidade, que com mais frequência parecem destinadas a ter um papel na histeria, sobretudo as dores periosteais e nevrálgicas nas afecções dentárias, as dores de cabeça das mais diversas origens e também as dores reumáticas dos músculos, frequentemente não reconhecidas. O primeiro ataque de dores sofrido pela srta. Elisabeth v. R..., ainda enquanto cuidava do pai, eu considero também de base orgânica, pois não obtive resultado quando investiguei uma causa psíquica para ele, e, confesso, estou inclinado a conferir significado diagnóstico diferencial a meu método de evocação de lembranças ocultas, sempre que aplicado com cuidado. Essa dor originalmente reumática[41] tornou-se, na doente, um símbolo mnêmico para sua dolorosa excitação psíquica, e isso, tanto quanto posso ver, por mais de um motivo. Primeiro e sobretudo, porque ela existia na consciência aproximadamente ao mesmo tempo que aquelas excitações; em segundo lugar, porque estava ligada ou podia ligar-se de diversas maneiras ao conteúdo ideativo das ideias daquela época. Ela talvez fosse apenas uma consequência distante dos cuidados prestados ao doente, da movimentação reduzida e da má alimentação que o trabalho de cuidadora implicava. Mas isso não se tornara claro para a doente; seria mais relevante, provavelmente, que ela devia sentir a dor em momentos significativos desse cuidado, por exemplo, quando no frio do inverno saltava da cama para atender a um chamado do pai. Contudo, decisivo mesmo para a direção que a conversão tomou deve ter sido a outra forma de ligação associativa, a circunstância de que, por uma longa série de dias, uma de suas pernas doloridas entrou em contato com a perna inchada do pai durante a troca das faixas. O lugar da perna direita marcado por esse contato permaneceu daí em diante o foco e ponto de partida das dores, uma zona histerógena artificial, cujo aparecimento, nesse caso, pode ser percebido de forma clara.

Se alguém se surpreender com essa ligação associativa entre dor física e afeto psíquico, considerando-a demasiado artificial e múltipla, eu responderei que se-

---

41 Mas talvez de tipo neurastênico-espinhal.

melhante surpresa é tão despropositada como aquela diante do fato de que "no mundo, justamente os mais ricos possuem a maior parte do dinheiro". Onde não há ligação tão abundante, ali não se forma nenhum sintoma histérico, ali a conversão não encontra nenhum caminho; e posso assegurar que o exemplo da srta. Elisabeth v. R..., com respeito à determinação, era dos mais simples. Tive, particularmente no caso da sra. Cäcilie M..., os mais intrincados nós dessa espécie a desatar.

Já examinei, na história clínica, como a astasia-abasia de nossa doente se construíra sobre essas dores, uma vez que um caminho determinado fora aberto à conversão. Mas ali também sustentei que a doente havia criado ou intensificado a perturbação funcional por meio da simbolização; que ela encontrara na astasia-abasia uma expressão somática para sua falta de autonomia, sua impotência para mudar alguma coisa em suas condições, e que as frases "não sair do lugar", "não ter nenhum apoio" e similares formavam a ponte para esse novo ato de conversão. Procurarei fundamentar essa concepção com outros exemplos.

A conversão fundada na simultaneidade, quando há também ligação associativa, parece colocar exigências mínimas à predisposição histérica; já a conversão por simbolização parece requerer um grau mais elevado de modificação histérica, como se pode comprovar também na srta. Elisabeth, embora apenas no estágio mais tardio de sua histeria. Os melhores exemplos de simbolização observei na sra. Cäcilie M..., que posso qualificar de meu mais difícil e instrutivo caso de histeria. Já expliquei que lamentavelmente não é possível uma reprodução pormenorizada desse caso clínico.

A sra. Cäcilie sofria, entre outras coisas, de uma nevralgia facial extremamente violenta que aparecia de súbito duas a três vezes ao ano, persistia por cinco a dez dias, desafiava toda terapia e, em seguida, cessava abruptamente. Limitava-se ao segundo e terceiro ramos do trigêmio e, como era inequívoca a uratúria, um *"rheumatismus acutus"* não totalmente claro desempenhava certo papel na história da doente, o diagnóstico de uma nevralgia gotosa era plausível. Essa hipótese foi compartilhada também pelos médicos chamados para consulta, que tiveram a oportunidade de ver cada ataque. A nevralgia foi tratada com os métodos usuais — pincelamento elétrico, águas alcalinas, laxantes —, mas permanecia inalterada até que lhe aprouvesse ceder lugar a outro sintoma. Nos primeiros anos (a nevralgia estava com quinze anos), os dentes foram acusados de mantê-la; foram condenados à extração e um belo dia, sob narcose, foi consumada a execução de sete dos malfeitores. Não foi tão fácil; os dentes encontravam-se tão firmemente implantados que na maioria deles as raízes tiveram que ser deixadas. Essa operação cruel não teve nenhum êxito, nem temporário nem permanente. A nevralgia vigorou por meses a fio. Também ao tempo do tratamento comigo, a cada crise nevrálgica o dentista era chamado. Todas as vezes declarava encontrar raízes doentes, começava a fazer o trabalho mas, geralmente, logo era interrompido, pois de repente a nevralgia cessava e com ela a necessidade de que ele agisse. Nos intervalos, os dentes simplesmente não doíam. Um dia, quando mais uma vez desencadeava-se com fúria um ataque, fui incitado pela doente ao tratamento hipnótico. Estabeleci uma proibição muito enérgica das dores e, a partir desse momento, elas cessaram. Comecei então a alimentar dúvidas quanto à autenticidade dessa nevralgia.

Cerca de um ano após esse tratamento hipnótico bem-sucedido, o estado de saúde da sra. Cäcilie sofreu nova e surpreendente virada. Surgiram repentinamente outros estados, diversos daqueles típicos nos últimos anos, mas a paciente declarou, após alguma reflexão, que todos lhe haviam ocorrido antes alguma vez, distribuídos ao longo do extenso período de sua doença (trinta anos). De fato, houve então um número surpreendente de ocorrências histéricas, que a doente foi capaz de localizar em seu exato lugar no passado, e logo se fizeram também notar as conexões de pensamentos, frequentemente muito intrincadas, que determinavam a ordem dessas ocorrências. Era como uma série de imagens com texto explicativo. Pitres deve ter imaginado algo semelhante com a formulação de seu *délire ecmnésique* [delírio ecmnésico].* A maneira como se reproduzia esse estado histérico pertencente ao passado era extremamente curiosa. Primeiro, estando a doente em bom

---

* Albert Pitres (1848-1928): neurologista francês; em *Leçons cliniques sur l'hystérie et l'hypnotisme* (1891), ele define a ecmnésia como "uma forma de amnésia parcial, em que é inteiramente preservada a memória dos fatos anteriores a um período particular da vida do paciente, enquanto é totalmente anulada a memória dos fatos subsequentes àquele período".

estado de saúde, aparecia um ânimo patológico de peculiar feição que era regularmente mal interpretado pela doente e relacionado a um acontecimento banal das últimas horas; depois seguiam-se, sob crescente turvação da consciência, sintomas histéricos: alucinações, dores, espasmos, longas declamações e, por fim, juntava-se a esses o emergir alucinatório de uma vivência do passado, que podia explicar o ânimo inicial e determinar o respectivo sintoma. Com esta última parte do ataque, a clareza voltava, as queixas desapareciam como por mágica e reinava outra vez o bem-estar — até o ataque seguinte, doze horas depois. Geralmente eu era chamado no auge do estado, induzia a hipnose, provocava a reprodução do episódio traumático e precipitava o fim do ataque por meio artificial. Atravessando várias centenas de semelhantes ciclos com a doente, obtive as mais instrutivas informações sobre a determinação de sintomas histéricos. Foi também a observação desse caso notável, juntamente com Breuer, o motivo imediato para a publicação de nossa "Comunicação preliminar".

Nesse contexto, também se chegou finalmente à reprodução da nevralgia facial que eu mesmo havia tratado como ataque atual. Eu estava curioso para saber se aqui se revelaria uma causação psíquica. Quando tentei evocar as cenas traumáticas, a doente se viu transportada a um período de grande suscetibilidade emocional para com seu marido. Contou-me sobre uma conversa que tivera com ele e uma observação de sua parte, que ela entendera como ofensa grave. Em seguida, tocou subitamente a própria face, soltou um forte grito de dor e disse:

"Isso foi para mim como um golpe no rosto". — Com isso, também a dor e o ataque chegaram ao fim.

Não há dúvida de que se tratou de uma simbolização; ela sentiu como se realmente tivesse recebido o golpe na face. Ora, qualquer um perguntará como a sensação de um "golpe na face" pode chegar a se exteriorizar na forma de uma nevralgia do trigêmio, limitar-se ao segundo e terceiro ramos e intensificar-se ao abrir a boca e mastigar (não ao falar!).

No dia seguinte a nevralgia voltou, mas dessa vez pôde ser resolvida pela reprodução de uma outra cena, cujo conteúdo era, da mesma forma, uma suposta injúria. Assim seguiu ocorrendo por nove dias; parecia evidenciar-se que durante anos a fio as ofensas, especialmente através de palavras, haviam provocado novos ataques da nevralgia facial, por meio da simbolização.

Mas enfim conseguimos penetrar até o primeiro ataque de nevralgia (mais de quinze anos antes). Aqui não se encontrou simbolização, mas uma conversão por simultaneidade; era uma visão dolorosa, que nela fizera emergir uma recriminação, o que a levou a repelir uma outra série de pensamentos. Portanto, era um caso de conflito e defesa; a irrupção da nevralgia nesse momento não seria explicável se não se admitisse que ela sofrera então de leves dores no rosto ou nos dentes, o que não era improvável, pois se achava justamente nos primeiros meses de sua primeira gravidez.

Assim, chegou-se à explicação de que essa nevralgia se tornara, pela via habitual da conversão, a marca de uma excitação psíquica determinada, mas que pôde ser subsequentemente despertada por ressonâncias associativas de sua vida mental, por conversão simbolizadora; na realidade, o mesmo comportamento que encontramos na srta. Elisabeth v. R...

Aduzirei um segundo exemplo, que pode mostrar a eficácia da simbolização em outras condições: em certo período, atormentou a sra. Cäcilie uma dor violenta no calcanhar direito, fisgadas a cada passo, que tornavam impossível caminhar. A análise nos conduziu a uma época em que a paciente se encontrava num sanatório no estrangeiro. Ela havia passado oito dias metida em seu quarto, ao fim dos quais o médico da família foi buscá-la pela primeira vez para a refeição comum. A dor irrompeu no momento em que a doente lhe tomava o braço para deixar o quarto; desapareceu durante a reprodução dessa cena, quando ela disse a frase: "Dominou-me então o medo de '*dar um passo errado*' na companhia de estrangeiros".

Este, pois, parece um exemplo convincente, quase cômico, da gênese de sintomas histéricos por simbolização mediante a expressão linguística. Contudo, um exame mais cuidadoso das circunstâncias daquele momento favorece uma outra concepção. Naquela época a doente sofria de dores nos pés, por causa delas estivera tanto tempo acamada; e só se pode admitir que o medo que a acometeu, ao dar os primeiros passos, buscou entre as dores então existentes aquela, simbolicamente apropriada, no calcanhar direito, para desenvolvê-la como algia psíquica e conferir-lhe uma persistência especial.

Se nesses exemplos o mecanismo da simbolização parece relegado a segundo plano, o que seguramente corresponde à regra, disponho também de exemplos que parecem comprovar a formação de sintomas histéricos apenas pela simbolização. Um dos melhores é o que se segue, e mais uma vez diz respeito à sra. Cäcilie. Estava deitada na cama, quando tinha quinze anos, sob a vigilância da avó severa. De repente, soltou um grito: sentia uma dor pungente na testa, entre os olhos, que então persistiu por semanas. Na análise dessa dor, que se reproduziu quase trinta anos depois, ela me disse que a avó a olhara de forma tão "penetrante" que o olhar lhe teria entrado profundamente no cérebro. Ela temia que a velha mulher a observasse com desconfiança. Ao comunicar-me esse pensamento, ela irrompeu num riso sonoro e a dor novamente cessou. Não encontro aqui outra coisa além do mecanismo da simbolização que, de certo modo, mantém-se no meio, entre o mecanismo da *autossugestão* e o da *conversão*.

A observação da sra. Cäcilie M... me deu a oportunidade de reunir uma verdadeira coleção de tais simbolizações. Toda uma série de sensações corporais, de ordinário consideradas organicamente provocadas, tinha nela uma origem psíquica ou ao menos comportava uma interpretação psíquica. Determinada série de acontecimentos era nela acompanhada pela sensação de uma pontada na região cardíaca ("Isso me deu uma pontada no coração"). A dor de cabeça da histeria, à maneira de pregos penetrando, nela se devia ver, sem dúvida, como dor do pensamento ("Tenho alguma coisa metida na cabeça"); e também se dissipava toda vez que o problema era resolvido. A sensação da aura histérica na garganta dava-se paralelamente ao pensamento: "Tenho de engolir isso", quando essa sensação surgia por ocasião de uma ofensa. Era toda uma série de sensações e ideias correndo paralelas, na qual ora a sensação despertava a ideia como interpretação, ora a ideia criava a sensação por meio da simbolização e não raro tinha-se que permanecer em dúvida sobre qual dos dois elementos era o primário.

Não encontrei em nenhuma outra paciente um uso tão abundante da simbolização. Certamente a sra. Cäcilie M... era uma pessoa de talento bastante incomum, sobretudo artístico, cujo sentido da forma, altamente desenvolvido, se manifestava em belos e primorosos poemas. Afirmo, porém, que quando a histérica cria por simbolização uma expressão somática para a ideia impregnada de afeto, há nisso menos de individual e voluntário do que se poderia pensar. Ao tomar a expressão linguística literalmente e sentir a "pontada no coração" ou o "golpe na face" como um acontecimento real, por palavras ofensivas que ouviu, ela não faz um mau uso engenhoso, apenas reaviva as sensações às quais a expressão linguística deve sua justificação. Como chegaríamos a dizer de uma pessoa ofendida: "deu-lhe uma pontada no coração", se a ofensa não fosse de fato acompanhada por uma sensação precordial assim interpretável e não fosse reconhecível por ela? Não é verossímil que a expressão "engolir algo", que aplicamos a uma injúria deixada sem resposta, efetivamente provenha das sensações de inervação que aparecem na faringe quando nos falha o discurso e não reagimos? Todas essas sensações e inervações pertencem à "expressão das emoções" que, como Darwin nos ensinou, consiste em ações originalmente cheias de sentido e adequadas a um fim. Na maioria das vezes, elas podem estar tão atenuadas no presente que sua expressão linguística nos parece uma transposição figurada. É muito provável, no entanto, que tudo isso tenha tido um dia significado literal, e a histeria age acertadamente quando restabelece para suas inervações mais intensas o sentido original da palavra. Sim, talvez seja incorreto dizer que ela cria tais sensações por simbolização; ela talvez não tenha tomado como modelo a linguagem corrente, mas se nutre com ela de uma fonte comum.[42]

---

[42] Em estados de alteração psíquica mais profunda também se verifica, claramente, uma versão simbólica da linguagem corrente mais artificial em imagens sensoriais e sensações. Houve um período em que cada pensamento da sra. Cäcilie M... se transformava numa alucinação, cuja solução frequentemente requeria bastante engenho. Naquela época, queixou-se de ser incomodada por uma alucinação em que seus dois médicos — Breuer e eu — estavam pendurados [ou enforcados, *aufgehängt*] em duas árvores próximas, no jardim. A alucinação desapareceu depois que a análise descobriu o seguinte: na noite anterior, seu pedido de determinado medicamento fora recusado por Breuer; depositou então em mim sua esperança, mas encontrou-me também insensível. Por isso se enfureceu conosco e, em sua emoção, pensou: os dois se equivalem, um é o *pendant* [a contrapartida] do outro. [Observe-se que o termo francês é originalmente o gerúndio do verbo *pendre*, que significa "suspender, pendurar, enforcar".]

III. CONSIDERAÇÕES TEÓRICAS

(BREUER)

Na "Comunicação preliminar" que introduz estes estudos, expusemos as concepções a que fomos conduzidos por nossas observações, e acredito poder mantê-las no essencial. Mas a "Comunicação preliminar" é tão breve e sucinta que grande parte do que pensamos pôde ser apenas esboçado. Seja-me permitido, então, agora que os casos clínicos forneceram provas para nossas concepções, expô-las de modo mais detalhado. Naturalmente, não se deve nem se pode tratar aqui "tudo sobre a histeria"; mas aqueles pontos que na "Comunicação preliminar" foram insuficientemente fundamentados e pouco salientados devem passar por um exame algo mais minucioso, mais preciso, talvez mesmo restritivo.

Nessas considerações, pouco se falará do cérebro e nada sobre as moléculas. Processos psíquicos serão tratados na linguagem da psicologia; afinal, não pode mesmo ser de outro modo. Se em vez de "ideia"* quiséssemos dizer "excitação cortical", esta última expressão apenas teria sentido para nós se nesse disfarce reconhecêssemos o velho conhecido e tacitamente restabelecêssemos a "ideia". Pois enquanto ideias são permanentemente objetos de nossa experiência e nos são bem conhecidas em todas as suas nuances; "excitação cortical" é antes, para nós, um postulado, um objeto que esperamos conhecer no futuro. A substituição dos termos pareceria uma máscara inútil.

---

* "Ideia": *Vorstellung*, que também pode ser traduzido por "representação".

III. CONSIDERAÇÕES TEÓRICAS

Assim, perdoe-se o uso quase exclusivo da terminologia psicológica.

Devo de antemão pedir indulgência para mais uma coisa. Quando uma ciência progride de maneira rápida, pensamentos primeiramente enunciados por alguns logo se tornam patrimônio de todos. Assim, ninguém que hoje tente expor suas concepções sobre a histeria e seu fundamento psíquico pode evitar expressar e repetir uma quantidade de pensamentos de outros que, precisamente, passam da propriedade individual para o bem comum. É quase impossível verificar em todos os casos quem primeiro os enunciou, e há sempre o perigo de tomar por coisa própria o que já foi dito por outros. Que me seja escusado, portanto, se poucas citações são aqui apresentadas e não se distingue rigorosamente o próprio do alheio. Uma parcela mínima do que será exposto nas páginas seguintes pretende ser original.

1. TODOS OS FENÔMENOS HISTÉRICOS SÃO IDEOGÊNICOS?

Na comunicação preliminar falamos sobre o mecanismo psíquico de "fenômenos histéricos", e não da "histeria", porque não queríamos reivindicar validade irrestrita para ele e para a teoria psíquica dos sintomas histéricos em geral. Não pensamos que todas as manifestações da histeria se produzam da maneira por nós exposta e tampouco que todas sejam *ideogênicas*, isto é, condicionadas por ideias. Nisso divergimos de Möbius,[1] que em 1888 propôs esta definição: "Histéricas são todas aquelas manifestações mórbidas provocadas por ideias". Mais tarde, essa proposição foi assim explicitada: apenas uma parte dos fenômenos patológicos corresponde, em seu conteúdo, às ideias causadoras, a saber, aqueles produzidos por sugestão alheia ou autossugestão; por exemplo, quando a ideia de não poder movimentar o braço desencadeia uma paralisia do mesmo. Outra parte dos fenômenos histéricos, embora causada por ideias, não lhes corresponde em conteúdo; por exemplo, quando, em uma de nossas observações, a paralisia do braço é produzida pela visão de objetos serpentiformes.

Com essa definição, Möbius não pretende favorecer uma modificação da nomenclatura, de maneira tal que se devesse, doravante, chamar histéricos apenas os fenômenos mórbidos ideogênicos, provocados por ideias; ele entende, isto sim, que todas as manifestações mórbidas histéricas são ideogênicas. "Como ideias são, com muita frequência, causa das manifestações patológicas histéricas, acreditamos que o sejam sempre." Ele chama isso uma conclusão analógica; eu prefiro denominá-la uma generalização, cuja legitimidade deve primeiro ser examinada.

Evidentemente, antes de qualquer discussão, deve-se precisar o que se entende por histeria. Considero a histeria um quadro clínico encontrado empiricamente,

[1] Möbius, *Über den Begriff der Hysterie*, reeditado em *Neurologische Beiträge*, v. 1, 1894.

a partir da observação, exatamente como a tuberculose pulmonar. Com o progresso de nosso conhecimento, esses quadros clínicos obtidos empiricamente são apurados, aprofundados, esclarecidos, mas não devem e não podem por isso ser eliminados. A investigação etiológica mostrou que os diferentes processos parciais da tísica pulmonar são condicionados por diferentes causas patológicas; o tubérculo pelo bacilo de Koch, a desagregação do tecido, a formação de cavidades, a febre séptica, por outros micróbios. A despeito disso, a tísica tuberculosa permanece uma unidade clínica, e seria errôneo eliminá-la, atribuindo-lhe apenas as modificações de tecido "especificamente tuberculosas", provocadas pelo bacilo de Koch, e retirando-lhe as outras. — Do mesmo modo, a unidade clínica da histeria deve ser preservada, ainda que se evidencie que suas manifestações são condicionadas por diferentes causas e produzidas, algumas, por um mecanismo psíquico, outras, não.

Ora, é minha convicção ser este realmente o caso. Apenas uma parte dos fenômenos histéricos é ideogênica, e adotando a definição de Möbius rompemos a unidade clínica da histeria e também a unidade de um mesmo sintoma num só doente.

Eis uma conclusão inteiramente análoga à conclusão analógica de Möbius: "Como ideias e percepções provocam a ereção com muita frequência, presumimos que somente elas o fazem e que mesmo os estímulos periféricos não desencadeiam aquele processo vasomotor senão de modo indireto, por via da psique". Sabemos que isso seria um erro, mas essa conclusão certamente se basearia em tantos fatos quanto o enunciado de Möbius relativo à histeria. Em analogia com um grande número de processos fisiológicos como a secreção de saliva e de lágrimas, a alteração da atividade cardíaca etc., é plausível e verossímil supor que o mesmo processo possa ser desencadeado tanto por ideias quanto por estímulos periféricos ou outros, mas não por estímulos psíquicos. O contrário deve ser provado, e para isso ainda falta muito. De fato, parece certo que muitos dos fenômenos designados como histéricos não são causados apenas por ideias.

Consideremos um caso bem comum. Uma mulher pode, surgindo um afeto, apresentar no pescoço, peito e rosto um eritema inicialmente em forma de manchas, depois confluente. Isso é determinado por ideias, tratando-se então, conforme Möbius, de um fenômeno histérico. Mas o mesmo eritema aparece, ainda que em menor extensão, por estimulação da pele, por contato etc. Neste caso, não seria histérico. Assim, um fenômeno que é certamente uma unidade seria um componente da histeria em certas ocasiões, e em outras, não. Pode-se de fato questionar se este fenômeno, o eretismo dos vasomotores, deve contar entre as manifestações especificamente histéricas ou antes ser classificado como simples "nervosismo". Mas, segundo Möbius, a desagregação de um processo unitário deveria ocorrer de toda forma, e apenas o eritema provocado por afeto deveria ser denominado histérico.

Exatamente o mesmo ocorre com as algias histéricas, tão importantes na prática. Por certo, elas são com frequência causadas diretamente por ideias; são "alu-

III. CONSIDERAÇÕES TEÓRICAS

cinações de dor". Se as examinamos com maior cuidado, verificamos que não basta uma grande vivacidade da ideia para que se produzam; é necessário um estado anormal particular do aparelho receptor e condutor da dor, tal como, para a formação do eritema afetivo, é necessária uma excitabilidade anormal dos vasomotores. A expressão "alucinações de dor" certamente designa da maneira mais lapidar a natureza dessa nevralgia, mas também nos força a lhe aplicar as concepções que formamos com respeito à alucinação em geral. Quanto a estas, não cabe aqui discuti-las a fundo. Sustento a opinião de que a "ideia", a imagem mnemônica sozinha, sem excitação do aparelho perceptivo, nunca alcança, mesmo em sua máxima vividez e intensidade, o caráter de existência objetiva que distingue a alucinação.[2]

---

[2] Este aparelho perceptivo, incluindo as esferas sensoriais corticais, deve ser diferente do órgão que conserva e reproduz as impressões sensoriais como imagens mnemônicas. Pois a condição fundamental da função do aparelho perceptivo é a mais rápida *restitutio in statum quo ante* [restituição do estado anterior]; caso contrário, nenhuma outra percepção correta poderia se realizar. A condição da memória, por outro lado, é que tal restituição não se efetue, mas que cada percepção crie modificações permanentes. É impossível que o mesmo órgão satisfaça essas duas condições contraditórias; o espelho de um telescópio de reflexão não pode ser ao mesmo tempo uma placa fotográfica. Nesse sentido estou de acordo com Meynert — de que a excitação do aparelho perceptivo confere à alucinação seu caráter objetivo, mas não em sua afirmação específica de que é a excitação dos centros subcorticais. Porém, se o órgão da percepção for excitado pela imagem mnemônica, deveremos supor nele uma excitabilidade modificada, contrária à norma, e que, precisamente, torna possível a alucinação.

Isso certamente se aplica às alucinações sensoriais e mais ainda às alucinações de dor. Pois não parece possível ao indivíduo são conferir à lembrança de uma dor corporal aquela vividez, aquela distante aproximação da sensação real que pode ser alcançada em imagens mnemônicas óticas e acústicas. Mesmo no estado alucinatório normal da pessoa sadia, no sono, jamais se sonha com dores, creio, se não existe uma sensação real de dor. A excitação "retrogressiva" do aparelho perceptivo por ideias, proveniente do órgão da memória, é portanto, *como norma*, ainda mais difícil para a dor que para sensações visuais e auditivas. Se alucinações de dor aparecem com tal facilidade na histeria, devemos admitir uma excitabilidade anômala do aparelho receptor da dor.

Essa excitabilidade aparece instigada não só por ideias, mas também por estímulos periféricos, tal como o eretismo dos vasomotores anteriormente considerado.

Diariamente observamos que em pessoas normais do ponto de vista nervoso, dores periféricas são provocadas, em outros órgãos, por processos patológicos, mas não dolorosos em si mesmos; tal é o caso da dor de cabeça condicionada por modificações relativamente insignificantes do nariz e seios paranasais; das nevralgias dos nervos intercostal e braquial, originárias do coração etc. Se existe em um doente aquela excitabilidade anormal que tivemos de admitir como condição da alucinação de dor, ela está, por assim dizer, à disposição também das irradiações que acabamos de mencionar. As que ocorrem mesmo em pessoas não nervosas ficam mais intensas, e formam-se irradiações

III. CONSIDERAÇÕES TEÓRICAS

tais, embora as encontremos apenas em doentes dos nervos, baseiam-se no mesmo mecanismo que as primeiras. Assim, creio, a ovarialgia depende das condições do aparelho genital. Que ela seja psiquicamente determinada, isso teria de ser provado, e não consegue fazê-lo o fato de que essa dor, como qualquer outra, possa ser provocada na hipnose como alucinação, ou de que a ovarialgia possa ser também de origem psíquica. Ela se desenvolve justamente como o eritema ou como uma das secreções normais, tanto por causas psíquicas como puramente somáticas. Devemos então denominar histérica apenas a primeira espécie, aquela da qual conhecemos a origem psíquica? Nesse caso, deveríamos na verdade retirar do complexo de sintomas histéricos a ovarialgia comumente observada, o que, no entanto, não parece possível.

Quando, após o leve trauma de uma articulação, desenvolve-se gradativamente uma grave neurose articular, há nesse processo, sem dúvida, um elemento psíquico: a concentração da atenção na parte lesada, o que aumenta a excitabilidade das vias nervosas implicadas; mas dificilmente poder-se-ia dizer que a hiperalgia é determinada por ideias.

Não é diverso o que ocorre com a diminuição patológica da sensação. Não está demonstrado e é de todo improvável que a analgesia geral ou que a analgesia de algumas partes do corpo, sem anestesia, seja causada por ideias. E mesmo que se confirmasse inteiramente a descoberta de Binet e Janet, de que a hemianestesia é provocada por um estado psíquico característico, pela cisão da psique, seria este um fenômeno psicogênico, mas não ideogênico, e por isso, conforme Möbius, não poderia ser denominado histérico.

Se não podemos supor que um grande número de fenômenos histéricos característicos seja ideogênico, parece apropriado restringir o enunciado de Möbius. Não diremos: "São histéricas aquelas manifestações patológicas ocasionadas por ideias", mas apenas: *Muitos dos fenômenos histéricos, provavelmente mais do que hoje sabemos, são ideogênicos*. Porém a alteração patológica fundamental, comum, que possibilita tanto às ideias quanto aos estímulos não psicológicos exercer ação patogênica, é uma excitabilidade anômala do sistema nervoso.[3] Em que medida esta é, ela mesma, de origem psíquica, essa é uma outra questão.

Assim, se apenas uma parte dos fenômenos histéricos deve ser ideogênica, são justamente esses que se pode denominar especificamente histéricos, e a sua investigação, a descoberta de sua origem psíquica, constitui o mais essencial e recente progresso na teoria dessa doença. Uma outra pergunta se coloca então: como se produzem, qual é o "mecanismo psíquico" desses fenômenos?

Em relação a essa questão, os dois grupos de sintomas ideogênicos distinguidos por Möbius comportam-

---

[3] A "labilidade das moléculas", segundo Oppenheim. Talvez, mais tarde, seja possível substituir a expressão acima, muito vaga, por uma fórmula mais precisa e substancial.

III. CONSIDERAÇÕES TEÓRICAS

-se de maneira essencialmente diversa. Aqueles nos quais o fenômeno patológico corresponde em conteúdo à ideia incitadora são relativamente compreensíveis e transparentes. Quando a ideia de uma voz ouvida, em vez de apenas evocá-la silenciosamente numa "escuta interior", como nas pessoas sãs, faz com que seja percebida alucinatoriamente como sensação auditiva real e objetiva, isso equivale a fenômenos conhecidos da vida sadia (os sonhos) e, na suposição de uma excitabilidade anormal, é bem compreensível. Sabemos que em todo movimento voluntário é a ideia do resultado a alcançar que desencadeia a contração muscular correspondente; não é de todo incompreensível que a ideia de que esta seja impossível impeça o movimento (paralisia por sugestão).

É diferente com aqueles fenômenos que não têm nenhuma conexão lógica com a ideia ocasionadora. (Também para eles a vida normal oferece analogias, como, por exemplo, o rubor da vergonha.) Como esses fenômenos se produzem, por que na pessoa doente uma ideia desencadeia justamente um movimento ou alucinação completamente irracional e em nada correspondente a ela?

Pensávamos que na "Comunicação preliminar" poderíamos dizer algo sobre essa conexão causal com base em nossas observações. Mas em nossa exposição introduzimos e utilizamos, sem mais, o conceito da "excitação que deve ser escoada ou ab-reagida". Porém esse conceito, de fundamental importância para nosso tema e para a teoria das neuroses em geral, parece exigir e merecer uma análise mais aprofundada. Antes de empreendê-la, devo me desculpar por remontar aqui aos problemas básicos do sistema nervoso. Tal "descida às Mães"* tem sempre algo de angustiante; mas a tentativa de desenterrar a raiz de um fenômeno conduz sempre, inevitavelmente, aos problemas fundamentais, dos quais não se pode esquivar. Seja pois julgada com indulgência a abstrusidade das considerações a seguir.

2. A EXCITAÇÃO TÔNICA INTRACEREBRAL — OS AFETOS

A) Conhecemos dois estados extremos do sistema nervoso central, o sono sem sonhos e a vigília plena. Entre eles, fazem a transição estados de menor lucidez em todas as gradações. Não nos interessa aqui a questão da finalidade e do fundamento físico do sono (condições químicas ou vasomotoras), mas a da diferença essencial entre os dois estados.

Sobre o sono mais profundo e sem sonhos nada podemos afirmar diretamente, pois é justamente pelo estado de completa inconsciência que toda observação e toda experiência são excluídas. Mas com respeito ao estado vizinho, do sono com sonhos, sabemos que nele tentamos fazer movimentos voluntários, falamos, andamos e assim por diante, sem que com isso as contrações

---

* Isto é, exploração das profundezas; referência ao *Fausto* de Goethe (parte II, ato I).

III. CONSIDERAÇÕES TEÓRICAS

musculares correspondentes sejam voluntariamente desencadeadas, como acontece na vigília; que estímulos sensíveis são talvez percebidos (pois entram com frequência no sonho), mas não são objeto de "apercepção", isto é, não se transformam em percepções conscientes; que ideias emergentes não tornam atuais, como na vigília, todas as ideias a elas relacionadas, presentes na consciência potencial, ao contrário, uma grande massa delas permanece não excitada (como quando falamos com algum falecido, sem nos lembrarmos de sua morte); que mesmo ideias inconciliáveis podem existir simultaneamente, sem obstar uma à outra, como na vigília; que, portanto, a associação se efetua de maneira insatisfatória e incompleta. Podemos com certeza presumir que no sono mais profundo essa supressão da conexão entre os elementos psíquicos é ainda mais perfeita, é completa.

Na vigília plena, ao contrário, todo ato de vontade desencadeia o movimento correspondente, as impressões sensíveis tornam-se percepções, as ideias se associam com todo o patrimônio da consciência potencial. O cérebro é então uma unidade que trabalha em completa concatenação interna.

Talvez estejamos apenas descrevendo de outro modo esses fatos, quando dizemos que, no sono, as vias de ligação e condução do cérebro não são transitáveis pela excitação dos elementos psíquicos (células corticais?), ao passo que o são inteiramente na vigília.

A existência desses dois diferentes estados das vias de condução certamente só se torna compreensível se supomos que durante a vigília elas se encontram em excitação tônica (o que Exner chama "tétano intercelular"), que essa *excitação intracerebral* tônica condiciona sua capacidade de condução e que sua diminuição e desaparecimento produzem precisamente o estado de sono.

Não deveríamos imaginar uma via de condução cerebral como um fio telefônico que só é eletricamente estimulado quando deve funcionar, ou seja, no presente contexto, quando deve transmitir um sinal, mas sim como uma dessas linhas telefônicas pelas quais flui constantemente uma corrente galvânica e que se tornam inexcitáveis se esta desaparece. — Ou, talvez melhor, pensemos em uma instalação elétrica muito ramificada, para iluminação e transmissão de força motriz; essa instalação exige que cada lâmpada e cada motor sejam postos em funcionamento por simples estabelecimento de um contato. A fim de tornar isso possível e obter tal prontidão para o trabalho, é preciso que mesmo durante o repouso funcional exista determinada tensão em toda a rede condutora, e para isso o dínamo deve gastar determinada quantidade de energia. Da mesma forma, existe certo grau de excitação nas vias de condução do cérebro desperto em repouso, mas pronto para trabalhar.[4]

---

4 Seja-me permitido esboçar aqui, de modo sucinto, a ideia que está na base da exposição acima. Concebemos geralmente as células nervosas sensíveis e sensoriais como um aparelho receptor passivo; de modo errado, pois a existência de um sistema de fibras associativas por si só prova que também dessas células flui excitação para as fibras nervosas. Em uma fibra nervosa que, por continuidade ou contiguidade, une duas células sensoriais, deve existir um estado de tensão quando, a partir dessas duas células, uma ex-

III. CONSIDERAÇÕES TEÓRICAS

Fala a favor dessa ideia o fato de que o estar desperto, em si, mesmo sem realização de trabalho, fatiga e produz necessidade de sono; ele já implica, em si, um consumo de energia.

Imaginemos uma pessoa em tensa expectativa que, entretanto, não afeta um campo sensorial particular. Nesse caso, temos diante de nós um cérebro em repouso, mas preparado para funcionar. Podemos por certo admitir que nele todas as vias de condução se encontram ajustadas no máximo de sua capacidade funcional, em excitação tônica. De modo significativo, a linguagem designa esse estado como "tensão". A experiência ensina como é árduo e fatigante esse estado em que, no entanto, nenhum trabalho atual, motor ou psíquico foi realizado.

Esse é um estado excepcional que, precisamente por causa do grande consumo de energia, não é suportado por muito tempo. Mas também o estado normal de completa vigília implica, dentro de limites não muito amplos, uma quantidade flutuante de excitação intracerebral; a

---

citação aflui para ela. Esse estado comporta-se em relação a uma excitação que flui, por exemplo, para uma fibra motora periférica, como a pressão hidrostática em relação à força viva da água corrente ou como a tensão elétrica em relação à corrente elétrica. Quando todas as células nervosas encontram-se num estado de excitação média e excitam seus prolongamentos nervosos, toda a imensa rede forma um reservatório unitário de "tensão nervosa". Deveríamos, portanto, admitir, além da energia potencial que se acha quieta no acervo químico da célula e daquela forma de energia cinética desconhecida que escoa quando as fibras estão excitadas, ainda um outro estado quiescente de excitação nervosa, a *excitação tônica* ou *tensão nervosa*.

todas as gradações, da vigília à sonolência e ao verdadeiro sono, correspondem graus menores de excitação.

A produção efetiva de trabalho cerebral requer com certeza um consumo maior de energia do que a simples prontidão para o trabalho (da mesma forma como a instalação elétrica, acima citada a título de comparação, deve fazer afluir aos fios uma quantidade maior de energia elétrica, quando muitas lâmpadas ou máquinas operadoras são ligadas). Se o funcionamento é normal, não se libera mais energia do que a consumida imediatamente na atividade. Mas o cérebro se comporta como uma instalação de capacidade produtiva limitada que não poderia produzir ao mesmo tempo grandes quantidades de luz e de trabalho mecânico. Enquanto se efetua a transmissão de força, pouca energia fica disponível para a iluminação e vice-versa. Assim, vemos que, em intenso esforço muscular, nos é impossível empreender uma reflexão prolongada, que a concentração da atenção sobre um campo sensorial faz diminuir a eficiência dos outros órgãos cerebrais, que o cérebro, portanto, trabalha com uma quantidade de energia variável, mas limitada.

A distribuição desigual da energia é certamente condicionada pela "abertura de vias pela atenção"* (Exner): a capacidade de condução das vias utilizadas aumenta, a das outras vias diminui, e assim, no cérebro em ativida-

---

* "Abertura de vias pela atenção": *attentionelle Bahnung*. "*Bahnung*" é substantivo cognato do verbo *bahnen*, "abrir, tornar transitável, franquear passagem por, trilhar" (caminhos, vias). É também traduzido por "facilitação, trilhamento".

III. CONSIDERAÇÕES TEÓRICAS

de, a "excitação tônica intracerebral" também é distribuída desigualmente.[5]

Despertamos uma pessoa adormecida, isto é, aumentamos subitamente o quantum de sua excitação intracerebral tônica, fazendo agir sobre ela um vivo estímulo sensorial. Se nesse processo modificações na circulação sanguínea do cérebro são elos essenciais da cadeia causal, se os vasos são dilatados primariamente pelo estímulo ou se essa dilatação é consequência da excitação dos elementos cerebrais, nada disso foi decidido. Certo é que o estado de excitação que penetra por uma porta sensorial difunde-se a partir dali pelo cérebro, propaga-se e leva todas as vias de condução a um estado de facilitação mais elevada.

De que modo acontece o despertar espontâneo, se sempre a mesma região do cérebro entra primeiro no estado de excitação de vigília e, a partir dali, essa excitação se propaga ou se, ora um, ora outro grupo de elementos atua, provocando o despertar — isso é ainda inteiramente obscuro.

Contudo, o despertar espontâneo que ocorre mesmo em pleno sossego e escuridão, sem estímulos externos,

---

[5] A concepção da energia do sistema nervoso central como uma quantidade de distribuição flutuante e variável no cérebro é antiga. (Citado por Janet, *État mental* II, p. 277.) *"La sensibilité"*, disse Cabanis, *"semble se comporter à la manière d'un fluide dont la quantité totale est déterminée et qui, toutes les fois qu'il se jette en plus grande abondance dans un de ses canaux, diminue proportionellement dans les autres"* [A sensibilidade parece comportar-se à maneira de um fluido, cuja quantidade total é determinada e que, todas as vezes que se lança em maior abundância em um de seus canais, diminui proporcionalmente nos outros].

prova que o desenvolvimento de energia funda-se no processo vital dos próprios elementos cerebrais.

O músculo permanece não estimulado, sereno, mesmo que tenha repousado por muito tempo e acumulado em si o máximo de força tônica. Não é o que acontece aos elementos cerebrais. Presumimos, provavelmente com razão, que estes restabelecem sua condição anterior durante o sono e acumulam forças de tensão. Tendo isso ocorrido até certo grau, uma vez alcançado, por assim dizer, certo nível, o excedente escoa para as vias de condução, abrindo-as e produzindo a excitação intracerebral da vigília.

O mesmo processo podemos observar, de maneira instrutiva, na vigília. Quando o cérebro desperto permanece mais demoradamente em repouso, sem transformar, por seu funcionamento, a força de tensão em energia viva, manifesta-se uma necessidade e um impulso* para a atividade. Um longo repouso motor cria a necessidade de movimento (o inútil andar de um lado para o outro dos animais enjaulados) e, quando esta não pode ser satisfeita, uma sensação penosa. Falta de estímulos sensoriais, escuridão, silêncio absoluto convertem-se em tormento; repouso intelectual, falta de percepções, de ideias, de atividade associativa, produzem o martírio do tédio. Essas sensações de desprazer correspondem a uma "agitação",** a um aumento da excitação intracerebral normal.

---

* "Impulso": *Drang*, que também poderia ser traduzido por "ímpeto".
** "Agitação": *Aufregung*, que também poderia ser traduzido por "excitação, emoção, inquietação, exaltação, perturbação".

III. CONSIDERAÇÕES TEÓRICAS

Portanto, os elementos cerebrais inteiramente restituídos liberam, mesmo em repouso, certa quantidade de energia que, não utilizada funcionalmente, aumenta a excitação intracerebral. Isso produz um sentimento de desprazer. Tais sentimentos surgem sempre que uma necessidade do organismo não encontra satisfação. Como aqueles de que tratamos aqui desaparecem quando o quantum de excitação excedente liberado é utilizado funcionalmente, concluímos que essa remoção do excesso de excitação é uma necessidade do organismo e aqui nos deparamos, pela primeira vez, com o fato de que existe no organismo uma "*tendência a manter constante a excitação intracerebral*" (Freud).*

Um excesso dela sobrecarrega e incomoda, e surge o impulso** de utilizá-lo. Se uma utilização por meio de atividade sensorial ou ideativa não é possível, o excesso se escoa em ação motora inútil, num ir e vir e coisas do gênero, que, mais adiante, encontraremos como a mais frequente forma de descarga de tensões extremas.

Sabe-se como é extraordinária a diversidade individual nesse aspecto; como diferem nesse ponto as pessoas ativas das indolentes, tórpidas; aquelas que "não

---

* Segundo James Strachey, esta parece ser a primeira enunciação explícita do "princípio de constância" de Freud, que já o utilizara em escritos anteriores (1892) publicados postumamente, e formulara sua essência na conferência pronunciada em 1893, à época da publicação da "Comunicação preliminar".
** "Impulso": *Trieb*, que também é possível traduzir por "ímpeto, pulsão, instinto".

podem ficar quietas" das que "têm um talento inato para permanecer num sofá"; as espiritualmente ágeis das apáticas, que toleram, por tempo ilimitado, o repouso intelectual. Essas diferenças, que constituem o "temperamento intelectual" das pessoas, certamente se baseiam em profundas diferenças de seu sistema nervoso; no grau em que os elementos cerebrais em repouso funcional liberam energia.

Falamos de uma tendência do organismo a manter constante a excitação cerebral tônica; tal tendência, porém, só nos é compreensível quando conseguimos reconhecer a que necessidade ela satisfaz. Compreendemos a tendência a manter constante a temperatura média dos animais de sangue quente porque a sabemos ótima para o funcionamento dos órgãos. E pressupomos algo similar para a constância do teor de água no sangue etc. Creio que é lícito supor, acerca do grau da excitação tônica intracerebral, que ele também possui um *optimum*. Nesse nível de excitação tônica, o cérebro é acessível a todos os estímulos externos, as vias para os reflexos estão franqueadas, embora apenas na medida da atividade normal reflexa, e o patrimônio de ideias pode ser despertado e associado naquela relação mútua das várias ideias, que corresponde à clareza de juízo; é esse o estado de melhor prontidão para o trabalho. Aquela elevação uniforme da excitação tônica, que constitui a "expectativa", já modifica a situação. Ela produz hiperestesia para os estímulos sensoriais, que logo se tornam penosos, e eleva a excitabilidade reflexa além do útil (propensão ao apavoramento).

III. CONSIDERAÇÕES TEÓRICAS

Por certo, esse estado é útil para algumas situações e fins; mas quando ocorre espontaneamente, sem tais condições prévias, não melhora nossa eficiência, e sim a prejudica. É o que chamamos, no dia a dia, "ser nervoso". — Mas, na imensa maioria das formas de aumento de excitação, trata-se de uma sobre-excitação irregular, diretamente prejudicial à capacidade de realização. Chamamos a isso "agitação". Não é incompreensível a existência, no organismo, de um empenho em manter o grau ótimo de excitação e voltar a alcançá-lo, após ter sido ultrapassado; está em analogia com outras regulações do organismo.

Seja-me permitido recorrer aqui, mais uma vez, à comparação com uma instalação de iluminação elétrica. Também nessa a tensão na rede de condução tem um ponto ótimo; se ele é excedido, o funcionamento é facilmente danificado, por exemplo, os filamentos incandescentes queimam-se logo. Mais tarde abordaremos ainda o dano da própria instalação, por falha do isolamento e "curto-circuito".

B) Nossa linguagem, resultado da experiência de muitas gerações, distingue com admirável finura aquelas formas e graus de aumento da excitação que ainda são úteis à atividade intelectual, porque elevam uniformemente a energia livre de todas as funções cerebrais, daquelas que as prejudicam porque, de maneira não uniforme, em parte intensificam, em parte obstruem as funções psíquicas.

Chama às primeiras *estimulação* e às últimas, *agitação*.* Uma conversa interessante, um chá, um café estimulam; uma briga, uma dose maior de álcool agitam. Enquanto a estimulação desperta apenas o impulso [*Trieb*] de aproveitamento funcional da excitação aumentada, a agitação procura se descarregar em processos mais ou menos violentos, beirando o patológico, ou verdadeiramente mórbidos. Ela constitui o fundamento psicofísico dos afetos, sobre os quais falaremos a seguir. Antes, porém, há que abordar ainda, brevemente, causas fisiológicas, endógenas, do aumento de excitação.

São estas, em primeiro lugar, as grandes necessidades e instintos fisiológicos do organismo, a fome de oxigênio, a fome de alimentos e a sede. Como a agitação que suscitam liga-se a determinadas sensações e ideias intencionais,** não se deve considerá-la como um aumento da excitação de modo tão estrito quanto a acima discutida, que provém apenas do repouso dos elementos cerebrais. Ela tem sempre seu matiz peculiar. Mas é inconfundível na angustiada agitação da dispneia e na inquietude do faminto.

O aumento de excitação que flui dessas fontes é causado pela modificação química dos próprios elementos cerebrais empobrecidos em oxigênio, em forças de tensão ou em água; ele escoa em vias motoras pré-for-

---

* No original, *Anregung*, que também se pode verter por "incitação, instigação"; e *Aufregung*, que também é possível traduzir por "excitação".

** No original, *Zielvorstellungen*, em que *Ziel* significa "meta, objetivo", e *Vorstellungen*, "ideias, representações".

III. CONSIDERAÇÕES TEÓRICAS

madas que levam à satisfação da necessidade desencadeadora: a dispneia leva aos esforços respiratórios, a fome e a sede, à busca e obtenção de alimento e água. O princípio da constância da excitação quase não exerce efeito, relativamente a essa agitação; afinal, os interesses aos quais serve o aumento de excitação nesse caso são muito mais importantes para o organismo do que o restabelecimento das condições funcionais normais do cérebro. É verdade que vemos os animais do zoológico correr agitados de um lado para o outro, antes da hora da refeição; mas isso pode ser visto como um resíduo da ação motora pré-formada, a procura de alimento que agora, com o cativeiro, tornou-se inútil, e não como um meio de livrar o sistema nervoso da agitação.

Quando a estrutura química do sistema nervoso é duradouramente alterada pela introdução contínua de substâncias estranhas, a falta destas também provoca estados de agitação, como a falta de nutrientes normais nas pessoas sadias e a agitação da *abstinência* de narcóticos.

A passagem desses aumentos de excitação endógenos aos afetos psíquicos em sentido estrito forma a excitação sexual e o afeto sexual. A sexualidade aparece durante a puberdade como primeiro aumento de excitação, vago, indeterminado e sem meta. No desenvolvimento ulterior se estabelece (normalmente) uma firme ligação desse aumento de excitação devido ao funcionamento das glândulas sexuais com a percepção ou ideia do outro sexo — inclusive com a ideia de um indivíduo particular, no maravilhoso fenômeno do enamoramento por uma pessoa. Tal ideia recebe toda a quantidade de excitação liberada pelo instinto sexual; torna-se uma "ideia afetiva", ou seja, ao atualizar-se na consciência desencadeia o acréscimo de excitação que, na realidade, provém de uma outra fonte, as glândulas sexuais.

O instinto sexual é, com certeza, a fonte mais poderosa de acréscimos persistentes de excitação (e, assim sendo, de neuroses); esse aumento de excitação se distribui de modo extremamente desigual pelo sistema nervoso. Em seus graus mais elevados de intensidade, o curso de ideias é perturbado, o valor relativo das ideias é alterado e, no orgasmo do ato sexual, o pensamento extingue-se quase por completo.

Também a percepção, a elaboração psíquica das impressões sensoriais, sofre; o animal, de ordinário arisco e cauteloso, torna-se cego e surdo ao perigo. Em compensação, aumenta (ao menos nos machos) a intensidade do instinto [*Instinkt*] agressivo; o animal pacífico torna-se perigoso até que a excitação se descarregue nas atividades motoras do ato sexual.

c) Uma perturbação similar do equilíbrio dinâmico do sistema nervoso, a distribuição desigual da excitação aumentada, constitui precisamente o lado psíquico dos afetos.

Não tentaremos desenvolver aqui uma psicologia ou uma fisiologia dos afetos. Será discutido um único ponto importante para a patologia, e isso apenas para os afetos ideogênicos, aqueles suscitados por percepções e

III. CONSIDERAÇÕES TEÓRICAS

ideias. (Lange,[6] com razão, voltou a destacar o fato de que os afetos podem ser provocados, quase exatamente da mesma forma, tanto por substâncias tóxicas e, como mostra a psiquiatria, primariamente por modificações patológicas, quanto por ideias.)

Por certo, não carece de nenhuma fundamentação adicional o fato de que todas aquelas perturbações do equilíbrio psíquico que denominamos afetos agudos estão associadas a um aumento de excitação. (Nos afetos crônicos, mágoa e preocupação, isto é, angústia protraída, existe a complicação de um grave estado de fadiga que deixa perdurar a distribuição desigual da excitação e, com isso, a perturbação do equilíbrio, mas reduz sua intensidade.) Essa excitação aumentada, porém, não pode ser utilizada em atividade psíquica. Todos os afetos intensos prejudicam a associação, o curso das ideias. Fica-se "insensato" de cólera ou de pavor. Apenas aquele grupo de ideias que provocou o afeto persiste na consciência com intensidade máxima. Assim, é impossível compensar a agitação por meio de atividade associativa.

Contudo, os afetos "ativos", "estênicos", compensam o aumento de excitação por meio de uma descarga motora. O gritar e saltar de alegria, o tônus muscular aumentado da cólera, o discurso irado e a ação retaliativa permitem à excitação escoar em movimentos. A dor psíquica a descarrega em esforços respiratórios e em um ato secretor: o soluçar e chorar. Que essas reações diminuem e apaziguam a agitação é fato da experiência

---

6 Lange, *Über Gemütsbewegungen*, 1887.

cotidiana. Como já observamos, a linguagem o exprime nas palavras "desafogar o choro" [*sich ausweinen*], "desafogar a raiva" [*sich austoben*] etc.; o que é então despendido é precisamente a excitação cerebral aumentada.

Apenas algumas dessas reações são apropriadas, possibilitando que algo se modifique na situação, como ocorre pela ação e pela fala coléricas. As outras são completamente inúteis, ou antes, não têm outro fim que o de compensar o aumento da excitação e estabelecer o equilíbrio psíquico. Ao fazê-lo, servem à "tendência de manter constante a excitação cerebral".

Aos afetos "astênicos" do pavor e da angústia falta essa descarga reativa. O pavor paralisa diretamente tanto a motilidade como a associação, e a angústia age da mesma forma quando a causa do afeto de angústia e as circunstâncias excluem a única reação adequada, a fuga. A excitação do pavor só desaparece por compensação gradativa.

A cólera apresenta reações adequadas, correspondentes a suas causas. Se elas são impossíveis ou veem-se inibidas, outras as substituem. A vociferação já constitui um sub-rogado desse tipo. Mas também outros atos, inteiramente despropositados, as substituem. Quando Bismark precisa reprimir sua exaltação colérica diante do rei, alivia-se arremessando ao chão um vaso precioso. Essa substituição voluntária de um ato motor por outro equivale integralmente à dos reflexos de dor naturais por outras contrações musculares; numa extração de dente, o reflexo pré-formado é empurrar o dentista e gritar. Se, em vez disso, contraímos os músculos do braço e comprimimos o espaldar da cadeira, transferimos de um grupo de músculos para outro o quantum de excitação desencadeado pela dor. Na dor de dente violenta e espontânea, que, exceto pelo gemido, não tem nenhum reflexo pré-formado, a excitação se escoa num ir e vir sem propósito. Do mesmo modo, transpomos a excitação da cólera, da reação adequada para outras, e nos sentimos aliviados quando é consumida por alguma forte inervação motora.

Quando, porém, tal descarga da excitação é de todo vedada ao afeto, a situação, na cólera, é a mesma do pavor e da angústia: a excitação intracerebral é extremamente aumentada, mas não é consumida em atividade associativa ou motora. Em pessoas normais, a perturbação neutraliza-se pouco a pouco; em algumas, no entanto, aparecem reações anômalas, desenvolve-se a *"expressão anômala das emoções"* (Oppenheim).

3. A CONVERSÃO HISTÉRICA

Dificilmente se levantará a suspeita de que eu identifico a excitação nervosa com a eletricidade, se uma vez mais retorno à comparação com sistema elétrico. Quando neste a tensão se torna exorbitante, há o perigo de que sejam rompidos os pontos mais fracos do isolamento. Fenômenos elétricos aparecem então em pontos anormais; ou, quando dois fios se acham bem próximos, forma-se um "curto-circuito". Como nesses pontos se estabelece uma modificação duradoura, a perturbação que ela suscita sempre pode voltar a ocorrer quando a tensão é suficientemente aumentada. Efetuou-se uma "facilitação" anormal.

Pode-se afirmar que as condições do sistema nervoso são, em alguma medida, semelhantes. É um todo perfeitamente interconectado; mas em muitos lugares intercalam-se grandes — embora não insuperáveis — resistências que impedem a propagação regular da excitação. Assim, em pessoas normais despertas a excitação do órgão ideativo não se transmite aos órgãos da percepção: não alucinamos. No interesse da segurança e eficiência do organismo, os aparelhos nervosos dos complexos de órgãos vitais, da circulação e da digestão são separados dos órgãos ideativos por fortes resistências, sua autonomia é preservada; não são diretamente influenciados por ideias. Mas apenas resistências de força individualmente diversa obstam a passagem da excitação intracerebral aos aparelhos circulatório e digestivo; entre o ideal, hoje raro, do indivíduo absolutamente não "nervoso" — cuja atividade cardíaca mantém-se constante em qualquer situação da vida e só é influenciada pelo trabalho a realizar, que, em qualquer perigo, tem o mesmo bom apetite e digestão — e o indivíduo "nervoso", a quem todo acontecimento causa palpitações e diarreia, entre eles se encontram todas as gradações da excitabilidade afetiva.

Mas, de todo modo, na pessoa normal há resistências à passagem de excitação cerebral para os órgãos vegetativos. Elas correspondem ao isolamento nas conduções elétricas. Naqueles pontos em que são anormalmente fracas, rompem-se quando ocorre uma excitação cerebral de alta

III. CONSIDERAÇÕES TEÓRICAS

tensão e esta, a excitação do afeto, passa para o órgão periférico. Surge a "expressão anômala da emoção".

Das duas condições para isso, acima mencionadas, uma já foi discutida em detalhes. Trata-se de um alto grau de excitação intracerebral que não pode ser compensado nem pela atividade ideativa nem por descarga motora, ou é demasiado alto para que essa última pudesse bastar.

A outra condição é uma fraqueza anormal das resistências em vias condutoras. Ela pode ser inerente à constituição original da pessoa (predisposição inata); pode ser determinada por estados de excitação prolongados que, por assim dizer, afrouxam a estrutura do sistema nervoso e diminuem todas as resistências (predisposição da puberdade); ou por influências debilitadoras, doença, subnutrição etc. (predisposição dos estados de esgotamento). A resistência de vias de condução específicas pode ser reduzida por adoecimento anterior do órgão em questão, com o que as vias para o cérebro e a partir dele são abertas. Um coração doente sujeita-se mais à influência do afeto do que um sadio. "Tenho uma caixa de ressonância no abdômen", disse-me uma mulher que sofria de parametrite crônica, "se algo acontece, desperta minha velha dor." (Predisposição por doença local.)

As ações motoras em que normalmente se descarrega a excitação dos afetos são ordenadas e coordenadas, ainda que amiúde sem propósito. Mas uma excitação exorbitante pode contornar os centros de coordenação ou rompê-los e escoar em movimentos elementares. Nos lactentes, além do ato respiratório de gritar, são efeito e expressão do afeto apenas aquelas contrações musculares incoordenadas, o arquear-se e o espernear. Com o desenvolvimento, a musculatura submete-se cada vez mais ao domínio da coordenação e da vontade. Mas o opistótono, que representa o máximo de esforço de toda a musculatura do corpo, e os movimentos clônicos de debater-se e espernear permanecem, ao longo da vida, a forma de reação para a excitação cerebral máxima — tanto para a excitação puramente física do ataque epiléptico como para a descarga de afetos máximos sob a forma de convulsão mais ou menos epileptoide (a parte puramente motora do ataque histérico).

Tais reações afetivas anormais são certamente próprias da histeria, mas ocorrem também fora dessa doença; elas indicam um grau mais ou menos alto de nervosismo, não uma histeria. Só podemos qualificar de histéricos tais fenômenos quando surgem não como consequência de um afeto extremo (porém de fundamento objetivo), mas, de forma aparentemente espontânea, como manifestações mórbidas. Quanto a estas, muitas observações, incluindo as nossas, demonstraram que se baseiam em lembranças que renovam o afeto original. Ou melhor: *renovariam, se precisamente aquelas reações já não tivessem se produzido.*

É provável que, em todas as pessoas mentalmente ativas, um fluxo de ideias e lembranças percorra mansamente a consciência, em estado de tranquilidade psí-

III. CONSIDERAÇÕES TEÓRICAS

quica, em geral com ideias tão pouco vívidas que não deixam nenhum vestígio na memória e não se pode dizer em seguida como a associação se efetuou. Mas se aflora uma ideia ligada originalmente a um forte afeto, este se renova com maior ou menor intensidade. A ideia assim "realçada de afeto" assoma então, clara e viva, à consciência. A força do afeto que uma lembrança pode desencadear varia muito, conforme a medida em que ela foi exposta às diversas influências "desgastantes". Varia, principalmente, segundo a medida em que o afeto original foi "ab-reagido". Na "Comunicação preliminar" destacamos como é diverso o grau em que, por exemplo, o afeto da cólera por uma ofensa é despertado pela lembrança, consoante a ofensa tenha sido revidada ou suportada em silêncio. Se na ocasião original houve realmente o reflexo psíquico, a lembrança desencadeia um quantum de excitação bem menor.[7] Se não, a lembrança sempre faz retornarem aos lábios as palavras insultuo-

---

[7] O instinto de vingança, que é tão poderoso no ser humano primitivo e que a cultura mais disfarça que suprime, não é nada mais que a excitação de um reflexo não desencadeado. Na luta, evitar ferir-se e ferir o inimigo é o reflexo psíquico adequado, pré-formado. Se ele não se produziu ou ocorreu de modo insuficiente, sempre volta a ser desencadeado pela recordação, e surge assim o "instinto de vingança" como impulso irracional voluntário, da mesma forma que todos os "instintos". Prova disso é precisamente sua irracionalidade, sua independência de toda utilidade e toda pertinência, sua vitória sobre todas as considerações de segurança própria. Tão logo o reflexo tenha sido desencadeado, essa irracionalidade pode entrar na consciência. "O ato mostra uma face antes de acontecer/ e outra, consumado" [Schiller, *A noiva de Messina*, ato III, cena 5].

sas então suprimidas e que teriam sido o reflexo psíquico daquele estímulo.

Se o afeto original não foi descarregado no reflexo normal, mas sim num "reflexo anormal", também este volta a ser desencadeado pela lembrança; a excitação proveniente da ideia afetiva é *"convertida"* (Freud) num fenômeno corporal.

Quando, pela repetição frequente, a via para esse reflexo anormal é inteiramente aberta, a efetividade das ideias desencadeadoras pode, ao que parece, se esgotar de modo tão completo que o próprio afeto só se produz em intensidade mínima ou nem sequer ocorre; nesse caso, a *"conversão histérica"* é total. Mas a ideia, que agora não tem mais efeitos psíquicos, pode ser ignorada pelo indivíduo ou sua emergência logo voltar a ser esquecida, como acontece a outras ideias desprovidas de afeto.

Tal substituição da excitação cerebral que deveria determinar uma ideia por uma excitação das vias periféricas será talvez mais aceitável mediante a recordação do comportamento inverso, na ausência de um reflexo pré-formado. Cito um exemplo extremamente trivial, o reflexo do espirro. Quando um estímulo da mucosa nasal, por um motivo qualquer, não desencadeia esse reflexo pré-formado, surge, como se sabe, uma sensação de excitação e tensão. É a excitação que, sem poder escoar pelas vias motoras, propaga-se pelo cérebro, impedindo qualquer outra atividade. Este banalíssimo exemplo nos oferece o esquema para o que sucede também no caso em que deixam de haver reflexos psíquicos mais complicados. A emoção do impulso de vingança, de que tratamos

III. CONSIDERAÇÕES TEÓRICAS

acima, é essencialmente similar; e podemos observar o processo até nas mais altas esferas das realizações humanas. Goethe não termina de lidar com uma vivência até que a tenha resolvido na atividade poética. Nele, esse é o reflexo pré-formado de um afeto, e, enquanto não se tenha cumprido, subsiste a penosa excitação exacerbada.

A excitação intracerebral e o processo de excitação em vias periféricas são grandezas recíprocas; a primeira aumenta se e enquanto um reflexo não é desencadeado, diminui e desaparece quando é convertida em excitação nervosa periférica. Assim, não parece incompreensível que nenhum afeto perceptível surja quando a ideia que deveria motivá-lo desencadeia imediatamente um reflexo anormal, e neste logo escoa a excitação nascente. A "conversão histérica" é então completa; a excitação originalmente intracerebral do afeto foi transformada em processo de excitação das vias periféricas; a ideia, originalmente afetiva, agora não mais provoca o afeto, mas apenas o reflexo anormal.[8]

Com isso, avançamos um passo além da "expressão anormal das emoções". O fenômeno histérico (reflexo

---

8 Não gostaria de fazer uso abusivo da comparação com um sistema elétrico; considerando a diversidade fundamental das condições, ela mal poderia ilustrar e, por certo, não seria capaz de explicar os processos do sistema nervoso. Mas lembre-se aqui também o caso em que, devido a uma alta-tensão, o isolamento do fio num sistema de iluminação é danificado e um curto-circuito se produz em algum ponto. Quando aparecem fenômenos elétricos (por exemplo, aquecimento, faíscas etc.) nesse ponto, a lâmpada à qual vem dar o fio não acende; assim como o afeto não surge quando a excitação escoa como reflexo anormal e se converte num fenômeno somático.

anormal) não se afigura ideogênico mesmo aos doentes inteligentes e bons observadores, porque a ideia motivadora não é mais realçada de afeto, nem distinguida de outras ideias e lembranças; ele se apresenta como fenômeno puramente somático, sem raiz psicológica na aparência.

O que então determina a descarga da excitação afetiva, de maneira que seja produzido precisamente o reflexo anormal determinado e não um outro qualquer? Nossas observações respondem essa pergunta em muitos casos: também essa descarga segue o "princípio da menor resistência" e se efetua naquelas vias cujas resistências já foram reduzidas por circunstâncias concorrentes. Entre eles se inclui o caso, anteriormente tratado, de certo reflexo que já teve suas vias abertas por uma doença somática; por exemplo, quando alguém padece com frequência de cardialgias, elas também são provocadas pelo afeto. — Ou um reflexo é facilitado porque, no momento do afeto original, a inervação muscular em questão foi intencional e voluntária; assim, Anna O., em seu pavor, procura estender o braço direito, imobilizado pela pressão contra a cadeira, para afastar a serpente; desde então, a tetania do braço direito é suscitada pela visão de qualquer coisa serpentiforme. Ou, em sua emoção, ela converge fortemente os olhos para enxergar os ponteiros, e o estrabismo convergente torna-se então um dos reflexos desse afeto, e assim por diante.

Essa é a ação da simultaneidade, que, de fato, governa também nossas associações normais; toda percepção sen-

III. CONSIDERAÇÕES TEÓRICAS

sorial chama de novo à consciência uma outra, que originalmente se produziu ao mesmo tempo que ela (o exemplo clássico da imagem visual da ovelha e de seu balido etc.).

Se houve, simultaneamente ao afeto original, uma vívida impressão sensorial, esta volta a ser provocada pelo afeto renovado e, visto tratar-se aqui da descarga de uma excitação excessiva, não como lembrança, mas como alucinação. Quase todas as nossas observações oferecem exemplos disso. É o que também se verifica quando uma mulher vive um afeto doloroso num momento em que, em decorrência de uma periostite, sofre de violenta dor de dente e, a partir de então, cada renovação desse afeto, mesmo sua lembrança, provoca-lhe uma nevralgia infraorbitária etc.

Essa é a facilitação dos reflexos anormais, segundo as leis gerais da associação. Às vezes, porém (decerto, apenas em graus mais elevados de histeria), há entre o afeto e seu reflexo verdadeiras séries de ideias associadas; é a *determinação por simbolismo*. São, frequentemente, jogos de palavras ridículos, associações sonoras, que ligam o afeto e seu reflexo; mas isso ocorre apenas em estados oníricos com faculdade crítica reduzida e já se situa fora do grupo de fenômenos aqui examinado. Em numerosos casos, a determinação permanece incompreensível, porque nossa visão do estado psíquico e nosso conhecimento das ideias atuantes no momento da gênese do fenômeno histérico são, com frequência, bastante incompletos. Mas podemos presumir que o processo não seja de todo diverso daquele que compreendemos em casos mais favoráveis.

Designamos como *traumas psíquicos* as vivências que desencadearam o afeto original e cuja excitação foi depois convertida em fenômeno somático, e como *sintomas histéricos de origem traumática* as manifestações patológicas assim produzidas. (A designação "histeria traumática" já é dada aos fenômenos que, como consequência de ferimentos corporais — traumas em sentido estrito — constituem uma parte da "neurose traumática".)

A conversão histérica da excitação psíquica originada não de estímulos externos ou da inibição de reflexos psíquicos normais, mas da inibição do curso das associações, está em perfeita analogia com a gênese dos fenômenos histéricos determinados por trauma.

O exemplo elementar e paradigma disso fornece a excitação produzida quando um nome não nos ocorre, quando não conseguimos solucionar um enigma etc. Se nos dizem o nome ou a palavra do enigma, fecha-se a cadeia das associações, desaparecendo a excitação, tal como ao término de uma cadeia de reflexos. A força da excitação decorrente da interrupção de uma série de associações é proporcional ao interesse que esta tem para nós, isto é, ao grau em que ela mobiliza a vontade. Mas como, na busca de uma solução do problema ou em ações similares, sempre se realiza um grande trabalho, ainda que sem sucesso, mesmo a excitação intensa encontra seu emprego e não compele à descarga, por isso jamais se tornando patogênica.

Isso provavelmente ocorre quando o curso das associações é inibido pela existência de *incompatibilidade* entre ideias de igual valor; quando, por exemplo, novos pensamentos entram em conflito com complexos de ideias firmemente enraizados. De tal natureza é o tormento da dúvida religiosa, a que muitas pessoas estão sujeitas e muitas mais estiveram no passado. Também aí a excitação só aumenta num grau considerável, e com ela a dor psíquica, o sentimento de desgosto, quando entra em jogo um interesse da vontade do indivíduo, quando aquele que duvida se acredita ameaçado em sua felicidade, na salvação de sua alma.

Este é sempre o caso, porém, quando o conflito se verifica entre o firme complexo de ideias morais, adquirido com a educação, e a lembrança de atos ou mesmo apenas pensamentos incompatíveis com ele: é o *tormento de consciência*. O interesse da vontade, de aprazer-se com a própria personalidade, de estar satisfeito com ela, entra então em ação e aumenta ao máximo a excitação decorrente da inibição das associações. É fato da experiência diária que tal conflito de ideias incompatíveis exerce ação patogênica. Trata-se, na maioria das vezes, de ideias e ocorrências da vida sexual: a masturbação, em adolescentes moralmente sensíveis; a consciência da inclinação por um homem desconhecido, numa mulher de hábitos austeros. Com muita frequência, o primeiro aflorar de sensações e ideias sexuais já é suficiente para criar, pelo conflito com a ideia de pureza moral profundamente enraizada, um estado extremo de excitação.[9]

---

9 Cf., sobre esse ponto, algumas comunicações e observações interessantes de Benedikt (1889), reeditadas na obra *Hypnotismus und Suggestion* (1894, pp. 51 s).

Geralmente esse conflito tem consequências psíquicas: abatimento patológico, estados de angústia (Freud [1895]). Às vezes, porém, circunstâncias concorrentes determinam um fenômeno somático anormal, no qual a excitação se descarrega: vômito, quando o sentimento de sujidade moral produz uma sensação física de asco; uma tosse nervosa, como em Anna O. (caso clínico 1), quando a angústia da consciência provoca um espasmo da glote etc.[10]

A excitação produzida por ideias muito vivas e incompatíveis comporta uma reação normal, adequada: a comunicação pela fala. Encontramos o impulso para isso, em cômico exagero, na história do barbeiro de Midas, que proclamou seu segredo aos juncos;* nós o encontramos como um dos fundamentos de uma grande instituição histórica, na confissão católica. A comunica-

---

10 Encontro em *Bewegungsempfindungen*, de Mach [1875], uma observação que é lícito lembrar aqui: "Verificou-se reiteradamente nas experiências (sobre vertigem) descritas que uma sensação de asco se apresentava quando era difícil harmonizar as sensações de movimento com as impressões ópticas. Parecia que uma parte do estímulo proveniente do labirinto fora compelida a abandonar as vias ópticas, a ele fechadas por outro estímulo, e seguir por vias de todo diversas. Também ao tentar combinar imagens estereoscópicas muito diferentes observei repetidas vezes uma sensação de asco". Esse é propriamente o esquema fisiológico para a formação de fenômenos patológicos histéricos em virtude da coexistência de ideias vivas e incompatíveis.

* Na mitologia da Antiguidade, uma das lendas sobre o rei Midas dizia que Apolo lhe deu orelhas de burro, que ele ocultava sob uma tiara; obrigado pelo rei a guardar segredo, seu barbeiro o revelou apenas a um buraco que abriu na terra, mas depois os juncos ao redor o murmuravam, quando o vento soprava por eles.

III. CONSIDERAÇÕES TEÓRICAS

ção alivia, ela descarrega a tensão mesmo quando não se dirige ao padre e não é seguida de absolvição. Se essa saída é vedada à excitação, às vezes ela se converte em fenômeno somático, da mesma forma que a excitação de afetos traumáticos, e, acompanhando Freud, podemos designar todo o grupo de manifestações histéricas que têm essa origem como *fenômenos histéricos de retenção*.

A essa explicação do mecanismo psíquico da gênese dos fenômenos histéricos pode-se fazer a objeção de que esquematiza e mostra o processo de modo mais simples do que é na realidade. Para que uma pessoa sadia, originalmente não neuropata, desenvolva um verdadeiro sintoma histérico, com sua aparente independência da psique, sua existência somática autônoma, quase sempre é preciso que *múltiplas circunstâncias coexistam*.

O caso seguinte pode servir como exemplo dessa complexidade do processo. Um menino de doze anos que outrora sofrera de *pavor nocturnus* e era filho de um pai muito nervoso, chegou certo dia indisposto da escola. Queixava-se de problemas de deglutição — isto é, só conseguia engolir com dificuldade — e de dores de cabeça. O médico da família presumiu como causa uma angina. Mas, mesmo após vários dias, seu estado não melhorou. O jovem não queria comer, vomitava quando o forçavam a se alimentar, arrastava-se de um lado para o outro cansado e sem ânimo, queria ficar na cama todo o tempo e decaiu muito fisicamente. Quando o vi, cinco semanas mais tarde, dava a impressão de um garoto tímido, reservado, e tive a convicção de que seu estado possuía uma base psíquica. Instado pelas perguntas, apontou um motivo banal, uma severa reprimenda do pai que, evidentemente, não era a causa efetiva do adoecimento. Nada também se pôde apurar na escola. Prometi obter a informação mais tarde, na hipnose. Isso, porém, foi desnecessário. Quando sua mãe, inteligente e enérgica, o arguiu com veemência, ele começou a contar, numa torrente de lágrimas: voltando da escola, a caminho de casa, havia entrado num mictório público, onde um homem lhe mostrara o pênis, pedindo que o colocasse na boca. Tomado de pavor, fugira e nada mais lhe havia sucedido. Mas desde aquele instante ficou doente. E a partir do momento da confissão, seu estado cedeu lugar à saúde plena. — Para produzir o fenômeno da anorexia, dos problemas de deglutição e dos vômitos, foram necessários aqui vários fatores: a disposição nervosa inata, o pavor, a irrupção da sexualidade em sua forma mais brutal na alma infantil e, como fator determinante, a ideia de asco. A duração da doença deveu-se ao silêncio guardado pelo menino, o que impediu a descarga normal da excitação.

Assim como nesse caso, vários fatores devem atuar concomitantemente para que numa pessoa até então sadia se desenvolva um sintoma histérico; este, segundo a expressão de *Freud*, é sempre "*sobredeterminado*".

Pode-se considerar *sobredeterminação* também o caso em que o mesmo afeto é suscitado por várias ocasiões que se repetem. O doente e aqueles à sua volta relacionam o sintoma histérico apenas à última ocasião, que na maioria das vezes, porém, apenas evidencia o que já foi quase inteiramente realizado por outros traumas.

III. CONSIDERAÇÕES TEÓRICAS

Uma jovem[11] teve seu primeiro ataque histérico, seguido de uma série de outros, quando um gato lhe saltou sobre o ombro no escuro. Parecia um simples efeito do pavor. Contudo, uma investigação mais cuidadosa apurou que a garota de dezessete anos, de admirável beleza e mal vigiada, fora recentemente objeto de múltiplos assédios mais ou menos brutais, o que a levara a sentir excitação sexual (predisposição). Alguns dias antes, na mesma escada escura, fora atacada por um rapaz, do qual se esquivara a muito custo. Este era o verdadeiro trauma psíquico, cujo efeito só se tornou manifesto com o gato. Mas em quantos casos não se toma o gato por *causa efficiens* que basta inteiramente?

Para que se realize tal conversão pela repetição do afeto nem sempre é necessária uma pluralidade de causas exteriores; muitas vezes basta a renovação do afeto na lembrança, quando esta ocorre logo após o trauma, em rápida e frequente repetição, antes que o afeto se tenha enfraquecido. Isso é suficiente quando o afeto foi muito forte; é o que acontece nas histerias traumáticas, no sentido mais estrito da palavra.

Nos dias subsequentes a um acidente ferroviário, por exemplo, a cena aterradora é revivida no sono e na vigília, sempre com a renovação do afeto de pavor, até que, decorrido esse tempo de "elaboração psíquica" (Charcot) ou *incubação*, realiza-se enfim a conversão em fenômeno somático. (Na verdade, concorre para isso ainda um fator, a ser discutido mais tarde.)

---

11 Agradeço este caso ao médico assistente dr. Paul Karplus.

Habitualmente, porém, a ideia afetiva logo está sujeita ao desgaste, a todas aquelas influências referidas na "Comunicação preliminar", que pouco a pouco lhe roubam seu valor afetivo. Seu reaparecimento provoca um grau de excitação cada vez menor e, com isso, a lembrança perde a capacidade de contribuir para a produção de um fenômeno somático. A facilitação do reflexo anormal cessa gradualmente, e assim o *status quo ante* se restabelece.

As influências desgastantes são, porém, em sua totalidade, obra da associação, do pensamento, uma correção por meio de outras ideias. Esta torna-se impossível quando a ideia afetiva é retirada do "trânsito associativo", e em tal caso conserva esta última todo o seu valor afetivo. A cada vez que se renova, volta a liberar toda a soma de excitação do afeto original, com o que finalmente é consumada a facilitação de um reflexo anormal outrora iniciada ou é mantida e estabilizada a outrora realizada. O fenômeno da conversão histérica se estabelece então de forma completa e duradoura.

Conhecemos, de nossas observações, duas formas de tal exclusão de ideias afetivas da associação.

A primeira é a "defesa", a supressão voluntária de ideias penosas, pelas quais o indivíduo se sente ameaçado em sua alegria de viver ou em sua autoestima. Freud, em sua comunicação sobre "As neuropsicoses de defesa" (*Neurologisches Zentralblatt*, n. 10, 1894) e nas histórias clínicas aqui expostas, falou sobre esse processo que, seguramente, possui alta significação patológica.

Talvez não seja compreensível como uma ideia possa ser voluntariamente reprimida da consciência; mas conhecemos muito bem o processo positivo correspondente: a concentração da atenção sobre uma ideia, e tampouco podemos dizer como o efetuamos.

Portanto, ideias das quais a consciência é desviada, sobre as quais não se pensa, permanecem também subtraídas ao desgaste e conservam seu montante de afeto inalterado.

Descobrimos também que outro gênero de ideias escapa ao desgaste pelo pensamento, não porque não se *queira* lembrá-las, mas porque não se *pode* fazê-lo; porque originalmente afloraram e foram dotadas de afeto em estados para os quais, na consciência desperta, há amnésia, ou seja, em estados hipnóticos ou semelhantes à hipnose. Estes últimos parecem ser de máxima significação para a teoria da histeria e, por isso, merecem uma discussão mais aprofundada.[12]

4. ESTADOS HIPNOIDES

Ao afirmarmos, na "Comunicação preliminar", que o fundamento e a condição da histeria é a existência de es-

---

12 Quando, aqui e adiante, falamos de ideias que são atuais e ativas, porém inconscientes, só raramente se trata de ideias isoladas (como a alucinação da grande serpente de Anna O., que desencadeia a contratura). Quase sempre, trata-se de complexos de ideias, de conexões, de lembranças de acontecimentos externos e sequências de pensamentos próprios. As ideias isoladas contidas em tais complexos ideativos são por vezes, todas elas, pensadas conscientemente. Apenas sua combinação específica é banida da consciência.

tados hipnoides, não atentamos para o fato de que Möbius, em 1890, já havia dito exatamente o mesmo.

"A condição prévia para a ação (patogênica) das ideias é, de um lado, uma disposição inata, ou seja, histérica, e, de outro, um estado de ânimo particular. Deste último não podemos fazer senão uma ideia imprecisa. Ele deve se assemelhar ao estado hipnótico, deve corresponder a um certo vazio da consciência, em que uma ideia emergente não encontra nenhuma resistência por parte de outra, em que, por assim dizer, o trono está livre para o primeiro que aparece. Sabemos que tal estado pode ser provocado não só por hipnose, mas por abalo emocional (pavor, cólera etc.) e por influências extenuantes (insônia, fome etc.)."[13]

Com isso, o problema de cuja solução Möbius buscava se aproximar era o da produção de fenômenos somáticos por ideias. Ele lembra, a esse respeito, a facilidade com que essa produção ocorre na hipnose e considera análoga a operação dos afetos. Nossa visão algo divergente sobre essa ação do afeto foi exposta acima em detalhes. Não preciso, portanto, me deter mais na dificuldade que consiste em Möbius supor na cólera um "vazio da consciência"[14] (que existe, de fato, no pavor

---

13 Möbius, "Über Astasie-Abasie", *Neurologische Beiträge*, v. I, p. 17.
14 Talvez, para Möbius, essa designação não signifique outra coisa do que a inibição do curso das ideias, a qual existe efetivamente no afeto, ainda que decorrente de causas de todo diversas daquelas encontradas na hipnose.

III. CONSIDERAÇÕES TEÓRICAS

e na angústia protraída) e em como é difícil estabelecer uma analogia entre o estado de excitação do afeto e a calma da hipnose. Contudo, voltaremos mais tarde às afirmações de Möbius, que, penso, contêm uma importante verdade.

Para nós, a importância dos estados semelhantes à hipnose, os estados "hipnoides", reside, além disso e sobretudo, na amnésia e em sua capacidade de provocar aquela cisão da psique de que trataremos mais tarde e que é de fundamental significação para a "grande histeria". Essa importância nós ainda lhe atribuímos. Mas devo restringir consideravelmente nossa tese. A conversão, a produção ideogênica de fenômenos somáticos, ocorre também fora dos estados hipnoides, e para a formação de complexos de ideias excluídos do trânsito associativo Freud encontrou na amnésia voluntária da defesa uma segunda fonte, independente dos estados hipnoides. Mas, com essa restrição, ainda penso que estes últimos são causa e condição de muitas, até mesmo da maioria das histerias grandes e complicadas.

Naturalmente, contam-se entre os estados hipnoides, antes de tudo, as verdadeiras auto-hipnoses, que se distinguem das artificiais apenas por seu aparecimento espontâneo. Encontramo-las em algumas histerias plenamente desenvolvidas, com frequência variável e duração diversa, muitas vezes em rapidíssima alternância com o estado de vigília normal.[15] Em virtude de seu conteúdo ideativo semelhante ao dos sonhos, podem frequen-

---

15 Casos clínicos 1 e 2.

temente merecer o nome de "delírio histérico". Na vigília, há uma amnésia mais ou menos completa para os eventos no interior desses estados, enquanto na hipnose artificial eles são inteiramente lembrados. Os resultados psíquicos desses estados — as associações neles formadas — são justamente subtraídos, pela amnésia, a toda correção no pensamento desperto. E como, na auto-hipnose, a crítica e o controle por outras ideias encontram-se reduzidos e na maioria das vezes desaparecem quase completamente, as mais loucas ideias delirantes podem se originar dela e se manter longamente intactas. Assim, quase que apenas nesses estados surge uma "relação simbólica entre o motivo desencadeador e o fenômeno patológico" algo mais complicada e irracional, baseada com frequência nas mais ridículas semelhanças sonoras e associações verbais. A ausência de crítica neles é o que suscita o frequente aparecimento de autossugestões; por exemplo, quando, depois de um ataque histérico, subsiste uma paralisia. Mas, talvez por acaso, quase nunca deparamos, em nossas análises, com esse tipo de origem de um fenômeno histérico. Sempre a encontramos, na auto-hipnose como fora dela, determinada pelo mesmo processo, pela conversão de uma excitação afetiva.

De qualquer modo, essa "conversão histérica" ocorre mais facilmente na auto-hipnose do que na vigília, da mesma forma que ideias sugestivas se realizam fisicamente como alucinações e movimentos com muito mais facilidade na hipnose artificial. Mas o processo de conversão da excitação é, em essência, o mesmo exposto acima. Uma vez que tenha ocorrido, o fenômeno somá-

III. CONSIDERAÇÕES TEÓRICAS

tico se repete quando afeto e auto-hipnose voltam a coincidir. E parece que o estado hipnótico é provocado então pelo próprio afeto. Assim, enquanto a hipnose se alterna claramente com a vigília plena, o sintoma histérico permanece restrito ao estado hipnótico e é nele reforçado por sua repetição; a ideia motivadora fica resguardada de correção pelo pensamento desperto e por sua crítica, justamente porque nunca aparece na vigília plena.

Assim, em Anna O. (caso clínico 1), a contratura do braço direito, que se havia associado na auto-hipnose com o afeto de angústia e a ideia da serpente, permaneceu por quatro meses restrita aos momentos de estado hipnótico (ou hipnoide — se se considera a designação imprópria para ausências de duração muito curta), mas se repetia com frequência. O mesmo aconteceu com outras conversões efetuadas no estado hipnoide e assim se formou, em completa latência, aquele grande complexo de fenômenos histéricos que se manifestou quando o estado hipnoide tornou-se permanente.

Na vigília plena, fenômenos assim produzidos só aparecem quando a cisão da psique, a ser tratada adiante, se efetuou e a alternância entre estado de vigília e hipnoide foi substituída pela coexistência dos complexos ideativos normais e hipnoides.

Tais estados hipnoides já existem antes do adoecimento? E como se produzem? Pouco posso dizer a esse respeito, pois fora o caso de Anna O. não dispomos de nenhuma outra observação que pudesse esclarecer sobre isso. Parece certo que, nessa doente, a auto-hipnose fora preparada por devaneios habituais e foi completamente estabelecida mais tarde, por um afeto de angústia protraída que fundamenta, ele próprio, um estado hipnoide. Não parece improvável que esse processo tenha alcance mais geral.

Muitos diferentes estados provocam "ausência mental", mas apenas alguns deles predispõem à auto-hipnose ou se transformam diretamente nela. O investigador imerso em um problema também está anestético, até certo ponto, e não forma percepções conscientes a partir de grandes grupos de sensações; assim como a pessoa que cria com vivacidade e fantasia (o "teatro particular" de Anna O.). Mas nesses estados realiza-se energicamente um trabalho psíquico; a excitação do sistema nervoso liberada é consumida nesse trabalho. Na distração, no torpor, ao contrário, a excitação intracerebral cai abaixo do nível da vigília plena; esses estados beiram a sonolência e transitam para o sono. Mas se em tais estados de "imersão", e havendo inibição do curso de ideias, um grupo de ideias realçadas de afeto está ativo, ele cria um alto nível de excitação intracerebral que não é consumida pelo trabalho psíquico e fica disponível para operações anormais, para a conversão.

Assim, não é a "ausência mental" no trabalho enérgico nem o estado crepuscular desprovido de afeto que são patogênicos, mas sim os devaneios repletos de afeto e o estado de fadiga dos afetos protraídos. O remoer do aflito, a angústia daquele que vela junto ao leito de um doente querido, os devaneios apaixonados são exemplos de tais estados. A concentração no grupo de ideias afetivas suscita primeiramente a "ausência". Pouco a

III. CONSIDERAÇÕES TEÓRICAS

pouco, o curso de ideias torna-se mais lento, para quase estagnar enfim; mas a ideia afetiva e seu afeto permanecem vivos e, assim, também a grande quantidade de excitação não utilizada funcionalmente. A semelhança dessa situação com as condições da hipnose parece inequívoca. Também a pessoa a ser hipnotizada não pode adormecer realmente, isto é, sua excitação intracerebral não pode descer ao nível do sono; mas o curso de ideias deve ser inibido. Então toda a massa de excitação fica à disposição da ideia sugerida.

Assim deve se produzir, em algumas pessoas, a auto-hipnose patogênica: pelo afeto sendo introduzido no devaneio habitual. Essa é, talvez, uma das razões de encontrarmos com tanta frequência, na anamnese da histeria, os dois grandes fatores patogênicos: o enamoramento e o cuidado prestado a doentes. No primeiro, o pensamento ansioso no ente amado ausente cria o "arrebatamento", o desvanecer da realidade circundante e, em seguida, a paralisação, plena de afeto, do pensamento. O cuidado prestado a doentes — pela tranquilidade exterior que o acompanha, a concentração num objeto, a escuta da respiração do doente — estabelece efetivamente as mesmas condições de muitos métodos de hipnose e preenche com o afeto de angústia o estado crepuscular assim produzido. Talvez estados como esse se distingam apenas quantitativamente das verdadeiras auto-hipnoses e se transformem nelas.

Uma vez que isso tenha ocorrido, o estado semelhante à hipnose se repete sempre que as mesmas circunstâncias se apresentem, e o indivíduo, em vez dos dois estados psíquicos normais, terá três: estado de vigília, de sono e hipnoide, tal como observamos também na repetição frequente da hipnose profunda artificial.

Não sei dizer se os estados hipnóticos espontâneos também podem se desenvolver sem essa intervenção do afeto, como resultado de uma predisposição original, mas considero isso muito provável. Quando observamos como é diversa a suscetibilidade à hipnose artificial em indivíduos sadios e doentes, como ela ocorre facilmente em alguns, logo nos vem a suposição de que nestes ela aconteça também espontaneamente. E uma predisposição para isso talvez seja necessária para que o devaneio se transforme em auto-hipnose. Estou, portanto, bem longe de pressupor em todos os histéricos o mecanismo de formação que nos revelou Anna O.

Falo de estados hipnoides e não da hipnose mesma, porque esses estados, tão importantes no desenvolvimento da histeria, são muito mal delimitados. Não sabemos se o devaneio, designado acima como estágio preliminar da auto-hipnose, não pode ele próprio já realizar a mesma ação patogênica que esta, e se o afeto de angústia protraído não o faz igualmente. Em relação ao pavor, isto é certo. Inibindo o curso de ideias no momento em que uma ideia afetiva (a do perigo) está muito viva, ele apresenta completo paralelismo com o devaneio carregado de afeto; e como a sempre renovada lembrança sempre restabelece esse estado anímico, desenvolve-se um "estado hipnoide de pavor", em que a conversão é levada a efeito ou estabilizada; é o estágio de incubação da "histeria traumática" stricto sensu.

III. CONSIDERAÇÕES TEÓRICAS

Como estados tão diferentes, mas concordantes nos pontos mais relevantes, alinham-se à auto-hipnose, recomenda-se o termo "hipnoide", que destaca essa semelhança interna. Ele resume a concepção sustentada por Möbius nas frases citadas acima.

Mas, sobretudo, designa a própria auto-hipnose, cuja importância para o desenvolvimento de fenômenos histéricos repousa no fato de facilitar a conversão, de proteger do desgaste (pela amnésia) as ideias convertidas — proteção que resulta, afinal, numa crescente cisão psíquica.

Se um sintoma físico é causado por uma ideia e sempre volta a ser desencadeado por ela, deveríamos esperar que doentes inteligentes e capazes de observar a si mesmos fossem conscientes dessa relação; que soubessem, por experiência, que o fenômeno somático ocorre simultaneamente com a lembrança de determinado evento. É verdade que eles desconhecem o nexo causal interno; mas todos nós sempre sabemos que ideia nos faz chorar, rir ou enrubescer, ainda que nem remotamente compreendamos o mecanismo nervoso desses fenômenos ideogênicos. Algumas vezes, porém, os doentes observam realmente a conexão e estão conscientes dela; uma mulher diz, por exemplo, que seu leve ataque histérico (tremores, palpitações) provém de uma grande emoção e se repete apenas a cada evento que a recorda. No entanto, isso não se aplica a muitos sintomas histéricos, provavelmente à maioria deles. Mesmo doentes inteligentes não sabem que eles surgem em consequência de uma ideia e os consideram fenômenos corporais autônomos. Fosse de outro modo, a teoria psíquica da histeria já teria necessariamente uma idade respeitável.

Ora, é razoável acreditar que as manifestações patológicas em questão sejam, de fato, originalmente ideogênicas, mas que sua repetição as tenha, para usar a expressão de Romberg, "gravado"* no corpo e desde então não mais assentem num processo psíquico, mas nas modificações do sistema nervoso surgidas nesse meio-tempo; elas se tornaram sintomas autônomos, verdadeiramente somáticos.

Essa concepção não é, a priori, impossível nem improvável; mas creio que o que as nossas observações trazem de novo à teoria da histeria está justamente na prova de que ela — em muitos casos, ao menos — é inexata. Vimos que os mais variados sintomas histéricos, após anos de persistência, "desapareciam de imediato e sem retorno, quando conseguíamos despertar com toda clareza a lembrança do acontecimento motivador, assim avivando [igualmente] o afeto que o acompanha, e quando [, em seguida,] o doente descrevia o episódio da maneira mais detalhada possível, pondo o afeto em palavras".**

---

* No original, *eingebildet*. O verbo *einbilden* (do médio alto-alemão *īnbilden*, gravar, copiar, reproduzir na alma), em uma de suas acepções na forma reflexiva, significa "imaginar"; como transitivo, pode significar "gravar".
** Citação da "Comunicação preliminar" (cf. p. 23), onde o trecho aparece em itálico e inclui as palavras aqui reproduzidas entre colchetes.

III. CONSIDERAÇÕES TEÓRICAS

As histórias clínicas aqui relatadas fornecem algumas evidências para essa afirmação: "Numa inversão da sentença '*cessante causa cessat effectus*' [cessando a causa, cessa o efeito], bem poderíamos deduzir dessas observações que o acontecimento motivador (ou seja, a lembrança dele) continua a atuar [de alguma forma] anos depois, não indiretamente, pela mediação de uma corrente de elos causais interligados, mas imediatamente, como causa precipitadora, mais ou menos como uma dor psíquica lembrada em consciência desperta ainda provoca lágrimas tempos depois: *o histérico sofre sobretudo de reminiscências*".*

Mas se este é o caso, se a lembrança do trauma psíquico, à maneira de um corpo estranho, continua atuando como agente efetivo muito tempo após sua intromissão e ainda assim o doente não tem consciência nenhuma dessas lembranças e de sua emergência, então devemos admitir que *ideias inconscientes* existem e atuam.

Tais ideias, porém, não apenas encontramos isoladas na análise dos fenômenos histéricos; temos de reconhecer que realmente, como mostraram os meritórios pesquisadores franceses, grandes complexos de ideias e processos psíquicos intrincados e ricos de consequências permanecem, em alguns doentes, completamente inconscientes e coexistem com a vida psíquica consciente; que ocorre uma cisão da atividade psíquica e que

---

* Idem; cf. p. 25. As palavras entre parênteses foram acrescentadas por Breuer nesta citação, e aquelas entre colchetes foram omitidas.

esta tem importância fundamental para a compreensão de histerias complicadas.

Seja-me permitido adentrar um pouco mais esse terreno difícil e obscuro; a necessidade de estabelecer o sentido das expressões utilizadas talvez possa, em alguma medida, desculpar a análise teórica.

5. IDEIAS INCONSCIENTES E INSUSCETÍVEIS DE CONSCIÊNCIA* — CISÃO DA PSIQUE

Chamamos conscientes aquelas ideias de que temos conhecimento. Há nos seres humanos o fato admirável da consciência de si; podemos considerar e observar, como objetos, ideias que em nós emergem e sucedem umas às outras. Isso não acontece sempre, visto que raramente há ensejo para a auto-observação. Mas é uma faculdade própria de todo ser humano, pois qualquer um diz: pensei isso e aquilo. Chamamos conscientes aquelas ideias que observamos como vivas em nós, ou observaríamos, se nelas atentássemos. Elas são, em cada momento, muito poucas; e se, além delas, outras estão presentes, devemos chamá-las ideias "inconscientes".

Advogar a existência de ideias presentes, mas inconscientes ou subconscientes, não parece mais neces-

---

* "Insuscetível de consciência": *Bewusstseinsunfähig*, que também poderia ser traduzido por "inapta a se tornar consciente, inapta a aceder à consciência, incapaz de se tornar consciente".

III. CONSIDERAÇÕES TEÓRICAS

sário. São fatos da vida cotidiana. Quando me esqueço de fazer uma visita médica, sinto uma viva inquietação. Sei, por experiência, o que significa essa sensação: um esquecimento. Em vão examino minhas lembranças, sem encontrar a causa, até que de repente, em geral horas depois, ela me acorre à consciência. Mas por todo o tempo estou inquieto. Assim, a ideia dessa visita está sempre ativa, e portanto sempre existe, mas não na consciência. — Um homem atarefado teve um aborrecimento de manhã. Seu trabalho o absorve por completo; durante a atividade, seu pensamento consciente está inteiramente ocupado e ele não pensa em sua contrariedade. Mas suas decisões são influenciadas por ela, e ele bem pode dizer "não" quando habitualmente diria "sim". Logo, apesar de tudo a lembrança está ativa, e portanto existe. Uma grande parte do que chamamos estado de espírito provém dessa fonte, de ideias que existem e atuam abaixo do limiar da consciência. — Sim, todo o nosso modo de vida é permanentemente influenciado por ideias subconscientes. Diariamente vemos como na degenerescência intelectual, por exemplo, no início de uma paralisia, debilitam-se e desaparecem as inibições que de ordinário impedem várias ações. Mas o paralítico que agora conta anedotas obscenas diante de mulheres não foi impedido de fazê-lo, em seus dias de sanidade, pela lembrança e pela reflexão conscientes. Ele o evitou "instintivamente" e "automaticamente", isto é, foi impedido de fazê-lo por ideias despertadas pelo impulso para tal ação, mas que permaneciam abaixo do limiar da consciência e, não obstante, inibiam o impulso. — Toda atividade intuitiva é dirigida por ideias que são, em grande parte, subconscientes. Só as ideias mais claras, mais fortes, são percebidas pela consciência de si, enquanto a grande massa de ideias presentes, porém mais fracas, permanece inconsciente.

A objeção feita à existência e à efetividade das "ideias inconscientes" parece, em grande parte, sutileza de palavras. Por certo, "ideia" [*Vorstellung*] é uma palavra própria da terminologia do pensamento consciente, e "ideia inconsciente", por conseguinte, uma expressão contraditória. Mas o processo psíquico subjacente à ideia é o mesmo em conteúdo e forma (ainda que não em quantidade), quer a ideia transponha o limiar da consciência, quer permaneça abaixo dele. Bastaria criar um termo como, digamos, "substrato ideativo", para evitar a contradição e escapar a essa crítica.

Assim, parece não existir, em princípio, nenhum obstáculo para reconhecermos também ideias inconscientes como causas de fenômenos patológicos. Mas, ao nos aprofundarmos na matéria, outras dificuldades surgem. De modo geral, quando a intensidade das ideias inconscientes aumenta, elas penetram *eo ipso* [por si mesmas] na consciência. Elas só permanecem inconscientes se a intensidade é reduzida. Parece difícil, porém, conceber como uma ideia poderia ser ao mesmo tempo intensa o bastante para, por exemplo, provocar uma viva ação motora, mas não o bastante para tornar-se consciente.

Já mencionei acima um ponto de vista que talvez não devesse ser logo descartado. A clareza de nossas

III. CONSIDERAÇÕES TEÓRICAS

ideias e, portanto, sua capacidade de serem observadas pela consciência, de serem conscientes, é condicionada também pelo sentimento de prazer ou desprazer que despertam, por seu valor afetivo. Quando uma ideia desencadeia de imediato uma viva consequência somática, a excitação se escoa pela via então implicada, a partir da qual, habitualmente, ela se propagaria no cérebro, mas, precisamente *porque* tem consequências físicas, por se ter efetuado uma *conversão* de seu montante de estímulo psíquico em somático, ela perde a clareza que, não fora isso, a distinguiria no fluxo das ideias; ela se perde entre as outras.

Tomemos, por exemplo, uma pessoa que experimentou um afeto violento durante a refeição e não "ab-reagiu". Mais tarde, ao tentar comer, sobrevêm-lhe engulhos e vômitos que lhe parecem sintomas puramente corporais. Por muito tempo persistem os vômitos histéricos, que desaparecem depois que, na hipnose, o afeto se renova, é relatado e o doente reage a isso. Sem dúvida, a tentativa de comer evocava sempre aquela lembrança, desencadeando o ato de vomitar. Mas a lembrança não assoma claramente à consciência, pois está então desprovida de afeto, enquanto os vômitos absorvem inteiramente a atenção.

Pode-se conceber que, por essa razão, algumas ideias que desencadeiam fenômenos histéricos não podem ser reconhecidas como causas dos mesmos. Mas tal desconhecimento das ideias tornadas sem afeto por terem sido convertidas não pode de modo algum explicar, em outros casos, o fato de não entrarem na consciência complexos de ideias em nada desprovidos de afeto. Em nossos casos clínicos são apresentados vários exemplos disso.

Em tais doentes, a regra é que a modificação de humor, a ansiedade, a irritabilidade colérica, a tristeza, precedam o aparecimento do sintoma somático ou sigam-se imediatamente a ele, para se intensificarem até que a resolução ocorra por meio de uma expressão verbal ou até que afeto e fenômenos somáticos pouco a pouco voltem a desaparecer. No primeiro caso, a qualidade do afeto se torna sempre inteiramente compreensível, ainda que sua intensidade deva parecer (à pessoa sadia e, após a resolução, até ao próprio doente) completamente desproporcional. Trata-se, portanto, de ideias intensas o bastante não apenas para causar violentos fenômenos físicos, mas também para provocar os afetos correspondentes e influenciar a associação, favorecendo pensamentos afins — e, não obstante, para permanecerem, elas próprias, fora da consciência. É necessária a hipnose, como nos casos clínicos 1 e 2, ou a mais árdua busca, com o auxílio intenso do médico (casos 4 e 5), para trazê-las à consciência.

Chamemos tais ideias que são (embora presentes) inconscientes, não em virtude de sua vivacidade relativamente mais fraca, mas apesar de sua grande intensidade, de ideias *insuscetíveis de consciência*.[16]

---

16 Essa expressão [*Bewusstseinsunfähig*] não é inequívoca e por isso deixa muito a desejar; mas, formada por analogia com "*hoffähig*" [apto a apresentar-se na corte, admissível à corte] e à falta de melhor, pode ser usada por enquanto.

III. CONSIDERAÇÕES TEÓRICAS

A existência dessas ideias insuscetíveis de consciência é patológica. No indivíduo são, todas as ideias que podem se tornar presentes também penetram no inconsciente quando sua intensidade é suficiente. Em nossos doentes, encontramos lado a lado o grande complexo de ideias suscetíveis de consciência e um complexo menor de ideias insuscetíveis de consciência. Neles, portanto, o campo da atividade psíquica ideativa não coincide com a consciência potencial; esta é mais restrita que aquele. A atividade psíquica ideativa se decompõe aqui em consciente e inconsciente; as ideias, em suscetíveis de consciência e não suscetíveis de consciência. Portanto, não podemos falar de uma cisão da consciência, mas sim de uma *cisão da psique*.

Inversamente, essas ideias subconscientes não podem ser influenciadas e corrigidas pelo pensamento consciente. Trata-se muitas vezes de vivências que desde então se tornaram sem conteúdo, receio de incidentes que não aconteceram, pavor que se desfez em risos ou alegria, após o salvamento. Esses desdobramentos tiram à lembrança, no que toca ao pensamento consciente, toda afetividade; a ideia subconsciente que provoca fenômenos somáticos permanece inteiramente intocada por eles.

Seja-me permitido apresentar mais um exemplo. Uma jovem mulher esteve, por algum tempo, vivamente preocupada com o destino de sua irmã mais nova. Sob o efeito dessa aflição, seu período menstrual, normalmente regular, prolongou-se por duas semanas, sobreveio uma algesia do hipogástrio esquerdo e, por duas vezes, voltando a si de um desmaio, a paciente encontrou-se rígida sobre o chão. A isso seguiu-se uma ovarialgia do lado esquerdo, com sinais de uma grave peritonite. Ausência de febre e contratura da perna esquerda (e das costas) levaram à identificação da doença como pseudoperitonite, e quando, alguns anos mais tarde, a paciente faleceu e foi autopsiada, verificou-se apenas uma "pequena degeneração cística" dos *dois* ovários, sem vestígios de uma peritonite anterior. Os sintomas graves aos poucos desapareceram, remanescendo a ovarialgia, uma contratura dos músculos das costas — de modo que o tronco ficava rígido como uma viga — e contratura da perna esquerda. Esta última foi eliminada por sugestão direta na hipnose. A contratura das costas permaneceu imune à influência. Entrementes, o caso da irmã tinha se arranjado completamente e toda apreensão desaparecera. Mas os fenômenos histéricos, que só podiam haver se originado dele, permaneceram inalterados. Parecia razoável supor que se tratava de modificações da inervação tornadas autônomas, e não mais ligadas à ideia motivadora. Mas quando, na hipnose, a paciente foi obrigada a contar toda a história até seu adoecimento de "peritonite" (o que fez de muito mau grado), logo depois sentou-se ereta na cama, sem auxílio, e a contratura das costas desapareceu para sempre. (A ovarialgia, cuja origem primeira era certamente mais antiga, permaneceu inalterada.) — Portanto, ao longo de meses, a ideia patológica de angústia havia persistido efetivamente viva e fora inteiramente refratária a qualquer correção pelos acontecimentos.

Ora, se temos de reconhecer a existência de com-

III. CONSIDERAÇÕES TEÓRICAS

plexos de ideias que jamais penetram na consciência desperta e não são influenciados pelo pensamento consciente, já admitimos com isso, mesmo para histerias tão simples como as que acabamos de descrever, a cisão da psique em duas partes relativamente independentes. Não afirmo que tudo a que chamamos histérico tenha por fundamento e condição tal cisão; mas que "aquela cisão da atividade psíquica, que nos casos clássicos conhecidos é tão evidente na forma de *double conscience*, existe de maneira rudimentar em toda 'grande' histeria, e que a capacidade e tendência para essa dissociação é o fenômeno fundamental dessa neurose".*

Mas antes de entrarmos na discussão desses fenômenos, devo acrescentar ainda uma observação com respeito às ideias inconscientes que provocam manifestações somáticas. Como a contratura no caso acima exposto, muitos dos fenômenos histéricos são de longa e contínua duração. Devemos e podemos presumir que a ideia motivadora existe por todo o tempo, sempre viva e presente? Creio que sim. Por certo, vemos no indivíduo sadio a atividade psíquica realizar-se com rápida mudança das ideias. Mas vemos os melancólicos graves continuamente imersos, por longo tempo, na mesma ideia penosa, sempre viva e presente. De fato, bem podemos pensar que também na pessoa sadia uma

---

* O trecho entre aspas é uma versão algo modificada da frase em itálico, à p. 31 da "Comunicação preliminar" ("cisão da atividade psíquica", "grande histeria" e "capacidade e tendência" substituem aqui, respectivamente, "cisão da consciência", "histeria" e "tendência").

grave preocupação está sempre presente, pois ela domina a expressão fisionômica, mesmo se a consciência está repleta de outros pensamentos. Mas aquela parte separada da atividade psíquica que, no histérico, pensamos estar repleta de ideias inconscientes, é, em geral, tão pobremente guarnecida destas, tão inacessível à mudança das impressões exteriores, que podemos acreditar que ali seja possível uma ideia manter-se permanentemente viva.

Se, como para Binet e Janet, a excisão* de uma parte da atividade psíquica nos parece estar no cerne da histeria, temos a obrigação de buscar o máximo de clareza sobre esse fenômeno. Com demasiada facilidade caímos no hábito intelectual de supor que por trás de um substantivo há uma substância, de pouco a pouco entender que sob "consciência" há uma coisa; e quando nos acostumamos a utilizar metaforicamente relações de lugar, como "subconsciência", com o tempo forma-se realmente uma ideia em que a metáfora é esquecida e que manipulamos facilmente como se fosse real. A mitologia está então completa.

Todo o nosso pensamento tende a ser acompanhado e auxiliado por ideias espaciais, e nos exprimimos por metáforas espaciais. Assim, quando falamos das ideias que se encontram no campo da clara consciência e das

---

* "Excisão": *Abspaltung*, que também é possível traduzir por "cisão, abscisão, dissociação, separação".

III. CONSIDERAÇÕES TEÓRICAS

ideias inconscientes que jamais assomam à claridade da consciência de si, vêm-nos, quase forçosamente, imagens de um tronco de árvore erguendo-se na luz, com suas raízes na escuridão, ou de um edifício com seu escuro subterrâneo. Mas se tivermos sempre presente que aqui tudo espacial é metáfora e não nos deixarmos induzir a localizá-lo no cérebro, poderemos, não obstante isso, falar de uma consciência e de uma subconsciência. Mas apenas com essa ressalva.

Estaremos a salvo do perigo de nos deixarmos enganar por nossas próprias figuras de linguagem se sempre nos lembrarmos que é no mesmo cérebro e, muito provavelmente, no mesmo córtex cerebral que surgem as ideias conscientes e inconscientes. Como isso é possível, não logramos dizer. Mas sabemos tão pouco sobre a atividade psíquica do córtex cerebral que mais uma enigmática complicação não chega a aumentar nossa infinita ignorância. Devemos reconhecer o fato de que nos histéricos uma parte da atividade psíquica é inacessível à percepção pela autoconsciência da pessoa desperta e, portanto, a psique está cindida.

Um caso notório dessa divisão da atividade psíquica é o ataque histérico em algumas de suas formas e estágios. No início, o pensamento consciente está, com frequência, completamente apagado, mas depois, pouco a pouco, desperta. Ouve-se de muitos doentes inteligentes a declaração de que, durante o ataque, seu Eu consciente estava perfeitamente lúcido e observava com curiosidade e espanto todas as loucuras que eles faziam e diziam. Esses doentes também pensam (erroneamente) que, com boa vontade, teriam podido inibir o ataque e tendem a culpar-se por ele. "Não deveriam ter feito isso." (Também as autoacusações de simulação repousam, em grande parte, sobre esse sentimento.) No ataque seguinte, o Eu consciente é tão pouco capaz de dominar os acontecimentos como no anterior. — Aqui, o pensar e idear do Eu consciente desperto encontra-se ao lado de ideias que, habitualmente na escuridão do inconsciente, alcançaram agora o domínio sobre a musculatura e a fala, até mesmo sobre uma grande parte da própria atividade ideativa, e a cisão da psique é manifesta.

As descobertas de Binet e Janet, no entanto, merecem certamente a designação de cisão da consciência, não só da atividade psíquica; como se sabe, esses observadores conseguiram entrar em contato com o "subconsciente" de seus doentes, com aquela parte da atividade psíquica de que o Eu consciente desperto nada sabe; e nela comprovaram, em alguns casos, a existência de todas as funções psíquicas, inclusive a autoconsciência. Pois ali se acha a lembrança de processos psíquicos anteriores. Essa meia psique é, portanto, bem completa e consciente em si. A parte cindida da psique é, em nossos casos, "levada para as trevas",* como os Titãs banidos para a cratera do Etna, que podem abalar a Terra, mas jamais assomar à luz. Nos casos de Janet, deu-se uma total divisão do domínio psíquico. Ainda com uma diferença de posição. Mas também esta desa-

---

* Goethe, *Fausto*, parte I, cena 4.

III. CONSIDERAÇÕES TEÓRICAS

parece, quando as duas metades da consciência se alternam, como nos conhecidos casos de *double conscience*, e não diferem em sua capacidade de ação.

Mas voltemos àquelas ideias que, em nossos doentes, evidenciamos como causas de seus fenômenos histéricos. Falta muito para que possamos designar todas elas simplesmente como "inconscientes" e "insuscetíveis de consciência". Da ideia completamente consciente que desencadeia um reflexo incomum até aquela que assoma à consciência apenas na hipnose, jamais no estado de vigília, uma escala quase ininterrupta passa por todos os graus de imprecisão e obscuridade. Apesar disso, consideramos provado que em graus mais altos de histeria há cisão da atividade psíquica e só ela parece tornar possível uma teoria psíquica da doença.

O que se pode afirmar ou presumir então, com verossimilhança, sobre a causa e o aparecimento desse fenômeno?

P. Janet, a quem tanto deve a teoria da histeria e com quem concordamos na maioria das questões, desenvolveu a esse respeito uma concepção que não podemos adotar.

Janet considera que a "cisão da personalidade" repousa sobre uma fraqueza intelectual original (*insuffisance psychologique* [insuficiência psicológica]); toda atividade mental normal pressupõe certa capacidade de "síntese", a possibilidade de unir várias ideias em um complexo. A fusão das várias percepções sensoriais em um quadro do ambiente já seria uma atividade sintética desse tipo; essa função da psique, nos histéricos, estaria bem abaixo do normal. Uma pessoa normal, se sua atenção está dirigida ao máximo para um ponto, por exemplo, para a percepção através de determinado sentido, perderia temporariamente a capacidade de perceber impressões dos outros sentidos, isto é, de admiti-las no pensamento consciente. É o que aconteceria nos histéricos, sem qualquer concentração particular da atenção. Ao perceber qualquer coisa, tornam-se inacessíveis a outras percepções sensoriais. Nem mesmo seriam capazes de apreender, em conjunto, as impressões de um único sentido; podem, por exemplo, perceber apenas as impressões táteis de uma metade do corpo; as da outra metade chegam ao centro, são utilizadas para a coordenação dos movimentos, mas não percebidas. Tais indivíduos são hemianestésicos.

Nas pessoas normais, uma ideia chama à consciência, por associação, um grande número de outras, que se relacionam com a primeira favorecendo-a, por exemplo, ou obstruindo-a, e apenas ideias maximamente vivas são de tal modo fortes que as associações permanecem abaixo do limiar da consciência. É o que sempre acontece nos histéricos. Cada ideia se apropria de toda a reduzida atividade mental; isso condiciona a extraordinária afetividade dos doentes.

Janet designa essa particularidade da psique dos histéricos como "estreitamento do campo da consciência", por analogia com o "estreitamento do campo visual". As impressões sensoriais não percebidas e as ideias des-

III. CONSIDERAÇÕES TEÓRICAS

pertadas, mas que não entraram na consciência, geralmente se apagam sem maiores consequências. Às vezes, porém, agregam-se e formam complexos: a camada psíquica subtraída à consciência, a subconsciência.

A histeria, baseada essencialmente nessa cisão da psique, é *"une maladie de faiblesse"* [uma doença de fraqueza]* e por isso desenvolve-se com mais facilidade quando outras influências enfraquecedoras atuam sobre a psique originalmente fraca ou grandes exigências lhe são colocadas, diante das quais a força mental mostra-se ainda mais reduzida.

Nessa exposição das concepções de Janet, já se encontra também sua resposta à importante questão sobre a predisposição à histeria; sobre o *typus hystericus* (a expressão é tomada no mesmo sentido em que se fala de um *typus phthisicus*, entendendo por isso o tórax longo e delgado, o coração pequeno etc.). Janet considera determinada forma de fraqueza mental congênita como predisposição à histeria. Em contraposição a ele, gostaríamos de formular brevemente, a seguir, nosso ponto de vista: a cisão da consciência não ocorre porque os doentes são fracos da mente; os doentes parecem fracos da mente porque sua atividade psíquica está dividida e apenas uma parte de seu potencial se acha disponível para o pensamento consciente. Não podemos considerar a fraqueza mental como *typus hystericus*, como essência da predisposição à histeria.

---

* Segundo Strachey, Janet fala, na realidade, de uma *"maladie par* [por] *faiblesse"*.

Um exemplo pode elucidar o que queremos dizer com a primeira afirmação. Pudemos observar muitas vezes, numa de nossas doentes (sra. Cäcilie M...), a seguinte evolução: em estado de relativo bem-estar, surgia um sintoma histérico: uma alucinação atormentadora, obsedante, uma nevralgia ou coisa similar, cuja intensidade aumentava por algum tempo. Concomitante a isso, a capacidade intelectual diminuía continuamente e, passados alguns dias, qualquer observador leigo se via impelido a qualificá-la como mentalmente debilitada. Em seguida, era libertada da ideia inconsciente (a lembrança de um trauma psíquico ocorrido frequentemente muito antes), ou pelo médico, na hipnose, ou pelo súbito relato do episódio, em estado de agitação e sob viva emoção. Depois, livre do sintoma torturante, não apenas ficava tranquila e alegre, mas sempre nos surpreendia com seu intelecto claro e rico, com a agudeza de seu entendimento e juízo. Tendo predileção pelo xadrez, jogava-o eximiamente e, de bom grado, duas partidas simultâneas, o que, por certo, não é indício de falta de síntese intelectual. Era inevitável a impressão de que em tal evolução a ideia inconsciente apoderava-se de uma parte cada vez maior da atividade psíquica e, quanto mais isso acontecia, mais se reduzia a participação do pensamento consciente, este chegando a descer à completa imbecilidade; mas, quando estava "junta"* (conforme a expressão vienense curiosamente apropriada), a sra. Cäcilie M... possuía uma capacidade intelectual proeminente.

* No original, *beisammen sein*, que significa "estar juntos, reunidos".

III. CONSIDERAÇÕES TEÓRICAS

A título de comparação, recorreremos aqui, entre os estados das pessoas normais, não à concentração da atenção, mas à *preocupação*. Quando uma pessoa está "pré-ocupada" por uma ideia intensa, uma aflição, por exemplo, sua capacidade intelectual se reduz de maneira análoga.

Todo observador está sob a influência preponderante de seus objetos de observação, e estaríamos inclinados a crer que a concepção de Janet formou-se essencialmente no estudo aprofundado daqueles histéricos fracos de mente que estão no hospital ou no asilo porque, em virtude de sua doença e consequente fraqueza mental, não conseguiram afirmar-se na vida. Nossa observação de histéricos cultos nos impõe uma opinião essencialmente diversa a respeito de sua psique. Acreditamos que "se pode encontrar, entre os histéricos, pessoas de excepcional clareza de espírito, da mais forte vontade, do mais firme caráter e do mais crítico juízo". Nenhum grau de dom psíquico efetivo, de valor, é excluído pela histeria, mesmo que, em virtude da doença, seu desempenho real se torne com frequência impossível. Com efeito, a padroeira da histeria, santa Teresa, foi uma mulher genial e da maior competência prática.

Mas também é certo que nenhum grau de tolice, ineficiência e apatia protege da histeria. Mesmo se não levamos em conta o que é apenas consequência da doença, temos de reconhecer como frequente o tipo do histérico mentalmente debilitado. Mas ainda aqui não se trata de estupidez tórpida, fleumática, e sim de um grau demasiado alto de mobilidade intelectual, que torna ineficiente. Tratarei adiante a questão da predisposição originária. Aqui, deve-se apenas constatar que é inaceitável a opinião de Janet de que uma fraqueza mental está na base da histeria e da cisão psíquica.

Contrariamente ao ponto de vista de Janet, penso que em grande número de casos uma atividade psíquica excessiva, a coexistência habitual de duas séries de ideias heterogêneas, está na base da desagregação. Não raro se chamou a atenção para o fato de que, com frequência, não apenas agimos "mecanicamente", enquanto em nosso pensamento consciente fluem sequências de ideias que nada têm em comum com nossa atividade, mas também somos capazes de operações psíquicas indubitáveis enquanto nossos pensamentos estão "ocupados alhures"; como, por exemplo, quando lemos em voz alta, corretamente e com a entonação apropriada, e em seguida, porém, não sabemos absolutamente o que acabamos de ler.

Há, sem dúvida, todo um grupo de atividades — desde as mecânicas, como tricotar ou tocar escalas, àquelas que de qualquer forma implicam alguma operação psíquica — que são realizadas por muitas pessoas com o espírito apenas parcialmente presente. Em particular, por aquelas que, tendo grande vivacidade, martirizam-se numa ocupação monótona, simples e sem atrativos, e que, a princípio de modo francamente intencional, buscam se entreter pensando em outra coisa (o "teatro particular" de Anna O., caso clínico 1). Um outro caso, entretanto análogo, ocorre quando uma interessante série de ideias, proveniente de leituras, teatro etc., se impõe e irrompe no pensamento. Essa intrusão é ainda mais enérgica quando a série de ideias adventícia é fortemente "realçada de afeto", na forma de aflição, de saudade apaixonada. Dá-se então o acima aludido estado da preocupação, o qual, porém, não impede muitas pessoas de realizar operações de moderada complexidade. As relações sociais obrigam frequentemente a tais duplicações, mesmo de um pensamento intensivo, por exemplo, quando uma mulher em terrível aflição ou apaixonada agitação cumpre seus deveres sociais e as funções de anfitriã amável. Todos nós conseguimos realizar ações menores dessa natureza em nossa profissão; mas a observação de si parece também mostrar a cada um que o grupo de ideias afetivas não é despertado de quando em quando, por associação, mas está presente na psique de modo permanentemente atual, entrando na consciência quando esta não é requisitada por alguma viva impressão exterior ou ato de vontade.

Mesmo em pessoas que de ordinário não dão curso aos devaneios paralelamente à sua atividade usual, algumas situações provocam, por períodos maiores, essa coexistência entre as impressões e reações variáveis da vida exterior e um grupo de ideias realçadas de afeto. *Post equitem sedet atra cura.** Tais situações são, sobretudo, os cuidados com pessoas doentes queridas e a inclinação amorosa. A experiência demonstra que os

---

* Atrás do cavaleiro vai sentada a negra preocupação (Horácio, *Odes*, III, 1).

cuidados com doentes e o afeto sexual também desempenham o papel principal na maioria dos casos clínicos de pessoas histéricas analisados mais profundamente.

Suponho que a duplicação da capacidade psíquica, seja habitual ou provocada por situações de vida carregadas de afeto, *predispõe* essencialmente à verdadeira cisão patológica da psique. Ela passa para esta quando as duas séries de ideias coexistentes deixam de ter conteúdo da mesma natureza, quando uma delas contém ideias insuscetíveis de consciência: as repelidas e aquelas provenientes de estados hipnoides. A confluência das duas correntes temporariamente separadas que, na pessoa sadia, sempre volta a se realizar, torna-se então impossível e um campo dissociado de atividade psíquica inconsciente se estabelece de modo permanente. Essa cisão histérica da psique é, em relação ao "duplo-eu" do indivíduo são, como o estado hipnoide em relação ao devaneio normal. Aqui, é a amnésia que determina a qualidade patológica e, no primeiro caso, a impossibilidade de as ideias se tornarem conscientes.

A história clínica 1 (Anna O.), à qual sempre tenho de voltar, propicia uma visão clara desse processo. A jovem, em perfeita saúde, tinha o hábito de dar curso a sequências de ideias fantásticas, paralelamente às suas ocupações. Numa situação favorável à auto-hipnose, o afeto de angústia penetra no devaneio e cria um estado hipnoide, para o qual há amnésia. Isso se repete em diversas oportunidades e seu conteúdo ideativo torna-se cada vez mais rico; mas ainda alterna com o estado de pensamento desperto inteiramente normal.

III. CONSIDERAÇÕES TEÓRICAS

Após quatro meses, o estado hipnoide se apodera totalmente da doente; ao confluírem os diferentes ataques, forma-se um *état de mal*,* uma histeria aguda de extrema gravidade. Depois de se prolongar por vários meses em diversas formas (período sonâmbulo), esse estado é bruscamente interrompido; mas sempre alterna com o comportamento psíquico normal. Também neste, porém, persistem os fenômenos somáticos e psíquicos, dos quais *sabemos* que repousam em ideias do estado hipnoide (contratura, hemianestesia, modificação da fala). Isso prova que mesmo durante o comportamento normal, o complexo ideativo do estado hipnoide, a "subconsciência", está presente, que a cisão da psique perdura.

Não posso aduzir um segundo exemplo de tal evolução. Creio, porém, que este lança alguma luz sobre a formação da neurose traumática. Nesta, o estado hipnoide de pavor se repete nos primeiros dias subsequentes ao acidente, com a lembrança deste; enquanto isso ocorre com frequência crescente, sua intensidade diminui de tal maneira que ele não mais alterna com o pensamento desperto, apenas existe ao seu lado. Torna-se então contínuo, e os sintomas somáticos, que antes só apareciam no ataque de pavor, adquirem existência permanente. Mas posso apenas presumir que assim aconteça, pois não analisei nenhum caso desse tipo.

As observações e análises de Freud provam que a cisão da psique também pode ser causada pela "defesa", pelo

---

* "*État de mal*", estado mórbido caracterizado pela sucessão de crises ou pela prolongação de uma crise, sem retorno ao estado normal.

afastamento voluntário da consciência relativamente às ideias penosas. Mas apenas em algumas pessoas, a quem, por isso, devemos atribuir uma peculiaridade psíquica. Em pessoas normais, a repressão de tais ideias ou é bem-sucedida e elas desaparecem totalmente, ou fracassa e sempre voltam a emergir na consciência. Em que consiste essa peculiaridade, não sei dizer. Arrisco apenas a suposição de que o auxílio do estado hipnoide é necessário, quando, por meio da defesa, não só ideias convertidas isoladas devem tornar-se inconscientes, mas uma verdadeira cisão da psique deve se consumar. A auto-hipnose cria, por assim dizer, o espaço, o campo da atividade psíquica inconsciente, para dentro do qual são impelidas as ideias rechaçadas. Mas, seja como for, temos de reconhecer o fato do significado patogênico da "defesa".

Porém não creio que, com os processos discutidos, apenas em parte compreensíveis, a gênese da cisão psíquica esteja sequer aproximadamente esgotada. Assim, no início de histerias de maior gravidade, geralmente se observa, durante algum tempo, uma síndrome que podemos designar como histeria aguda. (Nas anamneses de homens histéricos encontramos essa forma da doença comumente sob o nome de encefalite; nas mulheres histéricas, a ovarialgia dá ensejo ao diagnóstico de peritonite.)

Nesse estágio agudo da histeria, são muito claros os traços psicóticos: estados de agitação maníacos e coléricos, rápida mudança de fenômenos histéricos, alucinações etc. Em estados assim, a cisão da psique pode se efetuar de maneira diversa da que tentamos expor acima.

III. CONSIDERAÇÕES TEÓRICAS

Talvez se deva considerar todo esse estágio como um longo estado hipnoide, cujos resíduos fornecem o núcleo do complexo de ideias inconsciente, enquanto o pensamento desperto é amnésico quanto a isso. Como as condições de formação de tal histeria aguda, na maioria dos casos, nos são desconhecidas (não ouso considerar o processo ocorrido em Anna O. como universalmente válido), esta seria, ao contrário das acima discutidas, outra espécie de cisão psíquica, que podemos chamar de irracional.[17] E, assim, ainda existirão certamente outras formas desse processo que terão escapado ao jovem conhecimento psicológico. Pois, sem dúvida, demos apenas os primeiros passos nessa área e outras experiências transformarão fundamentalmente as atuais concepções.

Perguntemo-nos agora o que o conhecimento da cisão psíquica, adquirido nos últimos anos, trouxe para a compreensão da histeria. Parece ser grande e relevante o aporte.

Esse conhecimento permite relacionar sintomas puramente somáticos na aparência a ideias que, no entanto, não se pode encontrar na consciência dos doentes. Seria supérfluo abordar mais uma vez esse ponto.

17 Mas devo observar que justamente no caso mais bem conhecido e mais transparente de grande histeria com *double conscience* manifesta, precisamente em Anna O. (caso clínico 1), nenhum resto do estágio agudo foi transferido para o estágio crônico, e todos os fenômenos deste último já haviam sido produzidos no "período de incubação" em estados hipnoides e afetivos.

Ele ensinou a compreender o ataque, ao menos em parte, como uma operação do complexo de ideias inconscientes (Charcot).

Mas também esclarece algumas das particularidades psíquicas da histeria, e esse ponto talvez mereça uma discussão mais aprofundada.

É certo que as "ideias inconscientes" nunca, ou só raramente e com dificuldade, entram no pensamento desperto, mas o influenciam. Em primeiro lugar, por seus efeitos, quando, por exemplo, o doente é atormentado por uma alucinação inteiramente incompreensível e sem sentido, cujo significado e motivação se esclarecem na hipnose.

Depois, elas influenciam a associação, tornando certas ideias mais vivas do que seriam sem esse reforço proveniente do inconsciente. Assim, determinados grupos de ideias sempre se impõem aos doentes com certa compulsão, e estes têm de pensar neles. (A situação é análoga à dos hemianestésicos de Janet quando não sentem o repetido toque em sua mão insensível, mas, solicitados a designar um número qualquer, sempre escolhem aquele que corresponde ao número de toques.) Além disso, as ideias inconscientes governam o estado de espírito, o humor. Quando Anna O., no desenrolar de suas lembranças, aproximava-se de um acontecimento que fora ligado originalmente a um vivo afeto, a disposição de ânimo correspondente já se manifestava havia alguns dias, antes mesmo de a lembrança aparecer claramente na consciência hipnótica.

Isso nos permite compreender os "ânimos" dos doentes, os maus humores inexplicáveis, infundados,

III. CONSIDERAÇÕES TEÓRICAS

imotivados para o pensamento desperto. De fato, a impressionabilidade dos histéricos é em grande parte condicionada simplesmente por sua excitabilidade original; mas os vivos afetos em que mergulham por causas relativamente insignificantes tornam-se mais compreensíveis se pensamos que a "psique cindida" age como um ressonador à nota do diapasão. Qualquer ocorrência que desperta lembranças "inconscientes" libera toda a força afetiva dessas ideias não desgastadas, e o afeto suscitado é completamente desproporcional àquele que teria surgido só na psique consciente.

Relatamos acima (p. 328) sobre uma doente cuja atividade psíquica está sempre em relação inversa com a vivacidade de suas ideias inconscientes. A diminuição do seu pensamento consciente repousa em parte, mas apenas em parte, num gênero particular de distração; após cada *"absence"* [ausência] momentânea — e estas ocorrem permanentemente — ela não sabe em que pensou no decorrer da mesma. Oscila entre a *"condition prime"* [condição primeira] e a *"seconde"* [segunda], entre o complexo de ideias consciente e o inconsciente. Mas não só por isso sua atividade psíquica é diminuída, e tampouco apenas pelo afeto que a domina desde o inconsciente. Nesse estado, seu pensamento desperto é desprovido de energia, seu julgamento é infantil; ela parece, como dissemos, francamente imbecil. Penso que isso se explica pela redução da energia disponível para o pensamento desperto, quando uma grande quantidade de excitação psíquica é apropriada pelo inconsciente.

Quando isso ocorre não apenas de modo temporário, quando a psique cindida está em permanente excitação, como nos hemianestésicos de Janet, em que, inclusive, todas as sensações de uma metade do corpo são percebidas apenas pela psique inconsciente, o que resta da atividade cerebral para o pensamento desperto é tão pouco que a fraqueza psíquica descrita por Janet e por ele considerada original se explica inteiramente. Decerto, pouquíssimas são as pessoas de quem se pode dizer, como do Bertrand de Born, de Uhland, "que nunca necessitam de mais do que a metade de seu espírito".* Com tal redução de sua energia psíquica, a grande maioria das pessoas seria mesmo mentalmente debilitada.

Sobre essa fraqueza mental provocada pela cisão psíquica parece repousar também uma característica, rica em consequências, de *alguns* histéricos: sua sugestionabilidade. (Digo "de alguns histéricos", pois não há dúvida de que, entre os doentes desse tipo, também se encontram pessoas bastante críticas e de julgamento seguro.)

Entendemos por sugestionabilidade, antes de tudo, apenas a ausência de crítica a ideias e complexos de ideias (juízos) que emergem na própria consciência ou nela são introduzidos de fora, pela escuta do que outros dizem ou pela leitura. Toda crítica dessas ideias recém-chegadas à consciência se baseia no fato de que elas, por associação, despertam outras, entre as quais

---

* Citação da balada que Ludwig Uhland (1787-1862) escreveu sobre o famoso trovador francês Bertrand de Born.

III. CONSIDERAÇÕES TEÓRICAS

também as que lhes são incompatíveis. A resistência a elas depende, portanto, do acervo de tais ideias conflitantes na consciência potencial, e sua força corresponde à relação entre a vivacidade das ideias frescas e a das despertas na lembrança. Essa relação é muito variável, mesmo em intelectos normais. O que chamamos temperamento intelectual depende em grande parte disso. O sanguíneo, que sempre se encanta com novas pessoas e coisas, é assim certamente porque a intensidade de suas imagens mnemônicas, em comparação com a das novas impressões, é menor do que na pessoa mais tranquila, "fleumática". Em estados patológicos, o predomínio de ideias frescas e a falta de resistência a elas crescem à proporção que o número de imagens mnêmicas despertas diminui, ou seja, quanto mais fraca e pobre é a associação; é o que já acontece no sono e no sonho, na hipnose, em cada redução da energia mental, enquanto esta também não prejudica a vivacidade das novas ideias.

A psique inconsciente, cindida, da histeria é eminentemente sugestionável, em razão da pobreza e incompletude de seu conteúdo ideativo. Mas também a sugestionabilidade da psique consciente de alguns histéricos parece repousar sobre isso. Por sua predisposição original, eles são excitáveis; neles, as ideias novas são de grande vivacidade. Em contrapartida, a verdadeira atividade intelectual, a associação, é reduzida porque, em virtude da excisão de um "inconsciente", apenas uma parte da energia psíquica está à disposição do pensamento desperto.

Com isso, sua capacidade de resistência às autossugestões e às sugestões alheias é diminuída e, às vezes, aniquilada. Também a sugestionabilidade de sua vontade pode vir apenas disso. Em contrapartida, a sugestionabilidade alucinatória, que imediatamente converte toda ideia de uma percepção sensorial na própria percepção, requer, como toda alucinação, um grau anormal de excitabilidade do órgão perceptivo, e não se pode derivá-la apenas da cisão psíquica.

6. PREDISPOSIÇÃO ORIGINAL; DESENVOLVIMENTO DA HISTERIA

Em quase todas as etapas dessa exposição, tive de reconhecer que a maioria das manifestações, em cuja compreensão nos empenhamos, também pode se basear numa peculiaridade inata. Esta se subtrai a toda explicação que pretenda ir além da constatação dos fatos. Mas também a *capacidade de adquirir histeria* está certamente ligada a uma peculiaridade das pessoas, e a tentativa de defini-la com maior precisão talvez tenha algum valor.

Expliquei acima por que é inaceitável a concepção de Janet, segundo a qual a predisposição à histeria reside numa fraqueza psíquica inata. O clínico geral que, como médico de família, observa os membros de famílias histéricas em todas as idades, certamente estará inclinado a procurar essa predisposição antes num excesso do que numa deficiência. Em geral, os adolescentes que mais tarde se tornam histéricos são, antes de

III. CONSIDERAÇÕES TEÓRICAS

adoecer, cheios de vida, talentosos, repletos de interesses intelectuais; a energia de sua vontade é frequentemente notável. Entre eles contam-se aquelas meninas que se levantam à noite para aplicar-se em segredo a algum estudo que os pais lhes proibiram por recearem o esforço excessivo. Sem dúvida, a faculdade de julgamento ponderado não lhes é dada mais fartamente do que às outras pessoas. Mas é raro encontrar entre eles a simples, apática indolência de espírito e estupidez. A transbordante produtividade de sua psique levou um de meus amigos a afirmar que os histéricos seriam a flor da humanidade, tão estéreis, mas também tão belos como as flores plenas.*

Sua vivacidade e desassossego, sua necessidade de sensações e atividade intelectual, sua incapacidade para suportar monotonia e tédio, podem ser expressas também da seguinte maneira: eles estão entre aquelas pessoas cujo sistema nervoso libera, em repouso, um excesso de excitação que requer utilização (cf. p. 271). Durante o desenvolvimento da puberdade, e em consequência dela, ainda vem juntar-se ao excedente original aquele forte aumento da excitação que advém do despertar da sexualidade, das glândulas sexuais. Um enorme quantum de excitação nervosa livre encontra-se então disponível para fenômenos patológicos: mas, para que estes ocorram na forma de manifestações patológicas histéricas, é preciso ainda, evidentemente, uma ou-

---

* "As flores plenas" ou "dobradas" (*die gefüllten Blumen*): variedades de flores estéreis, com grande número de pétalas.

tra particularidade do indivíduo. Pois a grande maioria das pessoas vivazes e inquietas não se torna histérica.

Pude designar essa particularidade, acima (p. 271), apenas com estas palavras vagas e pobres de conteúdo: "excitabilidade anormal do sistema nervoso". Mas talvez se possa avançar e dizer: essa anormalidade consiste precisamente no fato de que, em tais pessoas, a excitação do órgão central pode afluir aos aparelhos nervosos da sensação, que normalmente são acessíveis apenas a estímulos periféricos, e àqueles órgãos vegetativos que são isolados do sistema nervoso central por fortes resistências. Essa noção de um excedente de excitação sempre presente, ao qual têm acesso os aparelhos sensoriais, vasomotores e viscerais, talvez já responda por alguns fenômenos patológicos.

Em pessoas assim constituídas, tão logo a atenção é forçosamente concentrada numa parte do corpo, a "facilitação pela atenção" (Exner) da via de condução sensorial correspondente excede a medida normal; a excitação livre, flutuante, traslada-se, por assim dizer, para essa via, e ocorre uma hiperalgesia local, em consequência da qual todas as dores, qualquer que seja a sua causa, recrudescem ao máximo e todo sofrimento torna-se "terrível" e "insuportável". Mas a quantidade de excitação que uma vez investiu* uma via sensorial não volta a abandoná-la sempre, como nas pessoas normais; ela não apenas persiste, mas se multiplica pela

---

* "Investiu": *besetzt hat*, que também poderia ser traduzido por "ocupou, tomou".

III. CONSIDERAÇÕES TEÓRICAS

afluência contínua de excitações novas. Assim, a partir de um leve trauma articular se desenvolve uma *neurose articular*; as sensações dolorosas da intumescência ovariana tornam-se uma *ovarialgia* permanente.

Os aparelhos nervosos da circulação são mais acessíveis à influência cerebral do que nas pessoas normais: há palpitações nervosas, tendência à síncope, excessivo rubor e palidez, e assim por diante.

Mas não é apenas em relação às influências centrais que os aparelhos nervosos periféricos são mais facilmente excitáveis: também aos estímulos adequados, funcionais, eles reagem de maneira excessiva e perversa. As palpitações seguem-se tanto a um esforço moderado como a uma exaltação de ânimo, e os nervos vasomotores provocam contração das artérias ("dedos dormentes") sem qualquer influência psíquica. E, tal como a um leve trauma segue-se uma neurose articular, uma breve bronquite deixa atrás de si uma asma nervosa, e uma indigestão, uma cardialgia frequente. Assim, devemos reconhecer que a acessibilidade a somas de excitação de origem central é apenas um caso especial da excitabilidade anormal geral,[18] ainda que o mais importante para nosso tema.

Por isso, tampouco creio que se possa rejeitar inteiramente a velha "teoria do reflexo" para esses sintomas, que talvez qualificássemos melhor simplesmente como "nervosos", mas que pertencem ao quadro clínico empírico da histeria. Os vômitos, que, como se sabe,

18 A "labilidade das moléculas", segundo Oppenheim.

acompanham a dilatação do útero grávido, podem muito bem, na excitabilidade anormal, ser desencadeados reflexamente por estímulos uterinos leves; talvez até mesmo pela intumescência variável dos ovários. Conhecemos tantos efeitos à distância que vêm de modificações orgânicas, tantos "pontos conjugados" insólitos, que não se pode rejeitar a suposição de que um grande número de sintomas nervosos, que às vezes são determinados psiquicamente, poderiam ser, em outros casos, efeitos reflexos à distância. Atrevo-me a sugerir a heresia, muito pouco moderna, de que até a fraqueza motora de uma perna poderia não ser determinada psiquicamente, mas de maneira diretamente reflexa, por uma doença genital. Acho que faremos bem em não atribuir validade muito exclusiva a nossas novas percepções e não generalizá-las para todos os casos.

Outras formas de excitabilidade sensorial anormal ainda escapam completamente à nossa compreensão; é o caso da analgesia geral, das placas anestésicas, do estreitamento do campo de visão etc. É possível, e talvez provável, que observações ulteriores comprovem a origem psíquica de um ou outro desses estigmas, e assim venham a explicar o sintoma; até o momento, isso não ocorreu (não me atrevo a generalizar as indicações que nos fornece nossa observação no 1 [Anna O.]); e não considero justificado presumi-la antes que tal derivação tenha sido provada.

Em contrapartida, a mencionada peculiaridade do sistema nervoso e da psique parece explicar algumas características notórias de muitos histéricos. O excedente

III. CONSIDERAÇÕES TEÓRICAS

de excitação que o seu sistema nervoso libera em repouso determina sua incapacidade de suportar uma vida monótona e o tédio, sua necessidade de sensações, que, após a irrupção da doença, impele-os a interromper a monotonia da existência de enfermos com toda sorte de "incidentes": como tais, naturalmente, se oferecem sobretudo fenômenos patológicos. A autossugestão os auxilia nisso com frequência. E nisso prosseguem, levados por sua necessidade de doença, aquele curioso traço que para a histeria é tão patognomônico como o medo de doenças para a hipocondria. Conheço uma histérica que fazia lesões em si mesma, muitas vezes consideráveis, apenas para uso próprio, sem que as pessoas à sua volta e o médico o soubessem. Cometia todo tipo de despropósito, sozinha em seu quarto, apenas para provar a si mesma que não era normal. Ela tem a nítida sensação de sua condição doentia, cumpre seus deveres de modo insatisfatório e, mediante esses atos, forja uma justificativa para si mesma. Uma outra doente, gravemente afetada, mulher de escrupulosidade mórbida e repleta de desconfiança em relação a si mesma, sente todo fenômeno histérico como culpa, "porque, se ela verdadeiramente quisesse, não precisaria tê-los". Quando a paresia de suas pernas foi erroneamente qualificada de doença espinhal, ela sentiu isso como uma redenção, e a explicação de que era "apenas algo nervoso" e passaria foi suficiente para causar-lhe grave angústia de consciência. A necessidade de doença vem da ânsia da paciente de convencer-se e convencer outros da realidade de sua doença. Quando ela se associa ao sofrimento causado pela monotonia de um quarto de doente, a tendência de apresentar sempre novos sintomas se desenvolve ao máximo.

Mas quando essa tendência se transforma em mendacidade e leva à simulação real — e creio que agora nos excedemos em rejeitar a simulação, como antes em aceitá-la —, isso não se baseia na predisposição histérica, mas, como diz muito bem Möbius, na complicação desta por outras degenerações, por uma inferioridade moral original. Do mesmo modo, a "histérica maldosa" surge pelo fato de uma pessoa originalmente excitável, mas pobre de emoção, também sucumbir a um definhamento egoísta do caráter, facilmente produzido por uma enfermidade crônica. De resto, é improvável que a "histérica maldosa" seja mais frequente do que o tabético maldoso nos estágios mais avançados.

Também na esfera motora o excedente de excitação produz fenômenos patológicos. Crianças assim desenvolvem muito facilmente movimentos semelhantes a tiques, que, de início incitados por uma sensação qualquer nos olhos ou no rosto, ou pelo incômodo de uma peça de vestuário, logo se tornam permanentes, se não são combatidos de imediato. As vias reflexas são muito fácil e rapidamente "batidas".

Também não se pode rejeitar a possibilidade de haver um ataque convulsivo puramente motor, independente de qualquer fator psíquico, no qual apenas a massa de excitação acumulada por adição se descarrega, exatamente como a massa de estímulos causada por modificações anatômicas, no ataque epiléptico. Esta seria a convulsão histérica não ideogênica.

III. CONSIDERAÇÕES TEÓRICAS

Com tanta frequência vemos adoecerem de histeria, durante a puberdade, adolescentes que, embora excitáveis, até então eram sadios, que temos de nos perguntar se esse processo não cria a predisposição ali onde ela originalmente ainda não existe. E, no entanto, devemos atribuir a ele mais do que o simples aumento do quantum de excitação; a maturação sexual afeta todo o sistema nervoso, aumentando a excitabilidade e reduzindo as resistências por toda parte. É o que nos ensina a observação dos adolescentes não histéricos, justificando nossa crença de que a maturação também produz a predisposição histérica, na medida em que esta consista precisamente nessa propriedade do sistema nervoso. Com isso já reconhecemos a sexualidade como um dos grandes componentes da histeria. Veremos que sua participação nela é ainda muito maior e que concorre para a construção da doença pelas mais diversas vias.

Quando os estigmas nascem diretamente do solo original da histeria e não são de origem ideogênica, é também impossível colocar a ideogenia no centro da histeria, como hoje às vezes ocorre. O que poderia ser mais genuinamente histérico do que os estigmas, esses achados patognomônicos que permitem estabelecer o diagnóstico e que, no entanto, não parecem ideogênicos? Mas se a base da histeria é uma singularidade de todo o sistema nervoso, sobre ela se ergue o complexo de sintomas ideogênicos, psiquicamente determinados, como uma construção sobre seus fundamentos. E é *uma construção de vários andares*. Assim como só podemos entender a estrutura de tal construção quando distinguimos as plantas dos diferentes andares, a compreensão da histeria, penso eu, depende de que se leve em conta a variada complicação das causas dos sintomas. Se ignoramos isso e tentamos explicar a histeria utilizando um único nexo causal, sempre fica um resto bastante considerável de fenômenos inexplicados; é exatamente como se quiséssemos incluir os diferentes cômodos de uma casa de vários andares na planta de um só pavimento.

Do mesmo modo que os estigmas, uma série de outros sintomas nervosos, como vimos acima, não é ocasionada por ideias, mas consequência direta da anomalia fundamental do sistema nervoso: algumas algias, fenômenos vasomotores e, talvez, o ataque convulsivo puramente motor.

Ao lado deles estão os fenômenos ideogênicos, que são simplesmente conversões de excitação afetiva (p. 287). Eles surgem como efeitos de afetos em pessoas com predisposição histérica e são, a princípio, apenas "expressão anormal das emoções" (Oppenheim).[19] Esta se torna, por repetição, um sintoma histérico real e na aparência puramente somático, enquanto a ideia motivadora torna-se imperceptível (p. 293) ou é repelida e, portanto, afastada da consciência. A maioria e as mais importantes das ideias repelidas e

---

19 Essa predisposição é justamente o que Strümpell designa como "a perturbação no campo psicofísico", que está na base da histeria.

III. CONSIDERAÇÕES TEÓRICAS

convertidas têm conteúdo sexual. Elas estão na base de grande parte da histeria da puberdade. As meninas em amadurecimento — é delas sobretudo que se trata — comportam-se de maneira bastante diversa em relação às ideias e sensações sexuais que as invadem. Algumas garotas as veem com total desembaraço, sendo que umas poucas ignoram todo esse campo, deixando-o de lado. Outras as aceitam como os garotos; é certamente a regra entre as meninas camponesas e operárias. Outras, ainda, tentam captar, com maior ou menor curiosidade perversa, tudo o que as conversas e as leituras lhes trazem em matéria de sexualidade. E, por fim, há as naturezas delicadas, de grande excitabilidade sexual, mas também de grande pureza moral, que sentem tudo que é sexual como incompatível com sua substância moral, como sujeira e mácula.[20] Estas reprimem a sexualidade de sua consciência, e as ideias afetivas com esse teor, que causaram fenômenos somáticos, uma vez "repelidas", tornam-se inconscientes.

A tendência à rejeição do elemento sexual é reforçada ainda pelo fato de que a excitação sensual, na virgem, tem uma mescla de angústia, o receio do desconhecido,

---

20 Algumas observações nos levam a pensar que o medo de contato — na realidade, medo de sujar-se —, que impele as mulheres a lavar as mãos a todo instante, tem muito frequentemente essa origem. O ato de lavar se origina do mesmo processo psíquico que em Lady Macbeth. [No quinto ato da peça *Macbeth*, de Shakespeare, Lady Macbeth procura desesperadamente lavar as mãos "manchadas de sangue".]

do pressentido, do que virá, enquanto no jovem homem sadio, natural, ela é um instinto agressivo sem mistura. A menina pressente em Eros o terrível poder que domina e decide seu destino, e é angustiada por ele. Tanto maior é a tendência a desviar o olhar e reprimir da consciência o angustiante.

O casamento traz novos traumas sexuais. É admirável que a noite de núpcias não tenha efeito patológico com maior frequência, já que, lamentavelmente, tantas vezes envolve não a sedução erótica, mas a violação. De todo modo, com certeza não são raras as histerias de jovens mulheres que podem ser atribuídas a isso e que desaparecem quando, no decorrer do tempo, o prazer sexual acontece e o trauma se extingue. Também no curso ulterior de muitos casamentos ocorrem traumas sexuais. As histórias clínicas de cuja publicação tivemos de prescindir contêm um grande número de exigências perversas do marido, práticas inaturais etc. Não creio exagerar, quando afirmo que *a grande maioria das neuroses graves em mulheres tem origem no leito conjugal*.[21]

Uma parte das noxas sexuais, que consiste essencialmente em satisfação insuficiente (*coitus interruptus*, *ejaculatio praecox* e assim por diante), leva, segundo a

---

21 É certamente lastimável que a clínica ignore este que é um dos mais importantes fatores patogênicos ou o aborde apenas de modo brando e alusivo. Este é, sem dúvida, um ponto em que o conhecimento dos médicos experientes deve ser comunicado ao jovem colega, que habitualmente passa pela sexualidade às cegas; ao menos no que concerne a seus doentes.

III. CONSIDERAÇÕES TEÓRICAS

descoberta de Freud,[22] não à histeria, mas à neurose de angústia. Penso, no entanto, que também em tais casos, com bastante frequência, a excitação do afeto sexual é convertida em fenômenos somáticos histéricos.

É evidente — e, além disso, nossas observações mostram suficientemente — que os afetos não sexuais do pavor, da angústia, da cólera levam ao aparecimento de fenômenos histéricos. Mas talvez não seja supérfluo voltar sempre a enfatizar que o fator sexual é de longe o mais importante e, no que toca à patologia, o mais fecundo. A observação ingênua de nossos predecessores, cujo resíduo conservamos na palavra "histeria",* aproximou-se mais da verdade do que a visão mais recente que coloca a sexualidade quase em último plano, para preservar os doentes de repreensões morais. Sem dúvida, as necessidades sexuais dos histéricos são tão individuais e variáveis em intensidade como nas pessoas sadias e não são mais fortes do que nestas. Mas os histéricos adoecem por elas e, em grande parte, precisamente ao combatê-las, ao defender-se da sexualidade.

Ao lado da histeria sexual, é preciso lembrar aqui a histeria de pavor, a histeria propriamente traumática. Ela constitui uma das formas mais bem conhecidas e reconhecidas de histeria.

---

22 Freud, "Sobre a justificação para separar da *neurastenia*, como neurose de angústia, determinado complexo de sintomas". *Neurologisches Zentralblatt*, n. 2, 1895.
* Alusão ao fato de que "histeria" vem da palavra grega que significa "útero".

Na mesma camada, por assim dizer, dos fenômenos produzidos por conversão de excitação afetiva, encontram-se aqueles que devem sua origem à sugestão (quase sempre à autossugestão) em indivíduos originalmente sugestionáveis. A sugestionabilidade de alto grau, isto é, a desinibida preponderância de ideias recentemente suscitadas, não é da essência da histeria; mas pode já estar presente, como uma complicação, em pessoas com predisposição histérica, em quem precisamente essa singularidade do sistema nervoso possibilita a realização corporal das ideias bastante fortes. De resto, são em geral apenas ideias afetivas que se realizam, por sugestão, em fenômenos somáticos, e assim podemos, frequentemente, considerar também esse processo uma conversão do afeto de pavor ou de angústia que os acompanha.

Esses processos, da *conversão de afeto* e da *sugestão*, permanecem idênticos mesmo nas formas complicadas de histeria que agora passamos a examinar; apenas encontram nelas condições mais favoráveis. Mas fenômenos histéricos psiquicamente determinados sempre surgem por um desses dois processos.

Aquele terceiro elemento constitutivo da predisposição histérica, que, em alguns casos, soma-se aos anteriormente tratados, é o estado *hipnoide*, a tendência à auto-hipnose (p. 305). Ele favorece e facilita no mais alto grau tanto a conversão como a sugestão, e desse modo ergue, por assim dizer, sobre as peque-

III. CONSIDERAÇÕES TEÓRICAS

nas histerias, que mostram apenas alguns fenômenos histéricos, um outro andar, o da grande histeria. A tendência à auto-hipnose constitui um estado, a princípio, apenas passageiro e alternante com o normal, e a que podemos atribuir o mesmo aumento da influência psíquica sobre o corpo que observamos na hipnose artificial; essa influência *é aqui mais intensa e profunda*, por afetar um sistema nervoso que já é de excitabilidade anormal fora da hipnose.[23] *Não sabemos em que medida e em que casos a tendência à auto-hipnose é uma propriedade original do organismo*. Expus acima (p. 309) a opinião de que ela se desenvolve a partir de devaneios carregados de afeto. Mas certamente há também uma predisposição original. Se essa concepção *é correta, também aqui fica clara a grande influência que se pode atribuir à sexualidade no desenvolvimento da histeria*. Pois, fora os cuidados prestados a doentes, não há nenhum fator psíquico tão adequado para produzir devaneios carregados de afeto como a ânsia de amor. E, além disso, o próprio orgasmo sexual, com sua plenitude de afeto e seu estreitamento da consciência, guarda parentesco próximo com os estados hipnoides.

23 É plausível identificar a predisposição à hipnose com a excitabilidade anormal original, pois a hipnose artificial também mostra alterações ideogênicas da secreção, do volume local de sangue, da formação de vesículas etc. Este parece ser o ponto de vista de Möbius. Mas penso que incorreríamos aí num círculo vicioso. Tanto quanto sei, só observamos essa taumaturgia da hipnose nos histéricos. Assim, atribuiríamos à hipnose os fenômenos da histeria para depois derivar a histeria da hipnose.

O componente hipnoide manifesta-se do modo mais nítido como ataque histérico e naquele estado que se pode designar como histeria aguda e que, pelo visto, desempenha um papel tão significativo no desenvolvimento da grande histeria (p. 305). São estados prolongados, estendendo-se em geral por vários meses, claramente psicóticos, que muitas vezes devemos qualificar de "confusão alucinatória"; mesmo quando o transtorno não vai tão longe, surgem diversos fenômenos histéricos, alguns dos quais persistem ulteriormente. O conteúdo psíquico desses estados consiste, em parte, precisamente naquelas ideias que foram repelidas na vida de vigília e reprimidas da consciência ("delírios histéricos dos santos e freiras, das mulheres abstinentes, das crianças bem-educadas").*

Como esses estados, com muita frequência, são nada menos que psicoses e, contudo, originam-se direta e exclusivamente da histeria, não posso subscrever a opinião de Möbius, para quem "excetuando os delírios ligados ao ataque, não se pode falar de uma loucura propriamente histérica".[24] Esses estados constituem, em muitos casos, uma loucura desse gênero; e também no curso ulterior da histeria se repetem essas psicoses, que, de fato, na essência, nada mais são que o estágio psicótico do ataque, mas que, por durarem meses, não podem ser designadas como ataques.

---

* Citação da "Comunicação preliminar" (cf. p. 29).
24 Möbius, "Gegenwärtige Auffassung der Hysterie". *Monatsschrift für Geburtshilfe und Gynäkologie*, 1895, v. 1, p. 18.

III. CONSIDERAÇÕES TEÓRICAS

Como surgem essas histerias agudas? No caso mais bem conhecido (história clínica 1 [Anna O.]), ela se desenvolve a partir da acumulação de ataques hipnoides; em outro caso (de histeria já existente, complicada), em seguida a uma privação de morfina. Na maioria das vezes, o processo é bastante obscuro e aguarda esclarecimento por outras observações.

Para as histerias aqui abordadas vale, portanto, o enunciado de Möbius: "A modificação essencial da histeria consiste em que, de modo passageiro ou permanente, o estado mental do histérico equivale ao do hipnotizado".

A persistência, no estado normal, dos sintomas histéricos surgidos durante o estado hipnoide corresponde integralmente a nossas experiências com a sugestão pós-hipnótica. Mas isso já significa que complexos de ideias insuscetíveis de consciência coexistem com as séries de ideias de curso consciente, e que a *cisão da psique* (p. 324) está consumada. Parece certo que esta também pode surgir sem estado hipnoide, a partir da profusão de ideias repelidas, reprimidas da consciência, mas não suprimidas. De uma maneira ou de outra surge um campo de vida psíquica, ora pobre de ideias, rudimentar, ora mais ou menos análogo ao pensamento desperto, e cujo conhecimento devemos sobretudo a Binet e Janet. A cisão da psique é a consumação da histeria; expusemos antes (parte 5) como ela explica as características essenciais da doença. De modo permanente, mas com vivacidade variável de suas ideias, uma parte da psique do doente se encontra em estado hipnoide, sempre pronta, quando o pensamento desperto relaxa, a conquistar a pessoa inteira (ataque, delírio). Isso acontece tão logo um afeto intenso perturba o curso normal das ideias, nos estados crepusculares e de exaustão. A partir desse estado hipnoide persistente, ideias imotivadas, estranhas à associação normal, irrompem na consciência, alucinações são lançadas na percepção, atos motores são inervados independentemente da vontade consciente. Essa psique hipnoide é apta, no mais alto grau, para a conversão do afeto e a sugestão, e assim aparecem, com facilidade, novos fenômenos histéricos que, sem a cisão psíquica, só muito dificilmente e sob a pressão de afetos repetidos teriam se produzido. A psique cindida é aquele *demônio* do qual a observação ingênua de velhos tempos supersticiosos acreditava que os doentes estavam possuídos. É certo que um espírito estranho à consciência desperta do doente o governa; mas não se trata realmente de um estranho, e sim de uma parte dele mesmo.

A tentativa que aqui fizemos, de uma construção sintética da histeria a partir de nossos conhecimentos atuais, está exposta à objeção de ecletismo, se esta verdadeiramente se justificar. Houve tantas formulações da histeria, desde a velha "teoria do reflexo" até a "dissociação da personalidade", que precisaram ser aqui abordadas. Mas dificilmente poderia ser de outro modo. Tantos observadores excelentes e cabeças perspicazes se ocuparam da histeria. É improvável que cada uma de suas formulações não contenha parte da verdade. Uma exposição futura

III. CONSIDERAÇÕES TEÓRICAS

do real estado de coisas conterá todas elas certamente, e apenas combinará todas as visões unilaterais da matéria numa realidade concreta. Por isso o ecletismo não me parece um defeito.

Mas como ainda estamos longe da possibilidade de uma compreensão plena da histeria! Com que traços incertos foram aqui delineados os contornos, com que ideias auxiliares toscas as enormes lacunas foram antes encobertas que preenchidas! Só uma reflexão nos tranquiliza em alguma medida: que esse mal é inerente, e não pode deixar de sê-lo, a todas as descrições fisiológicas de processos psíquicos complicados. Delas sempre se pode afirmar o que Teseu, no *Sonho de uma noite de verão*, diz da tragédia: "As melhores, nesse gênero, não passam de sombras".* E mesmo as mais fracas não são desprovidas de valor se, com fidelidade e modéstia, procuram reter os contornos das sombras que os objetos reais desconhecidos lançam na parede. Então é sempre legítima a esperança de que haverá algum grau de concordância e similitude entre os processos reais e a ideia que temos deles.

---

* Shakespeare, *Sonho de uma noite de verão*, ato v, cena 1.

IV. A PSICOTERAPIA DA HISTERIA

(FREUD)

IV. A PSICOTERAPIA DA HISTERIA

Em nossa "Comunicação preliminar", relatamos que, ao investigar a etiologia de sintomas histéricos, descobrimos também um método terapêutico que reputamos de importância prática. "*Pois vimos, para nossa grande surpresa inicial, que cada sintoma histérico desaparecia de imediato e sem retorno, quando conseguíamos despertar com toda clareza a lembrança do acontecimento motivador, assim avivando igualmente o afeto que o acompanha, e quando, em seguida, o doente descrevia o episódio da maneira mais detalhada possível, pondo o afeto em palavras*" (p. 23).

Procuramos ainda explicar de que maneira nosso método psicoterapêutico atua: "*Ele anula a efetividade da ideia que originalmente não foi ab-reagida, ao permitir a seu afeto estrangulado o escoamento pela fala, e a leva à correção associativa, impelindo-a para a consciência normal (em hipnose mais leve) ou removendo-a por sugestão médica, como ocorre no sonambulismo com amnésia*" (pp. 37-8).

Ainda que o essencial a esse respeito já esteja contido nas histórias clínicas precedentes e eu não possa evitar me repetir nesta exposição, tentarei demonstrar agora, de forma concatenada, até onde nos leva esse método, o que proporciona mais do que outros, com que técnica e com quais dificuldades trabalha.

I

Posso ainda dizer, de minha parte, que me atenho ao conteúdo da "Comunicação preliminar"; no entanto, devo admitir que nos anos transcorridos desde então — durante os quais me ocupei sem cessar dos problemas ali tratados — se impuseram a mim novos pontos de vista que implicaram um agrupamento e uma concepção, ao menos em parte diferentes, do material factual conhecido naquela época. Seria injusto pretender lançar sobre meu caro amigo J. Breuer o fardo de uma responsabilidade excessiva por esse desenvolvimento. Assim, apresento as considerações a seguir em meu nome, sobretudo.

Quando tentei aplicar a um número maior de doentes o método breueriano da cura de sintomas histéricos por investigação e ab-reação na hipnose, deparei com duas dificuldades, e ao lidar com elas cheguei a uma modificação tanto da técnica como da concepção: 1) nem todas as pessoas que mostravam sintomas histéricos indiscutíveis e nas quais, muito provavelmente, prevalecia o mesmo mecanismo psíquico, eram hipnotizáveis; 2) tive de me posicionar quanto à questão do que caracteriza essencialmente a histeria e em que ela se distingue de outras neuroses.

Deixo para mais tarde relatar como superei a primeira dificuldade e o que aprendi com ela. Começarei por tratar da posição que tomei na prática diária em face do segundo problema. É muito difícil entender corretamente um caso de neurose antes de submetê-lo a uma análise aprofundada, uma análise como apenas

IV. A PSICOTERAPIA DA HISTERIA

a aplicação do método breueriano propicia. Mas a decisão sobre o diagnóstico e o tipo de terapia tem de ser tomada antes desse conhecimento aprofundado. Não me restava, pois, senão escolher para o método catártico aqueles casos que se podia diagnosticar provisoriamente como de histeria, que apresentavam alguns ou vários dos estigmas ou sintomas característicos da histeria. Às vezes acontecia então que, não obstante o diagnóstico de histeria, os resultados terapêuticos eram muito pobres, mesmo a análise não trazia à luz nada de significativo. Outras vezes, tentei tratar com o método de Breuer neuroses que certamente ninguém reconheceria como histerias e verifiquei que, desse modo, era possível atuar sobre elas e até mesmo resolvê-las. Assim sucedeu-me, por exemplo, com as ideias obsessivas, as autênticas ideias obsessivas — segundo o modelo de Westphal[*]— em casos que não lembravam a histeria em nenhum traço. Portanto, o mecanismo psíquico que a "Comunicação preliminar" havia revelado não podia ser patognomônico de histeria; tampouco eu podia, por causa desse mecanismo, decidir-me a lançar num mesmo tacho a histeria e tantas outras neuroses. De todas as dúvidas suscitadas, surgiu-me por fim o plano de tratar todas as outras neuroses em causa de modo semelhante à histeria, investigar por toda parte a etiologia e a natu-

---

[*] Referência à descrição e classificação das ideias obsessivas por Carl Friedrich Otto Westphal, psiquiatra e neurologista alemão, em "Über Zwangsvorstellungen" (Sobre as ideias obsessivas), *Berliner Klin. Wochenschrift*, 1877.

reza do mecanismo psíquico e deixar que a decisão sobre a legitimidade do diagnóstico de histeria dependesse do resultado da investigação.

Assim, partindo do método breueriano, vim a debruçar-me sobre a etiologia e o mecanismo das neuroses em geral. Tive em seguida a sorte de chegar a resultados proveitosos em tempo relativamente curto. Em primeiro lugar, foi preciso reconhecer que, na medida em que se possa falar de causas que levem à *aquisição* de neuroses, deve-se buscar a etiologia em fatores *sexuais*. A isso seguiu-se a descoberta de que, em termos bem gerais, fatores sexuais diferentes produzem quadros também diferentes de doenças neuróticas. E então, à medida que esta última relação se confirmava, pudemos nos atrever a utilizar a etiologia na caracterização das neuroses e estabelecer uma separação nítida dos quadros patológicos. Se os caracteres etiológicos coincidissem com os clínicos de maneira constante, isso era justificado.

Desse modo constatei que a neurastenia corresponde, na realidade, a um quadro clínico monótono, no qual, como as análises mostravam, um "mecanismo psíquico" não desempenha nenhum papel. Da neurastenia se distinguia claramente a *neurose obsessiva*, a neurose das autênticas ideias obsessivas, na qual se evidenciava um mecanismo psíquico complicado, uma etiologia semelhante à da histeria e uma grande possibilidade de abrandamento pela psicoterapia. Por outro lado, pareceu-me absolutamente necessário separar da neurastenia um complexo de sintomas neuróticos que depende de uma etiologia de todo diversa e até mesmo

IV. A PSICOTERAPIA DA HISTERIA

contrária, no fundo, enquanto os sintomas parciais desse complexo se mantêm unidos por uma característica já percebida por E. Hecker.[1] Com efeito, são sintomas ou equivalentes e rudimentos de *manifestações de angústia*, e por isso chamei *neurose de angústia* a esse complexo que deve ser separado da neurastenia. Sobre ele afirmei que se forma pela acumulação de tensão física que é, ela mesma, de origem sexual; essa neurose também não tem ainda um mecanismo psíquico, mas influi com bastante regularidade sobre a vida psíquica, de modo que "expectativa angustiosa", fobias, hiperestesia a dores, entre outras, fazem parte de suas manifestações regulares. Essa neurose de angústia, no sentido que dou ao termo, coincide certamente em parte com a neurose que é reconhecida em tantas descrições, ao lado da histeria e da neurastenia, sob o nome de "hipocondria"; no entanto, em nenhum desses trabalhos posso considerar exata a demarcação dessa neurose, e acho que a utilidade do nome hipocondria é reduzida por sua firme relação com o sintoma do "medo de doença".

Após ter fixado assim os quadros simples da neurastenia, da neurose de angústia e das ideias obsessivas, pus-me a considerar os casos de neurose que habitualmente são incluídos no diagnóstico de histeria. Então ponderei que não cabe qualificar uma neurose em sua totalidade de histérica porque alguns sinais histéricos despontam em seu complexo de sintomas. Eu podia explicar muito bem essa prática, pois a histeria é a mais

1 E. Hecker, *Zentralblatt für Nervenheilkunde*, dez. 1893.

antiga, mais bem conhecida e mais conspícua das neuroses em questão; mas isso, de qualquer forma, era um abuso, o mesmo que fizera lançar na conta da histeria tantos traços de perversão e degeneração. Sempre que num caso complicado de degenerescência psíquica se descobria um indício histérico, uma anestesia, um ataque característico, designava-se o todo como "histeria" e, naturalmente, podia-se então encontrar reunidas sob essa etiqueta as coisas mais terríveis e mais contraditórias. Tão certo quanto o equívoco desse diagnóstico era o fato de que devíamos separar também pelo lado neurótico, e como conhecíamos a neurastenia, a neurose de angústia etc. em estado puro, não precisávamos mais ignorá-las na combinação.

Assim, a seguinte concepção parecia a mais justificada: as neuroses comuns devem ser designadas, na maioria das vezes, como "mistas"; da neurastenia e da neurose de angústia encontram-se, sem esforço, também formas puras, sobretudo nas pessoas jovens. Casos puros de histeria e neurose obsessiva são raros; de ordinário, essas duas neuroses apresentam-se combinadas com uma neurose de angústia. Essa ocorrência tão frequente de neuroses mistas advém de que seus fatores etiológicos mesclam-se com muita regularidade, ora de maneira fortuita, ora em consequência de relações causais entre os processos dos quais derivam os fatores etiológicos das neuroses. Isso pode ser exposto e demonstrado em detalhes sem dificuldade. Para a histeria, porém, disso resulta que é quase impossível arrancá-la, para o estudo, do contexto das neuroses sexuais; que ela

IV. A PSICOTERAPIA DA HISTERIA

representa, em regra, apenas um lado, um aspecto do complicado caso neurótico, e que somente num caso-limite, por assim dizer, pode ser encontrada e tratada como neurose isolada. Podemos dizer que, numa série de casos, *a potiori fit denominatio* [a denominação se fez pelo traço mais importante].

Examinarei as histórias clínicas aqui descritas para ver se corroboram minha concepção da falta de autonomia clínica da histeria. Anna O., a paciente de Breuer, parece contradizê-la e ilustrar um adoecimento puramente histérico. Mas esse caso, que se tornou tão fecundo para o conhecimento da histeria, não foi em absoluto examinado por seu observador do ponto de vista da neurose sexual e hoje simplesmente não pode ser utilizado para essa abordagem. Quando comecei a analisar a segunda paciente, a sra. Emmy v. N..., estava bem longe da perspectiva de uma neurose sexual como terreno para a histeria. Havia acabado de chegar da escola de Charcot e considerava a associação de uma histeria com o tema da sexualidade uma espécie de insulto — de modo semelhante ao das próprias pacientes. Quando hoje releio minhas notas sobre esse caso, parece-me indubitável que devo reconhecer ali um caso de grave neurose de angústia, com expectativa angustiosa e fobias, que se originou da abstinência sexual e se combinou com histeria.

O caso 3, de Miss Lucy R., é talvez o que mais possamos denominar um caso-limite de histeria pura, é uma histeria breve, de curso episódico e inconfundível etiologia sexual, como a que corresponderia a uma neurose de angústia; uma garota demasiado madura, necessitada de amor, cuja inclinação é despertada de modo excessivamente rápido por um mal-entendido. No entanto, a neurose de angústia não pôde ser comprovada ou me escapou. O caso 4, Katharina, é francamente um modelo do que chamei angústia virginal; é uma combinação de neurose de angústia e histeria; a primeira cria os sintomas, a segunda os reproduz e trabalha com eles. De resto, um caso típico de muitas neuroses juvenis, designadas como "histeria". O caso 5, da srta. Elisabeth v. R..., também não é investigado como neurose sexual; pude apenas externar a suspeita de que uma neurastenia espinhal tivesse constituído a sua base, sem confirmá-la. Devo acrescentar, porém, que desde então as histerias puras se tornaram ainda mais raras em minha experiência; se pude reunir esses quatro casos como sendo de histeria, e em sua discussão prescindir dos pontos de vista que são determinantes para as neuroses sexuais, a razão está em que são casos mais antigos, em que eu não havia ainda realizado a investigação deliberada e incisiva das bases sexuais das neuroses. E se em lugar desses quatro eu não relatei doze, de cuja análise pode-se obter uma confirmação do mecanismo psíquico dos fenômenos histéricos por nós sustentado, o que me levou a tal reserva foi apenas a circunstância de que a análise revelou esses casos clínicos simultaneamente como neuroses sexuais, embora seja certo que nenhum diagnosticador lhes teria recusado o "nome" de histeria. Contudo, a elucidação de tais neuroses sexuais ultrapassa o âmbito desta nossa publicação conjunta.

Não gostaria de ser mal-entendido, como se não quisesse admitir a histeria como afecção neurótica autô-

IV. A PSICOTERAPIA DA HISTERIA

noma, como se a visse unicamente como manifestação psíquica da neurose de angústia, como se lhe atribuísse apenas sintomas "ideogênicos" e transpusesse os sintomas somáticos (pontos histerógenos, anestesias) para a neurose de angústia. Nada disso; penso que a histeria, depurada de todas as mesclas, pode ser tratada de maneira autônoma em todos os aspectos, exceto quanto à terapia. Pois na terapia é de metas práticas que se trata, da eliminação de todo o estado mórbido, e se a histeria ocorre na maioria das vezes como componente de uma neurose mista, o caso deve se assemelhar ao das infecções mistas, em que a manutenção da vida se apresenta como tarefa que não coincide com a luta contra o efeito de um único agente patogênico.

Parece-me importante distinguir a parte da histeria nos quadros das neuroses mistas daquela da neurastenia, da neurose de angústia etc., porque, feita essa separação, posso exprimir concisamente o valor terapêutico do método catártico. Pois me inclino a sustentar que — em princípio — ele é bastante capaz de eliminar qualquer sintoma histérico, ao passo que, como facilmente se verifica, é completamente impotente para fenômenos da neurastenia e só raras vezes, e por vias indiretas, atua sobre os efeitos psíquicos da neurose de angústia. Assim, sua eficácia terapêutica dependerá, em cada caso particular, do componente histérico do quadro mórbido reivindicar ou não um lugar importante do ponto de vista prático, em comparação com os outros componentes neuróticos.

Há ainda um segundo obstáculo, já assinalado por nós na "Comunicação preliminar", para a eficácia do método catártico. Ele não influi nas condições causais da histeria e, portanto, não pode impedir que novos sintomas surjam no lugar dos eliminados. Em suma, devo reivindicar para nosso método terapêutico um lugar proeminente no âmbito de uma terapia das neuroses, mas desaconselharia sua avaliação ou aplicação fora desse contexto. Como não posso oferecer aqui uma "terapia das neuroses" tal como seria necessária aos médicos praticantes, as considerações precedentes equivalem a um adiamento, remetendo a eventuais comunicações futuras; mas creio que ainda posso acrescentar as seguintes observações, a título de elucidação e comentário:

1) Não afirmo ter realmente eliminado todos os sintomas histéricos que tratei pelo método catártico. Mas penso que os obstáculos residiam em circunstâncias pessoais dos casos e não eram de natureza geral. Ao formular um veredicto, é lícito que eu não leve em consideração esses casos de fracasso, tal como o cirurgião, ao decidir sobre uma nova técnica, despreza os casos de morte por anestesia, por hemorragia pós-operatória, sepsia acidental etc. Mais tarde, quando tratar das dificuldades e inconvenientes do procedimento, voltarei a apreciar os insucessos desse gênero.

2) O método catártico não deixa de ter valor por ser *sintomático* e não *causal*. Pois uma terapia causal, na maioria das vezes, é apenas profilática, de fato. Ela suspende o efeito ulterior da nocividade, mas com isso não elimina necessariamente o que esta produziu até então. Por via de regra, é necessária ainda uma segunda ação

IV. A PSICOTERAPIA DA HISTERIA

que resolva esta última tarefa, e para esse fim a aplicação do método catártico é insuperável no caso da histeria.

3) Quando um período de produção histérica, um paroxismo histérico agudo, é superado e os sintomas histéricos persistem apenas como fenômenos residuais, o método catártico é suficiente para todas as indicações e obtém êxito completo e duradouro. Não é raro essa constelação favorável à terapia se verificar precisamente no campo da vida sexual, devido às grandes oscilações na intensidade da necessidade sexual e à complicação das condições requeridas para um trauma sexual. Aqui, o método catártico atende a toda tarefa que se lhe possa apresentar, pois o médico não pode se propor modificar uma constituição como a histérica; ele deve se contentar em eliminar o padecimento para o qual se inclina tal constituição e que dela pode se originar com o concurso de condições externas. Ficará satisfeito se a paciente voltar a ser capaz de agir. Além disso, tem um consolo para o futuro, quando considera a possibilidade de uma recidiva. Conhece a característica principal da etiologia das neuroses: que sua gênese é, na maioria dos casos, *sobredeterminada*, que vários fatores têm de concorrer para esse resultado. Ele pode esperar que essa coincidência não volte a acontecer tão cedo, ainda que alguns dos fatores etiológicos tenham permanecido atuantes.

Pode-se objetar que nesses casos em que a histeria já transcorreu os sintomas restantes cessam espontaneamente, de toda forma; é lícito responder a isso, porém, que frequentemente essa cura espontânea não transcorre de modo rápido ou completo o bastante, e que ela pode ser extraordinariamente favorecida pela intervenção da terapia. Se a terapia catártica cura apenas o que é suscetível de cura espontânea ou, por vezes, também o que não se teria solucionado espontaneamente, é algo que no momento podemos deixar sem resposta.

4) Quando deparamos com uma histeria aguda — um caso no período da mais viva produção de sintomas histéricos e consecutiva dominação do Eu pelos produtos da doença (psicose histérica) —, mesmo o método catártico mudará pouco na aparência e no curso da enfermidade. Encontramo-nos então, diante da neurose, na mesma posição que o médico ante uma doença infecciosa aguda. Os fatores etiológicos exerceram sua ação em intensidade suficiente num tempo pretérito, que escapa à presente influência e agora, vencido o intervalo de incubação, tornam-se manifestos. Não se pode interromper a afecção; é preciso aguardar sua evolução e, enquanto isso, criar as condições mais favoráveis para o doente. Se, durante esse período agudo, eliminamos os produtos da doença, os sintomas histéricos recém-surgidos, devemos nos preparar para logo vê-los substituídos por novos. O médico não se furtará à impressão deprimente de estar diante de um trabalho de Sísifo; o enorme dispêndio de esforço, a insatisfação dos parentes, que dificilmente se familiarizam com a ideia da necessária duração de uma neurose aguda tanto quanto no caso análogo de uma infecção aguda, isso e ainda outras circunstâncias tornarão impossível, na maioria das vezes, a consequente aplicação do método catártico nesses casos. Contudo, resta especialmente a ponderar se, mesmo numa histeria aguda, a constante

eliminação dos produtos da doença não exerceria uma influência curativa, ao apoiar o Eu normal do doente, ocupado com a defesa, e preservá-lo da dominação, da caída na psicose e, talvez, no estado de confusão definitiva.

O que o método catártico pode realizar inclusive na histeria aguda, e como ele restringe até mesmo a nova produção de sintomas patológicos de forma perceptível na prática, fica indubitavelmente claro na história de Anna O., em que Breuer aprendeu a utilizar pela primeira vez esse procedimento terapêutico.

5) Quando se trata de histerias de evolução crônica com produção moderada mas permanente de sintomas histéricos, lamentamos mais fortemente a falta de uma terapia de eficácia causal, mas também apreciamos melhor a importância do procedimento catártico como terapia sintomática. Temos então de lidar com o transtorno resultante de uma etiologia de contínua atuação crônica; tudo depende de fortalecer o sistema nervoso do doente em sua capacidade para resistir, e é preciso pensar que a existência de um sintoma histérico significa para esse sistema nervoso um enfraquecimento de sua resistência e constitui um fator predisponente à histeria. Como se depreende do mecanismo da histeria monossintomática, um novo sintoma histérico forma-se mais facilmente em conexão e por analogia com um sintoma já existente; o lugar já "rompido" por ele uma vez[2] constitui um ponto frágil, que ele romperá também na vez seguinte; o grupo psíquico uma vez dissociado desempenha o papel

---

2 Cf. "Considerações teóricas", p. 287.

do cristal provocador, do qual muito facilmente se origina a cristalização que não ocorreria de outro modo. Eliminar os sintomas já existentes, remover as modificações psíquicas que os fundamentam, significa devolver aos doentes a sua inteira capacidade de resistência, com a qual podem se opor com êxito à ação da nocividade. Pode-se oferecer muito a tais doentes mediante prolongada vigilância e ocasional *"chimney sweeping"* [limpeza de chaminé].[3]

6) Resta ainda mencionar a aparente contradição que surge entre a admissão de que nem todos os sintomas histéricos são psicogênicos e a afirmação de que todos podem ser eliminados por um procedimento psicoterapêutico. A solução está em que uma parte desses sintomas não psicogênicos, embora represente sinal de doença, não pode ser vista como enfermidade; por exemplo, os estigmas. Assim, se sobrevivem à resolução terapêutica do caso, isso não é perceptível na prática. Com respeito a outros desses sintomas, parece que, por alguma via indireta, são arrastados pelos sintomas psicogênicos, tal como, provavelmente por uma via indireta também, dependem de uma causação psíquica.

Agora devo abordar as dificuldades e inconvenientes de nosso procedimento terapêutico, para o caso em que não se tornem claros para todos a partir das histórias clínicas precedentes ou das observações subsequentes

---

3 Cf. "Srta. Anna O.", p. 53.

IV. A PSICOTERAPIA DA HISTERIA

sobre a técnica do método. Irei antes enumerar e indicar que expor em detalhes. O procedimento é laborioso e toma muito tempo ao médico, pressupõe grande interesse por fatos psicológicos e também preocupação pessoal pelo doente. Não imagino que conseguisse me aprofundar no mecanismo psíquico de uma histeria numa pessoa que me parecesse vulgar e repugnante, que numa maior proximidade não fosse capaz de despertar simpatia humana; enquanto posso muito bem tratar um tabético ou reumático independentemente do agrado pessoal. Da parte dos doentes, não são menores as condições exigidas. Abaixo de certo nível de inteligência, o procedimento não é aplicável, e qualquer traço de debilidade mental o dificulta bastante. É necessária a plena aquiescência, a completa atenção dos doentes, mas sobretudo sua confiança, pois a análise conduz invariavelmente aos eventos psíquicos mais íntimos e mais secretamente guardados. Uma boa parte dos doentes que seriam aptos para esse tratamento escapa ao médico tão logo vislumbra a direção em que caminha a investigação. Para estes, o médico permaneceu um estranho. Em outros, que decidiram se entregar ao médico e votar-lhe sua confiança — concedida apenas de modo espontâneo, jamais exigida —, nesses outros, afirmo, é difícil evitar que, ao menos por algum tempo, a relação pessoal com o médico se coloque impropriamente em primeiro plano; sim, tal influência do médico parece ser mesmo a condição que permite a solução do problema. Não penso que algo de essencial se modifique nesse estado de coisas se pudermos usar a hipnose ou se tivermos de contorná-la e substituí-la. Mas a equidade me obriga a salientar que esses inconvenientes, embora inseparáveis do nosso procedimento, não lhe podem ser imputados. É evidente que se baseiam nas condições prévias das neuroses a serem curadas e que serão próprios de toda atividade médica que envolva intensa preocupação pelo doente e nele desencadeie uma transformação psíquica. Não pude relacionar ao emprego da hipnose nenhum dano e nenhum perigo, ainda que tenha feito uso abundante desse recurso em vários casos. Nas ocasiões em que provoquei dano, os motivos foram outros e mais profundos. Se considero os esforços terapêuticos desses anos, desde que as comunicações de meu venerado mestre e amigo Josef Breuer puseram-me à disposição o método catártico, penso que, afinal, auxiliei bem mais e com maior frequência do que prejudiquei, e obtive coisas que nenhum outro meio terapêutico teria alcançado. Foi, tudo somado, "um significativo ganho terapêutico", como está expresso na "Comunicação preliminar".

Devo salientar mais um ganho no emprego desse procedimento. Não sei compreender melhor um caso grave de neurose complicada, muito ou pouco mesclado de histeria, do que submetendo-o a uma análise com o método breueriano. Assim se elimina, primeiramente, tudo o que mostra um mecanismo histérico; quanto aos fenômenos restantes, desde então aprendi a interpretá-los nessa análise e a relacioná-los à sua etiologia, e assim obtive o ponto de referência para definir que recurso, no instrumental da terapia das neuroses,

IV. A PSICOTERAPIA DA HISTERIA

é indicado no caso em questão. Quando penso na habitual diferença entre meu julgamento sobre um caso de neurose *antes* e *depois* de tal análise, quase caio na tentação de considerar essa análise imprescindível para o conhecimento de uma enfermidade neurótica. Além disso, habituei-me a unir o emprego da psicoterapia catártica a uma cura de repouso que, segundo a necessidade, é transformada numa completa cura de superalimentação à maneira de Weir-Mitchell.* Isso me dá a vantagem de, por um lado, evitar a interferência de novas impressões psíquicas, muito perturbadora durante uma psicoterapia, e, por outro, excluir o tédio da cura de superalimentação, em que não é raro os doentes caírem num devanear nocivo. Seria de esperar que o trabalho psíquico, muitas vezes considerável, com que sobrecarregamos os pacientes num tratamento catártico, e as excitações decorrentes da reprodução de vivências traumáticas contrariassem o sentido da cura de *repouso* de Weir-Mitchell e impedissem os êxitos que estamos habituados a vê-la obter. Porém, é o contrário que sucede; combinando dessa maneira a terapia de Breuer e a de Weir-Mitchell, alcançamos toda melhora física que se espera desta última e uma ação psíquica ampla, como jamais se produz na cura de repouso sem psicoterapia.

---

* Silas Weir-Mitchell (1829-1914): médico e neurologista norte-americano; a versão alemã de seu livro *Fat and Blood: An Essay on the Treatment of Certain Forms of Neurasthenia and Hysteria* foi resenhada por Freud em 1887.

II

Retomo agora a observação anterior de que, em minhas tentativas de empregar o método Breuer em escala mais abrangente, esbarrei na dificuldade de que certo número de doentes não podia ser hipnotizado, embora o diagnóstico fosse de histeria e indicasse a vigência provável do mecanismo psíquico por nós descrito. Eu precisava da hipnose para ampliar a memória, de forma a encontrar as lembranças patogênicas ausentes na consciência ordinária. Devia, então, ou renunciar a tais doentes ou procurar obter essa ampliação de outro modo.

A razão pela qual uma pessoa é hipnotizável e outra não, isso eu desconhecia tanto quanto outros; portanto, não podia tomar um caminho causal para eliminar a dificuldade. Notei apenas que em alguns pacientes o obstáculo remontava a um ponto ainda mais atrás; eles recusavam já a tentativa de hipnose. Ocorreu-me, então, que os dois casos podiam ser idênticos e significar um não querer. Não hipnotizável é aquele que tem uma objeção psíquica em relação à hipnose, expresse-a ou não como um não querer. Não me ficou claro se devo manter essa concepção.

Tratava-se, porém, de contornar a hipnose e, no entanto, obter as lembranças patogênicas. Eu o consegui da seguinte maneira:

Quando, em nosso primeiro encontro, perguntava a meus pacientes se recordavam a primeira ocasião precipitadora do sintoma, alguns respondiam que nada sabiam, outros apresentavam alguma coisa que desig-

IV. A PSICOTERAPIA DA HISTERIA

navam como uma lembrança obscura, que não podiam mais rastrear. Se então, seguindo o exemplo de Bernheim ao despertar durante o sonambulismo impressões supostamente esquecidas, eu me tornava insistente, assegurava a todos que o sabiam, que se lembrariam etc. (cf. p. 160), a alguns ocorria algo, enfim, e em outros a recordação se ampliava um pouco mais. Então me tornava ainda mais insistente, ordenava aos doentes que se deitassem e fechassem deliberadamente os olhos para se "concentrar", o que ao menos resultava em certa semelhança com a hipnose. Tive assim a experiência de que sem qualquer hipnose emergiam novas e mais recuadas lembranças, que provavelmente diziam respeito a nosso tema. Tais experiências deram-me a impressão de que seria de fato possível trazer à luz, por mera insistência, as séries de ideias patogênicas que sem dúvida havia. E como essa insistência custava-me esforço e sugeria-me a interpretação de que eu tinha uma resistência a vencer, esse estado de coisas prontamente converteu-se para mim na teoria de *que através do meu trabalho psíquico tinha de vencer uma força psíquica que se opunha, no paciente, a que as ideias patogênicas se tornassem conscientes (fossem lembradas)*. Uma nova compreensão pareceu então abrir-se para mim, quando me ocorreu que esta devia ser a mesma força psíquica que havia concorrido para a formação do sintoma histérico e impedido então que a ideia patogênica se tornasse consciente. Que força podíamos supor que atuasse ali e que motivo a teria levado à ação? Eu podia facilmente formar uma opinião sobre isso; já dispunha de algumas análises concluídas em que encontrara exemplos de ideias esquecidas e levadas para fora da consciência. Constatei, a partir delas, uma característica geral de tais ideias; eram todas de natureza penosa, apropriadas a suscitar os afetos da vergonha, da desaprovação, da dor psíquica, o sentimento de ser prejudicado, todas do gênero que de bom grado não teríamos vivido, que preferimos esquecer. De tudo isso resultava, como que naturalmente, o pensamento da *defesa*. Com efeito, os psicólogos em geral admitem que a aceitação de uma nova ideia (aceitação no sentido de crença, de reconhecer como real) depende da natureza e orientação das ideias já reunidas no Eu, e eles criaram nomes técnicos particulares para o processo da censura[*] a que está sujeita a recém-chegada. Aproximou-se do Eu do paciente uma ideia que se revelou intolerável, que despertou, da parte do Eu, uma força de repulsão cujo propósito era a defesa contra essa ideia intolerável. Tal defesa foi bem-sucedida, a ideia em questão foi impelida para fora da consciência e da lembrança, e aparentemente seu rastro psíquico não podia ser encontrado. Contudo, esse rastro devia existir. Quando eu me empenhava em dirigir a atenção para ele, sentia como *resistência* a mesma força que, na gênese dos sintomas, havia se mostrado como *repulsão*. Se eu conseguia, então, tornar provável que a ideia se fizera patogênica justamente devido à expulsão e repressão, a cadeia parecia fechar-se. Em várias epícrises de nossas histórias clínicas e num pequeno trabalho sobre

---

[*] Esta é, provavelmente, a primeira vez que o termo "censura" é usado num trabalho de Freud.

IV. A PSICOTERAPIA DA HISTERIA

as neuropsicoses de defesa (de 1894), tentei esboçar as hipóteses psicológicas com o auxílio das quais podemos elucidar também essa ligação — o fato da *conversão*.

Assim, uma força psíquica, a aversão do Eu, havia originalmente impelido a ideia patogênica para fora da associação e se opunha a seu retorno à lembrança. O não saber dos histéricos era pois, em verdade, um mais ou menos consciente não querer saber, e a tarefa do terapeuta consistia em vencer essa *resistência à associação* por meio de um trabalho psíquico. Tal ação se dá em primeiro lugar por "insistência", pelo emprego de uma coação psíquica para dirigir a atenção dos doentes para os rastros de ideias buscados. Mas ela não se esgota nisso; como mostrarei, também adota outras formas no curso de uma análise e chama em seu socorro outras forças psíquicas.

Por ora, detenho-me ainda na insistência. Com o simples assegurar — você sabe, sim, diga-o, logo lhe ocorrerá — não se avança muito. Mesmo nos doentes que se acham em "concentração", o fio se rompe algumas frases depois. Mas não se deve esquecer que, aqui, trata-se sempre de uma comparação quantitativa, da luta entre motivos diversamente fortes ou intensos. A insistência de um médico estranho e sem conhecimento da coisa não pode rivalizar em poder com a "resistência à associação" numa histeria grave. É preciso buscar meios mais enérgicos.

Então me sirvo primeiramente de um pequeno artifício técnico. Informo ao doente que exercerei uma pressão sobre sua testa no momento seguinte e lhe asseguro que no decorrer dessa pressão verá diante de si uma lembrança, como imagem, ou a terá em pensamentos, como ideia inesperada, e o obrigo a me comunicar essa imagem ou essa ideia, sejam quais forem. Não deve guardá-la para si por achar, talvez, que não seja a buscada, a certa, ou porque lhe seja desagradável demais expressá-lo. Não deve haver nenhuma crítica, nenhuma reserva, seja por afeto ou por menosprezo! Só assim podemos encontrar o que buscamos, assim o encontraremos infalivelmente. Em seguida, pressiono por alguns segundos a testa do paciente deitado à minha frente, solto-a e pergunto em tom tranquilo, como se uma decepção estivesse descartada: "O que você viu?" ou "O que lhe ocorreu?".

Esse procedimento me ensinou muito, além de sempre ter conduzido à meta; hoje não posso mais prescindir dele. Naturalmente, sei que poderia substituir essa pressão sobre a testa por qualquer outro sinal ou alguma outra ação física sobre o paciente, mas como este se encontra deitado diante de mim, pressionar-lhe a testa ou segurar sua cabeça entre minhas mãos mostra-se o mais sugestivo e cômodo que posso fazer para esse fim. Para explicar a eficácia desse artifício eu poderia dizer, por exemplo, que ele corresponde a uma "hipnose momentaneamente reforçada", mas o mecanismo da hipnose me parece tão enigmático que não gostaria de invocá-lo para a elucidação. Penso, antes, que a vantagem do procedimento está em que, por meio dele, dissocio a atenção do doente de sua busca e reflexão conscientes, de tudo aquilo, enfim, em que pode se manifestar sua vontade, de maneira semelhante ao que ocorre quando se olha fixamente para uma bola de cristal etc. Mas a lição que

IV. A PSICOTERAPIA DA HISTERIA

extraio do fato de que, sob a pressão de minha mão, sempre aparece o que procuro é esta: a ideia patogênica supostamente esquecida sempre está pronta "nas proximidades" e pode ser alcançada por associações facilmente acessíveis; trata-se apenas de remover algum obstáculo. Este, mais uma vez, parece ser a vontade da pessoa, e diferentes pessoas aprendem, com diferentes graus de facilidade, a se despojar de sua intencionalidade e a se comportar como observadores inteiramente objetivos em relação aos processos psíquicos dentro de si.

Não é sempre uma lembrança "esquecida" que emerge sob a pressão da mão; é muito raro que as lembranças verdadeiramente patogênicas se encontrem assim na superfície. Com bem maior frequência, aflora uma ideia que na cadeia de associações é um elo entre a ideia de partida e a ideia patogênica buscada, ou uma ideia que constitui o ponto de partida de uma nova série de pensamentos e lembranças, ao final da qual se encontra a ideia patogênica. Nesse caso, é certo que a pressão não revelou a ideia patogênica — que, aliás, sem preparação, arrancada do contexto, seria incompreensível —, mas mostrou o caminho para ela, indicou a direção em que a investigação deve avançar. Nisso, a primeira ideia despertada pela pressão pode corresponder a uma lembrança bem conhecida, nunca reprimida. Quando, a caminho da ideia patogênica, volta a se romper a ligação, é necessário apenas repetir o procedimento, a pressão, para criar nova orientação e conexão.

Em outros casos ainda, despertamos pela pressão da mão uma lembrança que, embora em si mesma bem conhecida do doente, o surpreende com seu aparecimento porque ele esqueceu sua relação com a ideia de partida. Essa relação é comprovada no curso ulterior da análise. Todos esses resultados do pressionar nos dão a enganadora impressão de uma inteligência superior, fora da consciência do doente, que mantém em ordem, para fins determinados, um grande material psíquico e encontrou um arranjo adequado para seu retorno à consciência. Suponho, contudo, que esta segunda inteligência inconsciente não passa de aparência.

Em toda análise mais complicada, trabalhamos repetidamente, de modo contínuo, na verdade, com o auxílio desse procedimento (da pressão sobre a testa) que ora indica, a partir do ponto em que as retrospecções do paciente desperto se interrompem, o caminho a seguir através das lembranças que se mantiveram conhecidas, ora alerta para conexões que caíram no esquecimento, depois evoca e ordena lembranças há muitos anos retiradas da associação, mas que ainda podem ser reconhecidas como lembranças e, por fim, como obra máxima da reprodução, faz emergir pensamentos que o paciente não quer jamais reconhecer como seus, dos quais não se *recorda*, embora admita que o contexto os exige implacavelmente e acabe por se convencer de que precisamente essas ideias levam ao término da análise e à cessação dos sintomas.

Tentarei arrolar alguns exemplos dos excepcionais resultados desse procedimento técnico. Tratei de uma jovem acometida de uma insuportável tosse nervosa que havia seis anos se arrastava e obviamente se nutria de cada resfriado comum, mas, ainda assim, devia ter

IV. A PSICOTERAPIA DA HISTERIA

seus fortes motivos psíquicos. Todas as outras terapias haviam se mostrado ineficazes. Assim, tento suprimir o sintoma por via da análise psíquica. Ela sabe apenas que sua tosse começou quando, aos catorze anos, morava na casa de uma tia; de excitações psíquicas naquele período nada sabe, não acredita numa motivação para sua doença. Sob a pressão de minha mão, recorda-se em primeiro lugar de um grande cão. Reconhece em seguida a imagem mnemônica. Era um cão de sua tia que se ligara a ela, acompanhava-a a toda parte etc. Sim, e agora lhe ocorre, sem mais auxílio, que esse cão morreu, que as crianças o enterraram solenemente e, no caminho de volta do enterro, sua tosse apareceu. Pergunto por quê, mas tenho de ajudar mais uma vez com a pressão; assoma-lhe então o pensamento: "Agora estou completamente só no mundo. Ninguém me ama aqui, esse cão era meu único amigo e agora o perdi". — Ela prossegue o relato: "A tosse desapareceu quando deixei a casa da tia, mas ressurgiu um ano e meio depois". — E qual foi a razão? — "Não sei." — Pressiono novamente; ela se lembra da notícia da morte de seu tio, com a qual a tosse voltou a se manifestar, e de uma sequência de ideias parecida. O tio fora supostamente o único membro da família que lhe tivera simpatia, que a amara. Esta era, pois, a ideia patogênica: não a amam, preferem qualquer outra a ela, tampouco merece ser amada etc. Mas à ideia do "amor" ligava-se algo, a cuja comunicação se opunha forte resistência. A análise se interrompeu antes da elucidação.

Há algum tempo, coube-me livrar de ataques de angústia uma senhora mais velha que, por seus atributos de caráter, dificilmente era apta para esse tipo de influência. Desde a menopausa tornara-se desmedidamente pia, e me recebia sempre como se eu fosse o diabo, armada com um pequeno crucifixo de marfim que ocultava na mão. Seus ataques de angústia, de caráter histérico, remontavam aos primeiros anos de mocidade e provinham, supostamente, do uso de um preparado de iodo com o qual uma leve inchação da tireoide deveria ser eliminada. Naturalmente, rejeitei essa derivação e busquei substituí-la por uma que se harmonizasse melhor com minhas concepções sobre a etiologia dos sintomas neuróticos. À primeira pergunta, buscando uma impressão da juventude que tivesse relação causal com os ataques de angústia, emergiu sob a pressão da minha mão a lembrança da leitura de um chamado livro edificante, no qual se achava uma menção, de teor bastante piedoso, aos processos sexuais. A referida passagem causou na garota uma impressão oposta à intenção do autor; desfez-se em lágrimas e lançou o livro para longe. Isso foi antes do primeiro ataque de angústia. Uma segunda pressão sobre a testa da doente evocou a reminiscência seguinte, a lembrança de um preceptor dos irmãos que lhe havia testemunhado grande veneração e pelo qual ela própria experimentara um sentimento mais caloroso. Essa lembrança culminou na reprodução de um entardecer na casa paterna, em que todos se achavam sentados em volta da mesa com o jovem senhor e se entretinham em estimulante conversa. Na

IV. A PSICOTERAPIA DA HISTERIA

noite que se seguiu a esse entardecer, despertou-a o primeiro ataque de angústia, o qual tinha bem mais a ver com a revolta contra um impulso sensual do que com o iodo porventura usado naquele tempo. De que outra maneira eu teria tido a perspectiva de descobrir nessa paciente recalcitrante, indisposta contra mim e contra toda terapia mundana, uma tal conexão, oposta ao que ela própria pensava e afirmava?

Outro caso foi o de uma jovem mulher, feliz em seu casamento, que já nos primeiros anos de sua mocidade, por algum tempo, todas as manhãs era encontrada em um estado de entorpecimento com os membros rígidos, a boca aberta, a língua para fora, e que agora reproduzia ataques semelhantes, embora não tão graves, ao despertar. Uma hipnose profunda revelou-se inviável. Assim, iniciei a investigação no estado de concentração e, à primeira pressão, assegurei-lhe que naquele instante veria algo que se relacionava diretamente com as causas de seu estado na infância. Ela se comportou com serenidade e solicitude, reviu a casa em que havia passado os primeiros anos de juventude, seu quarto, a posição de sua cama, a avó que então vivia com eles e uma de suas governantas que amara muito. Várias pequenas cenas nesses espaços e entre essas pessoas, todas em verdade insignificantes, sucederam-se umas às outras, tendo encerrado a sequência a despedida da governanta que, deixando a casa, se casou. Nada pude fazer a partir dessas reminiscências, não consegui estabelecer uma relação entre elas e a etiologia dos ataques. No entanto, por várias circunstâncias se reconhecia o mesmo período em que os ataques haviam surgido pela primeira vez.

Mas ainda antes que eu pudesse prosseguir a análise, tive oportunidade de falar com um colega que, em anos passados, fora médico dos pais de minha paciente. Dele recebi o seguinte esclarecimento: na época em que, naqueles primeiros ataques, tratou da garota adolescente, fisicamente muito bem desenvolvida, chamou-lhe a atenção a enorme ternura nas relações entre ela e a governanta que então se encontrava na casa. Alimentou certa suspeita e incitou a avó a se encarregar de vigiar essas relações. Pouco tempo depois, a velha senhora pôde lhe informar que a governanta costumava fazer visitas noturnas ao leito da menina e que, após tais noites, sempre encontravam a menina acometida de um ataque, pela manhã. Não hesitaram então em consumar o discreto afastamento dessa corruptora de jovens. As crianças e mesmo a mãe foram mantidas na crença de que a governanta deixara a residência para se casar.

A terapia, logo exitosa, consistiu em comunicar à jovem mulher o esclarecimento que me fora dado.

Por vezes, as informações que obtemos pelo procedimento da pressão se produzem de forma deveras singular e em circunstâncias que fazem parecer ainda mais atraente a suposição de uma inteligência inconsciente. Assim, lembro-me de uma senhora, há muitos anos sofrendo de ideias obsessivas e fobias, que, no tocante à

IV. A PSICOTERAPIA DA HISTERIA

origem de seu padecimento, me remeteu a seus anos de infância, mas não sabia absolutamente designar o que então poderia culpar por isso. Ela era sincera e inteligente e opunha uma resistência consciente notavelmente reduzida. (Acrescento aqui que o mecanismo psíquico das ideias obsessivas tem parentesco bastante íntimo com o dos sintomas histéricos e que a técnica da análise é a mesma para ambos.)

Quando perguntei a essa dama se, sob a pressão de minha mão, havia visto alguma coisa ou tivera uma lembrança, ela respondeu: "Nem uma nem outra, mas ocorreu-me de súbito uma palavra". — Uma única palavra? — "Sim, mas parece demasiado tola." — Diga-a mesmo assim. — "Zelador" — Mais nada? — "Não." Pressionei pela segunda vez e de novo lhe passou pela mente uma palavra isolada: "Camisa". Percebi então que havia ali um novo modo de responder e, repetindo a pressão, suscitei a emergência de uma série de palavras que parecia sem sentido: zelador — camisa — cama — cidade — carroça. O que significa isso?, perguntei. Ela refletiu um momento e então lhe ocorreu: "Só pode ser uma história que agora me vem à mente. Quando eu tinha dez anos e minha irmã imediatamente mais velha, doze, ela teve certa noite um ataque de fúria e precisou ser amarrada e conduzida à cidade numa carroça. Sei, com toda certeza, que foi o zelador que a dominou e em seguida também a acompanhou ao sanatório". — Prosseguimos então com esse tipo de investigação e conseguimos ouvir de nosso oráculo outras séries de palavras que, embora não pudéssemos interpretar em sua totalidade, nos serviram para a continuação dessa história e para a conexão de uma segunda. Também o significado dessa reminiscência logo se revelou. O adoecimento da irmã lhe causara impressão tão profunda porque ambas partilhavam um segredo; dormiam no mesmo quarto e, em determinada noite, ambas haviam suportado os ataques sexuais de certa pessoa do sexo masculino. Com a menção desse trauma sexual na primeira juventude, descobriu-se não só a origem das primeiras ideias obsessivas, mas também o trauma que mais tarde exerceu efeito patológico. A singularidade desse caso consistia apenas na emergência de palavras-chave isoladas que devíamos transformar em frases, pois a aparente falta de relação e nexo é peculiar a todas as ideias e cenas de ordinário surgidas com a pressão, tal qual sucede às palavras emitidas à maneira de um oráculo. Continuando a busca, logo se evidencia que, em regra, as reminiscências de aparência desconexa estão estreitamente ligadas por conexões de pensamentos e conduzem de modo bastante direto ao fator patogênico buscado.

Por isso, apraz-me lembrar um caso de análise no qual minha confiança nos resultados da pressão foi primeiro submetida a dura prova, para em seguida ver-se brilhantemente justificada: uma jovem mulher muito inteligente e aparentemente muito feliz havia me consultado por causa de uma dor tenaz no abdômen, que não queria ceder à terapia. Constatei que a dor situava-se na parede abdominal, podia relacionar-se a calos musculares palpáveis e prescrevi tratamento local.

Meses depois voltei a ver a doente, que me disse:

IV. A PSICOTERAPIA DA HISTERIA

"A dor daquela época passou após o tratamento recomendado e por muito tempo não reapareceu, mas agora voltou como dor nervosa. Percebo-o pelo fato de não mais senti-la ao me movimentar, como antes, mas apenas a determinadas horas, por exemplo, pela manhã ao acordar ou por ocasião de emoções de certa natureza".
— O diagnóstico da senhora estava perfeitamente correto; tratava-se agora de encontrar a causa dessa dor e nisso ela não podia me ajudar em estado não induzido. Quando lhe perguntei, em concentração e sob a pressão de minha mão, se algo lhe ocorria ou se via alguma coisa, decidiu-se por ver e começou a descrever-me suas imagens visuais. Via algo como um sol com raios que eu, naturalmente, tive de tomar por um fosfeno produzido pela pressão sobre os olhos. Esperava que algo mais aproveitável viesse a seguir, mas ela prosseguiu: "Estrelas de insólita luz azul-pálido como a luz lunar e outras coisas similares"; pura cintilação, pensei, fulgor e pontos luminosos diante dos olhos. Já estava pronto a contar essa tentativa entre as fracassadas e pensava em como poderia me retirar desse caso com discrição quando uma das visões que ela descrevia me chamou a atenção. Uma grande cruz negra que ela via inclinada, trazendo em suas bordas a mesma cintilação luminosa, como do luar, em que haviam brilhado todas as imagens anteriores e sobre cuja haste uma pequena chama tremulava; isso, evidentemente, já não era nenhum fosfeno. Então escutei, atento: vieram inúmeras imagens na mesma luz, singulares sinais, semelhantes, talvez, ao sânscrito, além de figuras como triângulos, entre os

quais um grande triângulo; e de novo a cruz... Dessa vez, suspeito de uma significação alegórica e pergunto: O que significa essa cruz? — "Provavelmente representa a dor", ela responde. — Objeto-lhe que, em geral, com "cruz" denotaríamos um fardo moral; o que se esconde atrás da dor? — Ela não sabe dizer e prossegue em suas visões: um sol com raios dourados que ela sabe interpretar — é Deus, a força primordial; em seguida, uma gigantesca lagarta que ela examina inquisitiva, porém não assustada, depois um monte de serpentes, novamente um sol, mas com suaves raios prateados e, diante dela, entre sua pessoa e essa fonte de luz, uma grade que lhe oculta o centro do sol.

Há muito sei que estou lidando com alegorias e prontamente lhe pergunto pelo significado da última imagem. Ela responde, sem hesitar: "O sol é a perfeição, o ideal, e a grade, minhas fraquezas e falhas, que estão entre mim e o ideal". — Sim, você então se censura, está insatisfeita consigo? — "Sem dúvida." — Desde quando? — "Desde que sou membro da sociedade teosófica e leio os textos que publica. Sempre tive baixo conceito de mim mesma." — E o que por último lhe causou a impressão mais forte? — "Uma tradução do sânscrito que agora estão publicando em fascículos." — Um minuto depois, estou a par de suas lutas psíquicas, das censuras que se faz, e venho a saber de uma pequena vivência que deu ensejo a uma censura e por ocasião da qual a dor, antes orgânica, apareceu pela primeira vez como resultado de uma conversão de excitação. — As imagens que a princípio eu havia tomado por fosfenos eram símbolos de sequências de pensamentos ocultistas, talvez emblemas das páginas de rosto de livros de ocultismo.

Louvei tão calorosamente os resultados da pressão como procedimento auxiliar e, durante esse tempo, negligenciei tanto o aspecto da defesa ou da resistência que devo ter criado a impressão de que esse pequeno artifício nos torna capazes de dominar os obstáculos psíquicos que se opõem à terapia catártica. Mas acreditar nisso seria um grave equívoco; tanto quanto vejo não existem esses ganhos na terapia; aqui, como em qualquer campo, para grandes transformações se exige grande labuta. O procedimento da pressão não é senão um estratagema para surpreender por um instante o Eu afeito à defesa; em todos os casos mais sérios ele volta a se lembrar de seus propósitos e prossegue sua resistência.

Devo considerar as diferentes formas em que essa resistência se manifesta. Em primeiro lugar, a tentativa com a pressão costuma fracassar na primeira ou segunda vez. O doente declara então, muito decepcionado: "Acreditei que algo me ocorreria, mas apenas pensei em como estou ansioso com isso; nada ocorreu". Essa postura adotada pelo paciente ainda não deve ser contada entre os obstáculos; a isso respondemos: "Precisamente, você estava curioso demais; mas na próxima vez dará certo". E então realmente funciona. É notável como os doentes — mesmo os mais dóceis e mais inteligentes — podem se esquecer tão frequentemente daquilo com que concordaram. Prometeram dizer tudo o que lhes ocorresse sob a pressão da minha mão, achando-o pertinente ou não, agradando-lhes dizê-lo ou não; ou seja, sem seleção, sem influência da crítica ou do afeto. Mas não cumprem sua promessa, isso vai manifestamente além de suas forças. Sempre o trabalho se interrompe, afirmam reiteradamente que daquela vez nada lhes ocorreu. Não se deve acreditar no que dizem, deve-se presumir sempre e também dizer que retiveram algo porque o consideram sem importância ou sentem como algo penoso. Insistimos nisso, repetimos a pressão, fingimo-nos infalíveis até conseguirmos escutar efetivamente algo. O doente então acrescenta: "Isso eu poderia ter lhe dito já na primeira vez". — E por que não o disse? — "Não podia imaginar que fosse isso. Só me decidi a dizê-lo quando percebi que sempre voltava". — Ou: "Esperei que não fosse justamente isso, que eu pudesse me poupar de dizê-lo; só quando não pude mais reprimi-lo percebi que nada poderia evitar". — Assim, o doente revela a posteriori os motivos de uma resistência que, de início, não queria de modo algum confessar. Evidentemente, ele não pode mesmo fazer outra coisa senão opor resistência.

É curioso ver por trás de que subterfúgios se oculta frequentemente essa resistência. "Hoje estou distraído, o relógio ou o piano tocando no quarto ao lado me perturba." A isso, aprendi a responder: De maneira nenhuma, você agora esbarra em algo que não lhe agrada dizer; isso não lhe adianta. Detenha-se nisso. — Quanto mais longa resulta a pausa entre a pressão de minha mão e a manifestação do doente, mais desconfiado me

IV. A PSICOTERAPIA DA HISTERIA

torno, mais é de se temer que o doente prepare o que lhe ocorreu e o mutile na reprodução. Os esclarecimentos mais importantes veem amiúde anunciados como acessório supérfluo, como o príncipe da ópera disfarçado de mendigo: "Agora me ocorreu algo, mas não tem nada a ver com o assunto. Digo-lhe apenas porque você exige saber tudo". Em seguida a esse preâmbulo, vem em geral a solução longamente ansiada; sempre que ouço o doente falar de uma ideia de modo tão depreciativo, escuto com redobrada atenção. O fato de as ideias patogênicas parecerem tão pouco significativas, ao ressurgir, é um sinal de defesa bem-sucedida; pode-se deduzir daí em que consistiu o processo da defesa; ele consistiu em fazer da ideia forte uma fraca, em arrancar-lhe o afeto.

Portanto, reconhecemos a lembrança patogênica, entre outras características, pelo fato de o doente qualificá-la como insignificante e, ainda assim, só enunciá-la com resistência. Há também casos em que o doente tenta negá-la mesmo por ocasião de seu retorno: "Agora me ocorreu algo, mas evidentemente foi você que o sugeriu a mim", ou: "Sei o que você espera dessa pergunta. Julga, por certo, que pensei isso e aquilo". Uma forma particularmente inteligente de negação está em dizer: "Agora me ocorreu de fato alguma coisa; mas é como se eu a tivesse acrescentado deliberadamente; não me parece ser um pensamento reproduzido". — Em todos esses casos me mantenho bastante firme, não aceito nenhuma dessas distinções, explico ao paciente que são apenas formas e pretextos da resistência à reprodução da lembrança que nós, apesar disso, temos de reconhecer.

De modo geral, há maior facilidade com o retorno de imagens que de pensamentos; os histéricos, que em sua maioria são visuais, não dificultam tanto o trabalho do analista como as pessoas com ideias obsessivas. Quando uma imagem emerge da lembrança, podemos ouvir o paciente dizer que ela se pulveriza e se torna indistinta à medida que ele avança em sua descrição. É como se, ao vertê-la em palavras, o *paciente a desgastasse*. Orientamo-nos então pela própria imagem mnemônica, para encontrar a direção na qual o trabalho deve prosseguir. "Observe a imagem mais uma vez. Ela desapareceu?" — "No todo, sim, mas vejo ainda este detalhe." — "Então isso ainda tem algum significado. Ou você verá algo novo ou lhe ocorrerá alguma coisa relacionada a esse resto." Terminado o trabalho, o campo de visão se mostra novamente livre e podemos evocar uma outra imagem. Às vezes, porém, a imagem permanece teimosamente ante o olho interior do paciente, não obstante a descrição já tenha sido feita, e isso, para mim, é um sinal de que ele ainda tem algo importante a dizer sobre o tema dessa imagem. Assim que o faz ela desvanece, como um espírito redimido que encontra a paz.

Naturalmente, é de alto valor para o progresso da análise que o médico sempre venha a ter razão diante do paciente; caso contrário, dependerá do que este julga conveniente comunicar. Por isso é consolador saber que o procedimento da pressão jamais falha realmente, à exceção de um único caso que devo apreciar mais tarde, mas que, desde já, posso caracterizar com a observação de que corresponde a um motivo particular de resistência. Por certo, pode acontecer que o procedimento seja utilizado em condições nas quais não pode trazer nada à luz; por exemplo, se continuamos a perguntar pela etiologia de um sintoma quando a mesma já está concluída, ou investigamos a genealogia psíquica de um sintoma, como uma dor que na verdade era uma dor somática. Nesses casos, o doente também afirma que nada lhe ocorreu e tem razão. Evitaremos fazer-lhe uma injustiça se tornarmos regra geral não perder de vista, durante a análise, a fisionomia daquele que ali está deitado. Aprendemos então a distinguir, sem qualquer dificuldade, entre a serenidade psíquica na efetiva ausência de uma reminiscência e a tensão e os sinais de afeto com que o doente procura, a serviço da defesa, negar a reminiscência emergente. Em tais experiências também se baseia, de resto, a aplicação do procedimento da pressão para o diagnóstico diferencial.

Assim, mesmo com a ajuda do procedimento da pressão o trabalho não é fácil. A única vantagem obtida é que, a partir dos resultados desse processo, aprendemos em que direção devemos investigar e que coisas precisamos impor ao paciente. Para alguns casos, isso basta; trata-se, essencialmente, de eu adivinhar o segredo e dizê-lo frontalmente ao paciente; então, quase sempre, ele tem de abandonar sua rejeição daquilo. Em outros casos, necessito mais; a resistência persistente do doente se mostra no fato de que as conexões se quebram, as soluções faltam, as imagens recordadas vêm indistintas e incompletas. Quando, a partir de um período posterior da análise, lançamos um olhar retrospectivo aos anteriores, com frequência nos admiramos de como eram mutiladas todas as ideias e cenas arrancadas ao doente pelo procedimento da pressão. Faltava-lhes precisamente o essencial, a relação com a pessoa ou o tema, e por isso a imagem permanecia incompreensível. Darei um ou dois exemplos da ação de tal censura por ocasião da primeira emergência das lembranças patogênicas. O doente vê, por exemplo, um tronco feminino em cuja roupa, como por negligência, algo se entreabre; só bem mais tarde ele acrescenta a esse torso a cabeça, assim revelando uma pessoa e uma relação. Ou ele conta uma reminiscência de sua infância, de dois garotos, cujas figuras lhe aparecem escurecidas e aos quais é atribuída uma má ação. São necessários muitos meses e grande progresso no curso da análise até que ele veja de novo essa reminiscência e reconheça a si próprio num dos meninos e seu irmão no outro. Que meios temos à nossa disposição para superar essa resistência contínua?

Poucos, mas são quase todos aqueles com os quais uma pessoa exerce uma influência psíquica sobre outra. Deve-se considerar, em primeiro lugar, que a resistência psíquica, especialmente uma há muito constituída, só pode ser resolvida lentamente e passo a passo, e é preciso esperar com paciência. Depois, podemos contar com o interesse intelectual que, decorrido breve período de trabalho, começa a se manifestar no paciente. Esclarecendo-o, informando-o sobre o maravilhoso mundo dos processos psíquicos, que nós mesmos só viemos a conhecer através de tais análises, conquistamos o próprio doente como nosso colaborador, levamo-

IV. A PSICOTERAPIA DA HISTERIA

-lo a examinar a si mesmo com o interesse objetivo do investigador e rechaçamos assim a resistência fundada em bases afetivas. Finalmente, porém — e esta permanece a mais poderosa alavanca —, depois de adivinhar os motivos de sua defesa, devemos tentar desvalorizá-los ou até mesmo substituí-los por mais fortes. Nesse ponto cessa a possibilidade de colocar em fórmulas a atividade psicoterapêutica. Tanto quanto podemos, agimos como esclarecedores ali onde a ignorância produziu um temor, como mestres, como representantes de uma concepção de mundo mais livre ou refletida, como confessores que, pela persistência de seu interesse e de sua estima, concedem a absolvição após a confissão, de certo modo. Procuramos fazer humanamente algo pelo paciente, até onde isso é permitido pelo alcance de nossa personalidade e o grau de simpatia que podemos ter pelo caso em questão. Tal atividade psíquica requer, como indispensável condição prévia, que tenhamos adivinhado aproximadamente a natureza do caso e os motivos da defesa nele atuante, e, por sorte, a técnica da insistência e o procedimento da pressão conduzem justamente até isso. Quanto mais enigmas desse gênero já tivermos resolvido, mais fácil será adivinhar um novo, talvez, e mais cedo poderemos empreender o trabalho psíquico verdadeiramente curativo. Pois é bom ter isso perfeitamente claro: ainda que o doente só se liberte do sintoma histérico ao reproduzir as impressões patogênicas que o causaram e falar sobre elas, externando afeto, a tarefa terapêutica *consiste apenas em movê-lo a isso*. Uma vez consumada essa tarefa, não resta ao médico nada mais a corrigir ou remover. Tudo o que, em matéria de contras sugestões, é preciso para isso, já foi empregado durante a luta contra a resistência. O caso pode talvez ser comparado ao destrancar de uma porta fechada à chave, após o que pressionar a maçaneta para baixo, a fim de abri-la, não oferece mais dificuldade.

Além dos motivos intelectuais a que recorremos para vencer a resistência, raramente poderemos prescindir de um fator afetivo, a ascendência pessoal do médico, e, em certo número de casos, somente esta será capaz de eliminar a resistência. É o que também ocorre na medicina em geral, e não poderemos exigir de nenhum método terapêutico que renuncie totalmente à colaboração desse fator pessoal.

III

Em vista do exposto no segmento anterior sobre as dificuldades de minha técnica, as quais mostrei sem reservas — e as recolhi dos casos mais graves, frequentemente as coisas serão mais fáceis; em vista disso, pois, todos se inclinarão a perguntar se não seria mais apropriado, em vez de todas essas tribulações, empenhar-se de modo mais enérgico na hipnose ou restringir a aplicação do método catártico àqueles doentes suscetíveis de serem induzidos à hipnose profunda. A esta última proposta tenho de responder que, considerando a *minha* habilidade, o número de pacientes aproveitáveis se reduziria demais; ao primeiro conselho contraponho a suspeita de que for-

IV. A PSICOTERAPIA DA HISTERIA

çar à hipnose não nos pouparia muita resistência. Minhas experiências a esse respeito são singularmente pouco numerosas, e por isso não posso ir além da suspeita; mas, quando realizei uma terapia catártica na hipnose, em vez de na concentração, não vi diminuído o trabalho que me coube. Recentemente, concluí um tratamento desse gênero, no curso do qual fiz retroceder uma paralisia histérica da perna. A paciente caía num estado que, psiquicamente, era muito diferente da vigília e, do ponto de vista somático, caracterizava-se pelo fato de lhe ser impossível abrir os olhos ou levantar-se antes que eu lhe tivesse dito: Agora desperte! — e, não obstante, em nenhum caso encontrei maior resistência que precisamente nesse. Não atribuí valor nenhum a esses sinais corporais e, quase ao fim do tratamento de dez meses, eles tinham se tornado imperceptíveis; nem por isso o estado da paciente, no qual trabalhávamos, perdeu alguma de suas singularidades: a capacidade de recordar o inconsciente, a relação bastante peculiar com a pessoa do médico. É certo que na história da sra. Emmy v. N... dei um exemplo de terapia catártica realizada no mais profundo sonambulismo, em que a resistência não desempenhou quase nenhum papel. Mas essa mulher também nada me disse que requeresse uma superação especial, nada que ela, havendo me conhecido mais e tendo por mim alguma estima, não pudesse ter me contado igualmente em estado de vigília. Não encontrei de modo algum as verdadeiras causas de sua doença, certamente idênticas às causas de suas recidivas após meu tratamento — era minha primeira experiência nessa terapia — e a única vez em que por acaso lhe pedi uma reminiscência em que havia um componente de erotismo, achei-a tão relutante e não confiável em suas indicações quanto, mais tarde, qualquer outra de minhas pacientes não sonâmbulas. No caso clínico dessa senhora já falei de sua resistência a outras demandas e solicitações também no sonambulismo. O valor da hipnose para a facilitação de terapias catárticas tornou-se para mim duvidoso depois que vi exemplos de absoluta insubmissão terapêutica, a despeito da obediência notável, de outra natureza, em sonambulismo profundo. Fiz um breve relato de um caso desse tipo na p. 147 [nota 27]; poderia acrescentar ainda outros. Admito, aliás, que essa experiência não correspondeu mal à necessidade de que vejo de uma relação quantitativa entre causa e efeito também no domínio psíquico.

Em nossa exposição até o momento, a ideia de *resistência* assumiu o primeiro plano. Mostrei como, no trabalho terapêutico, somos levados à concepção de que a histeria surge pela repressão, motivada pela defesa, de uma ideia intolerável; a ideia reprimida subsiste como um traço mnemônico fraco (pouco intenso) e o afeto a ela arrancado é utilizado para uma inervação somática: conversão da excitação. Assim, precisamente por sua repressão, a ideia torna-se causa de sintomas mórbidos, ou seja, patogênica. A uma histeria que apresente esse mecanismo psíquico pode-se atribuir o nome de *histeria de defesa*. Nós dois, Breuer e eu, repetidas vezes falamos de dois outros tipos de histeria, para os quais utilizamos

IV. A PSICOTERAPIA DA HISTERIA

os nomes *histeria hipnoide* e *de retenção*. A histeria hipnoide foi aquela que primeiro entrou em nosso campo de visão; dela não saberia dar melhor exemplo do que o primeiro caso, tratado por Breuer. Para essa histeria hipnoide, Breuer indicou um mecanismo psíquico essencialmente distinto daquele de defesa por conversão. Nele, uma ideia se torna patogênica pelo fato de, acolhida num estado psíquico particular, ter permanecido desde o início fora do Eu. Portanto, nenhuma força psíquica foi necessária para mantê-la afastada do Eu e nenhuma resistência é despertada quando a introduzimos no Eu com o auxílio da atividade mental sonâmbula. O caso clínico de Anna O. não mostra, efetivamente, nenhum indício de tal resistência.

Considero essa distinção tão essencial que, induzido por ela, de bom grado me atenho à formulação da histeria hipnoide. Curiosamente, em minha própria experiência não encontrei nenhuma histeria hipnoide autêntica; as que abordei se transformaram em histerias de defesa. Não que eu nunca tenha lidado com sintomas comprovadamente surgidos em estados de consciência separados e que, por isso, tiveram de permanecer excluídos da admissão no Eu. Às vezes isso também ocorreu em meus casos, mas então pude comprovar que o chamado estado hipnoide devia sua separação à circunstância de que nele atuava um grupo psíquico anteriormente dissociado pela defesa. Em suma, não posso reprimir a suspeita de que a histeria hipnoide e a de defesa se encontrem em algum lugar na sua raiz, e que a defesa seja o elemento primário. Mas nada sei a esse respeito.

Igualmente incerto é, no presente, meu juízo sobre a "histeria de retenção", na qual o trabalho terapêutico deveria também ocorrer sem resistência. Tive um caso que tomei por uma típica histeria de retenção; contava com um êxito fácil e certo, mas não houve tal êxito, embora o trabalho fosse realmente fácil. Presumo, por isso, novamente com toda a reserva que convém à ignorância, que também na histeria de retenção se encontre, no fundo, uma parcela de defesa que impeliu todo o processo para o âmbito histérico. Espero que novas observações venham a decidir, em breve, se corro o perigo de cair na parcialidade e no erro com essa tendência a estender o conceito de defesa a toda a histeria.

Até aqui tratei das dificuldades e da técnica do método catártico, e gostaria de acrescentar ainda algumas indicações sobre como se desenvolve uma análise com essa técnica. Esse é um tema muito interessante para mim, mas não posso esperar que desperte interesse semelhante em outros que ainda não tenham realizado uma análise desse tipo. Na verdade, falarei novamente da técnica, mas agora das dificuldades de conteúdo pelas quais não podemos responsabilizar o paciente, e que numa histeria hipnoide e de retenção devem ser, em parte, as mesmas das histerias de defesa que tenho como modelo. Procedo a esta última parte da exposição com a expectativa de que as particularidades psíquicas a serem aqui desveladas possam um dia alcançar certo valor como matéria-prima para uma dinâmica das ideias.

IV. A PSICOTERAPIA DA HISTERIA

A primeira e mais forte impressão que se colhe em tal análise é, sem dúvida, a de que o material psíquico patogênico supostamente esquecido, que não se encontra à disposição do Eu, não desempenha nenhum papel na associação e na lembrança — mas, não obstante, de algum modo está ali pronto e em correta e boa ordem. Trata-se apenas de eliminar resistências que obstruem o caminho até ele. De resto, porém, torna-se sabido, da mesma forma como em geral podemos saber alguma coisa; as conexões corretas das ideias entre si e com ideias não patogênicas, recordadas com frequência, existem, foram completadas a seu tempo e conservadas na memória. O material psíquico patogênico apresenta-se como propriedade de uma inteligência que não é necessariamente inferior àquela do Eu normal. A aparência de uma segunda personalidade se produz amiúde da maneira mais enganadora.

Se essa impressão é justificada ou se o que então ocorre é que transpomos para a época da doença a ordenação do material psíquico evidenciada após a resolução do caso — estas são questões que eu ainda não gostaria de tomar em consideração e de fazê-lo aqui. De todo modo, não se pode descrever as observações feitas em tais análises de maneira melhor e mais explícita do que colocando-nos no ponto de vista que, alcançada a resolução, podemos adotar para uma visão abrangente do todo.

Geralmente a situação não é tão simples como a descrevemos em casos particulares; por exemplo, quando há um só sintoma, surgido num grande trauma. Na maioria dos casos não se tem um sintoma histérico único, mas certo número deles, em parte independentes uns dos outros, em parte ligados entre si. Não se deve esperar uma lembrança traumática única e, como núcleo da mesma, uma única ideia patogênica; é preciso, isto sim, estar preparado para séries de traumas parciais e cadeias de pensamentos patogênicos. A histeria traumática monossintomática é, por assim dizer, um organismo elementar, um ser unicelular, em comparação com a complicada estrutura de uma neurose histérica grave, tal como habitualmente a encontramos.

O material psíquico de tal histeria se apresenta como uma construção pluridimensional de estratificação pelo menos *tripla*. Espero poder justificar em breve essa forma de expressão figurada. Primeiramente há um *núcleo* de lembranças (de vivências ou sequências de pensamentos), nas quais o fator traumático culminou ou a ideia patogênica encontrou seu mais puro desenvolvimento. Em torno desse núcleo, encontramos uma quantidade amiúde incrivelmente abundante de outro material mnemônico que é preciso elaborar na análise, em ordenação tripla, como dissemos. Em primeiro lugar, distingue-se uma inequívoca *ordenação* cronológica linear, que ocorre no interior de cada tema. Como exemplo dela, cito aqui apenas as ordenações na análise da srta. Anna O., feita por Breuer. O tema era ficar surda, não ouvir; em seguida, diferenciou-se conforme sete condições, e sob cada um dos sete títulos estavam de dez a mais de cem lembranças reunidas em ordem cronológica. Era como se fôssemos explorar um arquivo mantido em perfeita ordem. Na análise de minha paciente Emmy v. N... há fascículos de lembranças semelhantes, ainda que não tão completamente enumerados: mas eles são uma ocorrência bastante comum em toda análise e surgem sempre numa ordem cronológica tão infalivelmente confiável como a sequência dos dias da semana ou dos meses em pessoas mentalmente normais, e dificultam o trabalho da análise pela peculiaridade de inverterem, na reprodução, a ordem de seu aparecimento; a vivência mais fresca e recente do fascículo vem primeiro, como "página de cobertura", e o final é constituído pela impressão com que a série, na realidade, começou.

A esse agrupamento de lembranças da mesma natureza numa pluralidade linearmente estratificada, como um dossiê, um maço de documentos etc., chamei formação de um *tema*. Esses temas mostram um segundo tipo de ordenação; eles estão — não posso expressá-lo de outro modo — *estratificados concentricamente em torno do núcleo patogênico*. Não é difícil dizer o que constitui essa estratificação, conforme qual grandeza, decrescente ou crescente, se efetua essa ordenação. São *camadas de igual resistência*, crescente em direção ao núcleo, e, assim, *zonas de igual modificação da consciência*, nas quais se estendem os vários temas. As camadas mais periféricas contêm, de diversos temas, aquelas lembranças (ou fascículos) fáceis de recordar e que sempre foram claramente conscientes; quanto mais nos aprofundamos, maior a dificuldade em reconhecer as lembranças emergentes, até que, próximo ao núcleo, deparamos com aquelas que o paciente ainda nega ao reproduzir.

É essa peculiaridade da estratificação concêntrica do material psíquico patogênico que empresta ao curso de tais análises traços característicos, como perceberemos. Há que se mencionar ainda um terceiro tipo de ordenação, o mais essencial e sobre o qual mais difícil é fazer uma afirmação geral. É a ordenação segundo o conteúdo de ideias, o encadeamento pelo fio lógico que se estende até o núcleo e que, em cada caso, pode corresponder a um caminho especial, irregular e com múltiplas sinuosidades. Essa ordenação tem um caráter dinâmico, em contraposição ao morfológico das duas estratificações antes mencionadas. Enquanto estas últimas poderiam ser representadas, em um esquema espacial, por linhas rígidas, arqueadas e retas, para acompanhar a marcha do encadeamento lógico precisaríamos figurar uma vareta que, seguindo-a pelos mais intrincados caminhos, avança das camadas superficiais às profundas e de volta, mas, de modo geral, da periferia ao núcleo central, nisso devendo tocar todas as estações; da mesma forma, portanto, como o zigue-zague dos movimentos de um cavalo, na solução de um problema, atravessa o tabuleiro de xadrez.

Retenho ainda por um momento esta última comparação, para salientar um ponto em que ela não faz justiça às propriedades do objeto comparado. A conexão lógica corresponde não apenas a uma linha dobrada em zigue-zague, mas antes a uma linha ramificada e, muito particularmente, a um sistema de linhas convergentes. Ela apresenta pontos nodais, nos quais dois ou mais fios se encontram para, a partir dali, prosseguirem unidos; e no núcleo desembocam, em regra, vários fios seguin-

IV. A PSICOTERAPIA DA HISTERIA

do independentes uns dos outros ou ligados aqui e ali por caminhos laterais. Para dizê-lo em outras palavras, é bastante notável a frequência com que um sintoma é *multiplamente determinado, sobredeterminado*.

Concluirei minha tentativa de elucidar a organização do material psíquico patogênico introduzindo ainda uma complicação. Pode ocorrer que haja mais do que um só núcleo no material patogênico; se, por exemplo, é preciso analisar uma segunda irrupção histérica que tem sua própria etiologia, mas está ligada a uma primeira irrupção de histeria aguda, superada anos antes. Podemos facilmente imaginar que camadas e vias de pensamento devem se acrescentar então para estabelecer uma conexão entre os dois núcleos patogênicos.

Acrescentarei ainda uma ou outra observação ao quadro da organização do material patogênico assim obtido. Afirmamos, sobre esse material, que ele se comporta como um corpo estranho; a terapia também age como a remoção de um corpo estranho do tecido vivo. Estamos agora em condições de compreender em que falha essa comparação. Um corpo estranho não entra em nenhuma conexão com as camadas de tecido que o circundam, embora as altere e lhes imponha uma inflamação reativa. Nosso grupo psíquico patogênico, em contrapartida, não se deixa extrair limpamente do Eu; por todos os lados as suas camadas externas passam para o Eu normal; na verdade, pertencem a este último tanto quanto à organização patogênica. A fronteira entre ambos, na análise, torna-se puramente convencional, encontrando-se ora aqui ora ali e, em alguns lugares, é mesmo impossível mostrá-la. As camadas internas alheiam-se cada vez mais do Eu, sem que, de novo, a fronteira do patogênico visivelmente tenha início em algum lugar. A organização patogênica não se comporta realmente como um corpo estranho, mas, isto sim, como um material infiltrado. Nessa imagem, a resistência deve ser tomada como aquilo que está infiltrando. E a terapia também não consiste em extirpar algo — disso a psicoterapia é incapaz ainda hoje —, mas em dissolver a resistência e, desse modo, abrir à circulação o caminho para uma região até então bloqueada.

(Sirvo-me aqui de uma série de imagens que têm uma semelhança bem limitada com meu tema e que não são compatíveis entre si. Sei disso, e não corro o perigo de superestimar seu valor, mas sou guiado pela intenção de elucidar, a partir de diferentes perspectivas, uma questão extremamente complicada e jamais apresentada antes. Por isso tomarei a liberdade, nas páginas seguintes, de continuar fazendo comparações dessa maneira que não está livre de objeções.)

Se fosse possível, uma vez concluído o caso, mostrar a uma terceira pessoa o material patogênico em sua organização complicada e multidimensional agora conhecida, ela teria razão em perguntar como semelhante camelo passou pelo buraco da agulha. Pois há alguma justificação em falar de um "estreito da consciência". O termo adquire sentido e vigor para o médico que realiza uma análise assim. Apenas uma lembrança pode penetrar no Eu-consciência a cada vez; o paciente, ocupado com a elaboração dela, nada vê do que a empurra por

IV. A PSICOTERAPIA DA HISTERIA

trás e esquece daquilo que já penetrou. Se a superação dessa lembrança patogênica esbarra em dificuldades — por exemplo, quando o doente não abranda a resistência a ela, quando quer reprimi-la ou mutilá-la —, o estreito é, por assim dizer, obstruído; o trabalho se interrompe, nada mais pode surgir, e a lembrança em irrupção para diante do paciente até que ele a tenha acolhido na extensão do Eu. Toda a massa, espacialmente estendida, do material patogênico é passada assim, através de uma fenda estreita, chegando à consciência, portanto, como que decomposta em pedaços ou tiras. É tarefa do psicoterapeuta recompor, a partir daí, a organização presumida. Quem ainda desejar comparações, poderá lembrar-se aqui de um jogo de paciência.

Se o profissional vai iniciar uma análise assim, em que cabe esperar essa organização do material patogênico, pode se aproveitar dos seguintes resultados da experiência: é *totalmente inútil penetrar diretamente até o núcleo da organização patogênica*. Ainda que pudéssemos descobri-lo, o paciente não saberia o que fazer com o esclarecimento a ele oferecido e não seria psiquicamente transformado por ele.

Nada resta senão manter-se inicialmente na periferia da estrutura psíquica patogênica. Começamos por deixar o doente relatar o que sabe e do que se recorda, nisso já dirigindo sua atenção e, pela aplicação do procedimento da pressão, vencendo resistências mais brandas. Sempre que um novo caminho é aberto mediante a pressão, podemos esperar que o doente o prossiga um pouco mais sem nova resistência.

Em geral, após termos trabalhado dessa forma algum tempo, inicia-se no paciente uma atividade colaboradora. Uma profusão de reminiscências lhe ocorre então, sem que seja preciso apresentar-lhe perguntas e tarefas; acabamos de abrir o caminho para uma camada interna, dentro da qual o doente agora dispõe espontaneamente do material de igual resistência. Fazemos bem em deixá-lo reproduzir esse material, por algum tempo, livre de influências; é certo que ele mesmo não está em condições de descobrir conexões importantes, mas podemos deixar a seu cuidado a escavação no interior da mesma camada. As coisas que assim ele traz parecem frequentemente desconexas, mas fornecem o material que, mais tarde, ao ser percebida uma conexão, é reavivado.

Nisso temos de nos guardar de duas coisas, em geral. Se inibimos o paciente na reprodução das ideias que lhe afluem, podemos "enterrar" algo que depois, com grande esforço, terá de ser liberado. Por outro lado, não devemos superestimar sua "inteligência" inconsciente e confiar-lhe a direção de todo o trabalho. Se eu quisesse esquematizar o modo de trabalho, poderia dizer, talvez, que assumimos nós mesmos a abertura de camadas internas, o avanço na direção radial, enquanto o paciente se encarrega da ampliação periférica.

O avanço ocorre superando-se a resistência, da maneira há pouco indicada. Em regra, porém, temos ainda outra tarefa a resolver antes disso. Temos de nos apropriar de um pedaço do fio lógico, apenas com a orientação dele podemos ter esperança de penetrar no interior. Não se deve esperar que as livres comunicações do pa-

IV. A PSICOTERAPIA DA HISTERIA

ciente, o material das camadas mais superficiais, tornem fácil, para o analista, distinguir em que lugares se vai à profundeza, a que pontos se ligam as associações de ideias buscadas. Ao contrário: precisamente isso é encoberto com cuidado, a exposição do doente parece completa e congruente. A princípio, é como se estivéssemos em face de um muro que bloqueia toda perspectiva e não deixa adivinhar se alguma coisa — e o que, então — se encontra por trás.

Porém, ao examinarmos com olhar crítico a exposição que, sem muito esforço e resistência, obtivemos do paciente, descobriremos infalivelmente lacunas e defeitos. Aqui, a conexão está visivelmente interrompida e o paciente a completa precariamente, com uma expressão qualquer, uma informação insatisfatória; ali, esbarramos com um motivo que, em uma pessoa normal, designaríamos como bastante fraco. O paciente não quer reconhecer essas lacunas quando chamamos sua atenção para elas. Mas o médico age corretamente ao buscar, atrás desses pontos fracos, o acesso ao material das camadas mais profundas; ao esperar descobrir justamente neles os fios da conexão que busca, com o auxílio do procedimento da pressão. Assim, dizemos ao paciente: "Você se engana; o que afirma não pode ter relação com o que está em causa. Aqui devemos encontrar algo diverso, que lhe ocorrerá sob a pressão de minha mão".

Podemos, com efeito, exigir do curso de pensamentos em um histérico — e ainda que ele se estenda ao inconsciente — o mesmo encadeamento lógico e motivação suficiente que exigiríamos de um indivíduo normal.

Um afrouxamento dessas relações não está na esfera de poder da neurose. Se as conexões de ideias dos neuróticos e, em especial, dos histéricos dão uma impressão diversa, se nelas a relação das intensidades de diferentes ideias parece inexplicável apenas por condições psicológicas, já conhecemos a razão para essa aparência e podemos designá-la como a *existência de motivos ocultos, inconscientes*. Assim, podemos presumir tais motivos secretos em toda parte onde se comprove tal descontinuidade na coerência, onde a medida de motivação normalmente justificada tenha sido transposta.

Naturalmente, em tal trabalho, devemos nos manter livres do preconceito teórico de que lidamos com cérebros anormais de *dégénerés* e *déséquilibrés*, dos quais seria própria, como um estigma, a liberdade de descartar as leis psicológicas comuns da associação de ideias e nos quais uma ideia qualquer pode, sem motivo, intensificar-se exageradamente, e outra pode permanecer indestrutível sem razão psicológica. A experiência mostra o oposto no caso da histeria; quando descobrimos os motivos ocultos — com frequência permanecidos inconscientes — e os levamos em conta, nada de enigmático e contrário às regras resta nas conexões de pensamentos histéricas.

Assim, pois, rastreando lacunas na primeira exposição do doente, que muitas vezes estão encobertas por "falsas conexões", apanhamos um pedaço do fio lógico na periferia e, a partir daí, pelo procedimento da pressão, abrimos o caminho subsequente.

Muito raramente se consegue penetrar até o interior pelo mesmo fio lógico; em geral ele se quebra no ca-

IV. A PSICOTERAPIA DA HISTERIA

minho, quando a pressão falha, não dá resultado ou dá algum que, com todo esforço, não se pode esclarecer e levar adiante. Logo aprendemos a evitar, nesse caso, as confusões possíveis. A fisionomia do paciente deve decidir se de fato chegamos a um termo, se encontramos um caso que não precisa de uma explicação psíquica ou se é uma enorme resistência que impõe a paralisação do trabalho. Se não conseguimos vencer esta imediatamente, podemos presumir que perseguimos o fio até o interior de uma camada que, nesse momento, ainda é impermeável. Abandonamos então esse fio para tomar outro que perseguiremos, talvez, pela mesma extensão. Uma vez que tenhamos acompanhado todos os fios a essa camada e ali encontrado os entrelaçamentos, devido aos quais cada fio não podia ser isoladamente seguido, podemos pensar em atacar de novo a resistência iminente.

É fácil imaginar a que ponto pode se tornar complicado um trabalho assim. Em contínua superação de resistências, penetramos em camadas internas, tomamos conhecimento dos temas acumulados numa camada e dos fios que a atravessam, verificamos até onde podemos avançar com nossos meios atuais e o conhecimento adquirido, conseguimos, pelo procedimento da pressão, a primeira informação sobre o conteúdo das camadas contíguas, abandonamos os fios e os retomamos, vamos em seu encalço até pontos nodais, voltamos constantemente atrás e, seguindo um fascículo de lembranças, a cada vez chegamos a um caminho secundário que, no entanto, finalmente volta a confluir com o principal. Dessa maneira, atingimos enfim um ponto em que podemos abandonar o trabalho por camadas e avançar por um caminho principal diretamente ao núcleo da organização patogênica. Com isso a batalha está ganha, mas ainda não terminou. É preciso retomar os outros fios, esgotar o material; mas então o paciente colabora energicamente; sua resistência já está, em geral, vencida.

Nesses estágios avançados do trabalho, é proveitoso adivinhar a conexão e comunicá-la ao paciente antes de desvendá-la. Se adivinhamos corretamente, aceleramos o curso da análise; mas mesmo uma hipótese incorreta ainda ajuda, obrigando o doente a tomar partido e arrancando-lhe enérgicas recusas que traem um conhecimento mais seguro.

Vemos então, com surpresa, *que não estamos em condições de impor ao paciente algo sobre as coisas que ele supostamente ignora, ou de influenciar os resultados da análise despertando sua expectativa*. Não consegui uma única vez modificar ou falsear a reprodução das lembranças ou a conexão dos acontecimentos através de minha previsão, o que, afinal, teria se revelado por uma contradição no conjunto. Quando algo sucedia tal como eu havia previsto, sempre se atestava, por múltiplas e insuspeitas reminiscências, que de fato eu adivinhara certo. Portanto, não é preciso temer manifestar ao paciente alguma opinião sobre a conexão que virá; isso é inócuo.

Uma outra observação, que sempre temos oportunidade de repetir, concerne às reproduções autônomas do paciente. Podemos afirmar que, durante uma análise assim, não aflora uma única reminiscência que não tenha significação. De fato, não ocorre nenhuma mescla de

IV. A PSICOTERAPIA DA HISTERIA

imagens mnemônicas desconexas, que de alguma maneira estejam associadas às importantes. Pode-se postular uma exceção, que não impugna a regra, para aquelas lembranças que, em si desimportantes, são porém imprescindíveis como peças de contato, na medida em que a associação entre duas lembranças ricas de referências só se faz por seu intermédio. — O intervalo de tempo em que uma lembrança fica na estreita passagem ante a consciência do paciente está, como já mencionamos, em relação direta com sua importância. Uma imagem que não quer se extinguir pede ainda para ser considerada; um pensamento que não se deixa afastar quer continuar a ser perseguido. Além disso, uma reminiscência jamais retorna uma segunda vez depois de resolvida; uma imagem sobre a qual já se conversou não se pode mais rever. Se isso acontece, no entanto, podemos esperar com segurança que, na segunda vez, um novo conteúdo de pensamento se ligará à imagem e uma nova inferência à ideia espontânea, ou seja, de fato não houve resolução completa. Em contrapartida, ocorre com frequência um retorno em diferentes intensidades, primeiro como alusão, depois em toda clareza, mas não contradiz o que acabamos de afirmar.

Quando, entre as tarefas da análise, encontra-se a eliminação de um sintoma capaz de recrudescimento ou de retorno (dores, sintomas de irritação como o vômito, sensações, contraturas), observamos durante o trabalho, da parte desse sintoma, o interessante e não indesejado fenômeno do *"participar da conversa"*. Ele reaparece ou se mostra com intensidade reforçada, tão logo entramos na região da organização patogênica que contém sua etiologia, e passa a acompanhar o trabalho com flutuações características e instrutivas para o médico. A intensidade do sintoma (digamos, uma tendência ao vômito) cresce à medida que penetramos mais profundamente numa das lembranças patogênicas correspondentes, atinge seu ápice pouco antes de o doente expressá-las e súbito diminui ou até mesmo desaparece completamente por algum tempo, depois de expressas as lembranças. Quando, devido à resistência, o paciente retarda por muito tempo a expressão oral, a tensão da sensação, da tendência ao vômito, torna-se intolerável e, se não podemos forçá-lo a falar, dá-se efetivamente o vômito. Temos assim a vívida impressão de que o "vomitar" está no lugar de uma ação psíquica (aqui, o falar), como afirma a teoria da conversão histérica.

Essa flutuação de intensidade do sintoma histérico se repete cada vez que abordamos uma nova lembrança patogênica a ele atinente; o sintoma está todo o tempo, por assim dizer, *na ordem do dia*. Se nos vemos obrigados a abandonar por um momento o fio ao qual se liga esse sintoma, também este retrocede à escuridão para voltar a emergir num período posterior da análise. Esse jogo persiste até o momento em que, mediante o processamento do material patogênico, se tenha alcançado a resolução definitiva desse sintoma.

A rigor, o sintoma histérico não se comporta aqui de maneira diversa da imagem mnemônica ou do pensamento reproduzido que evocamos sob a pressão da mão. Aqui como lá, temos a mesma tenacidade obsedante do retorno na lembrança do doente, que reclama resolução. A diferença reside apenas na irrupção aparentemente espontânea dos sintomas histéricos, quando nos lembramos muito bem de termos provocado nós mesmos as cenas e ideias. Em realidade, porém, há uma série ininterrupta que leva dos *restos mnêmicos* inalterados de vivências afetivas e atos de pensamento até os sintomas histéricos, seus *símbolos mnêmicos*.

O fenômeno da interferência do sintoma histérico na conversa, durante a análise, acarreta um inconveniente prático, com o qual devemos ser capazes de reconciliar o doente. É totalmente impossível realizar de um só fôlego a análise de um sintoma, ou distribuir intervalos no trabalho de forma que coincidam justamente com as pausas na resolução. Pelo contrário, a interrupção que é ditada imperiosamente pelas circunstâncias acessórias do tratamento, a hora avançada etc., cai com frequência nos momentos mais inapropriados, justo quando poderíamos nos aproximar de uma decisão ou quando emerge um novo tema. São os mesmos inconvenientes que a todo leitor de jornal estragam a leitura do trecho diário de seu folhetim, quando, imediatamente após a fala decisiva da heroína, após o estampido do disparo e coisas semelhantes, lê-se: "Continua no próximo número". Em nosso caso, o tema suscitado mas não concluído, o sintoma intensificado e ainda não esclarecido perduram na vida psíquica do paciente e o importunam talvez mais do que o faziam de costume. É preciso saber acomodar-se a isso; não há outro arranjo possível. Há doentes que, durante a análise, não podem mais largar um tema abordado; que continuam obcecados por ele no intervalo entre dois tratamentos e, como não progridem sozinhos em sua resolução, a princípio sofrem mais do que antes do tratamento. Mesmo tais pacientes aprendem por fim a esperar pelo médico, a transferir para as sessões do tratamento todo o interesse que têm na resolução do material patogênico, e então começam a se sentir mais livres nos intervalos.

Também o estado geral do paciente durante tal análise merece consideração. Por algum tempo ainda, não influenciado pelo tratamento, ele permanece expressão dos fatores anteriormente ativos, mas chega um momento em que o paciente é "capturado", seu interesse é cativado e, a partir daí, também seu estado geral depende cada vez do andamento do trabalho. Sempre que uma nova elucidação é obtida, uma etapa importante na estruturação da análise é alcançada, o paciente se sente aliviado e frui como que um pressentimento da libertação iminente; a cada paralisação do trabalho, a cada perturbação ameaçadora cresce a carga psíquica que o oprime, aumenta sua sensação de infelicidade, sua incapacidade de ação. As duas coisas por um breve período, contudo; pois a análise prossegue, desdenha vangloriar-se de um momento de bem-estar e passa por períodos de ensombrecimento sem se importar com eles. Em geral, ficamos contentes quando substituímos as flutuações espontâneas do estado do paciente por aquelas que nós mesmos provocamos e compreendemos, da mesma

IV. A PSICOTERAPIA DA HISTERIA

forma como gostamos de ver surgir, no lugar da sucessão espontânea dos sintomas, aquela ordem do dia que corresponde ao andamento da análise.

Habitualmente, o trabalho torna-se a princípio tanto mais obscuro e difícil quanto mais profundamente penetramos na construção psíquica estratificada antes descrita. Mas, uma vez que tenhamos aberto caminho até o núcleo, faz-se a luz e já não há nenhum grave ensombrecimento a temer no estado geral do doente. A recompensa do trabalho, porém, a cessação dos sintomas da doença, só podemos esperar no momento em que tivermos realizado a análise completa de cada sintoma; quando os diferentes sintomas se encontram atados uns aos outros por múltiplos nós, não somos encorajados nem mesmo por êxitos parciais durante o trabalho. À força das abundantes ligações causais presentes, cada ideia patogênica ainda não resolvida atua como motivo para todas as criações da neurose, e somente com a última palavra da análise desaparece todo o quadro da doença, de modo muito semelhante ao que sucede com cada lembrança reproduzida.

Quando uma lembrança ou conexão patogênica, antes retirada do Eu-consciência, é descoberta pelo trabalho da análise e introduzida no Eu, observamos, na personalidade psíquica assim enriquecida, diferentes formas de se manifestar sobre seu ganho. Ocorre com especial frequência que, depois de os termos custosamente obrigado a tomar conhecimento de algo, os doentes declarem: "Isto eu sempre soube; isto eu poderia ter lhe dito antes". Os mais perspicazes, em seguida, reconhecem aí uma ilusão e se acusam de ingratidão. À parte isso, a atitude do Eu ante a nova aquisição depende, em geral, da camada da análise de que ela provém. O que pertence às camadas mais externas é reconhecido sem dificuldade; permaneceu de posse do Eu, e apenas sua ligação com as camadas mais profundas do material patogênico é uma novidade para o Eu. O que é trazido à luz a partir dessas camadas mais profundas também é percebido e reconhecido; mas, frequentemente, só depois de muita hesitação e reflexão. Naturalmente, imagens mnemônicas visuais são aqui mais difíceis de negar do que vestígios mnemônicos de puras sequências de pensamentos. Não é nada raro o paciente dizer a princípio: "É possível que eu tenha pensado isso, mas não posso me lembrar", e somente depois de ele se familiarizar mais longamente com essa hipótese é que chega o reconhecimento; ele se lembra e ainda confirma, por ligações acessórias, que realmente teve um dia esses pensamentos. Durante a análise, porém, tenho por regra avaliar uma reminiscência emergente independentemente de o paciente reconhecê-la ou não. Não me canso de repetir que somos obrigados a aceitar tudo o que trazemos à luz com nossos métodos. Havendo ali algo inautêntico ou inexato, mais tarde o contexto nos ensinaria a excluí-lo. Diga-se de passagem, quase nunca tive ocasião de retirar, a posteriori, o reconhecimento a uma reminiscência provisoriamente admitida. Tudo o que aflorou, não obstante a mais enganadora aparência de ser uma contradição grave, revelou-se afinal exato.

As ideias provenientes da profundidade maior, que formam o núcleo da organização patogênica, são tam-

IV. A PSICOTERAPIA DA HISTERIA

bém as que com mais dificuldade são reconhecidas pelos doentes como lembrança. Mesmo quando tudo passou, quando os pacientes, dominados pela compulsão lógica e convencidos do efeito curativo que acompanha precisamente o aflorar dessas ideias — quando os pacientes, digo, admitem eles mesmos que pensaram isso e aquilo, com frequência acrescentam: "Mas *lembrar* que o pensei, não consigo". Então podemos facilmente concordar com eles: são pensamentos *inconscientes*. Mas como devemos incorporar esse fato a nossas concepções psicológicas? Devemos ignorar essa recusa de reconhecimento por parte dos doentes, a qual, depois de concluído o trabalho, carece de motivo? Devemos supor que se trata realmente de pensamentos que não se produziram, para os quais havia apenas a possibilidade de existência, de modo que a terapia consistiria na execução de um ato psíquico não realizado outrora? É evidentemente impossível declarar alguma coisa sobre isso, ou seja, sobre o estado do material patogênico antes da análise, sem que tenhamos elucidado em profundidade nossas concepções psicológicas fundamentais, em especial sobre a natureza da consciência. Resta, isto sim, um fato digno de reflexão: o de que em tais análises perseguimos um curso de pensamentos desde o consciente até o inconsciente (isto é, algo não reconhecido absolutamente como lembrança), daí podemos vê-lo novamente percorrer certa extensão pelo consciente e terminar outra vez no inconsciente, sem que essa alternância da "iluminação psíquica" modifique alguma coisa nele mesmo, em sua coerência lógica, na conexão de suas várias partes. Uma vez que o tenho inteiro diante de mim, não posso adivinhar que fragmento foi reconhecido pelo doente como lembrança e qual não foi. Vejo apenas imergir no inconsciente, de certo modo, as pontas do curso de pensamentos, inversamente ao que se afirmou sobre nossos processos psíquicos normais.

Por fim, devo ainda tratar um tema que, na realização de tal análise catártica, tem um papel indesejavelmente relevante. Já admiti como possível que o procedimento da pressão falhe e, apesar de toda garantia e insistência, não faça aflorar nenhuma reminiscência. Então, disse eu, há duas possibilidades: ou realmente não há o que obter no lugar onde investigamos, e isso se reconhece no semblante inteiramente calmo do paciente; ou esbarramos em uma resistência apenas mais tarde superável, estamos diante de uma nova camada em que ainda não podemos penetrar, e isso se lê mais uma vez no paciente, em sua fisionomia tensa que mostra esforço intelectual. Mas também é possível um terceiro caso, que igualmente significa um obstáculo, mas não de conteúdo, e sim externo. Esse caso se dá quando a relação do paciente com o médico se acha perturbada, e constitui o mais grave obstáculo com que podemos deparar. Mas podemos contar com isso em toda análise mais séria.

Já aludi ao importante papel que cabe à pessoa do médico na criação de motivos destinados a vencer a força psíquica da resistência. Em não poucos casos, especialmente em mulheres e quando se trata de elucidar

IV. A PSICOTERAPIA DA HISTERIA

sequências de pensamentos eróticos, a colaboração da paciente torna-se um sacrifício pessoal que precisa ser compensado com algum sucedâneo do amor. Os esforços e a paciente amabilidade do médico devem bastar como sucedâneo.

Se essa relação da doente com o médico é perturbada, falha também sua solicitude; quando o médico quer se informar sobre a ideia patogênica seguinte, interpõe-se a isso, na doente, a consciência das queixas que nela se acumularam contra ele. Segundo minha experiência, esse obstáculo ocorre em três casos principais:

1) Havendo alheamento pessoal, quando a paciente se crê negligenciada, menosprezada, ofendida, ou escutou algo desfavorável sobre o médico e o método de tratamento. Esse é o caso menos sério; o obstáculo pode ser facilmente vencido, falando-se sobre ele e esclarecendo-o, embora a suscetibilidade e a desconfiança dos histéricos possam, às vezes, manifestar-se em dimensões imprevistas.

2) Quando a doente é acometida do temor de habituar-se demais à pessoa do médico, de perder sua autonomia em relação a ele e até mesmo poder se tornar sexualmente dependente dele. Esse caso é mais importante, porque menos individualmente condicionado. A causa desse obstáculo é da própria natureza do cuidado terapêutico. A paciente tem então um novo motivo de resistência, que se manifesta não apenas por ocasião de determinada reminiscência, mas em toda tentativa de tratamento. Com bastante frequência, queixa-se de dores de cabeça quando realizamos o procedimento da

pressão. É que seu novo motivo de resistência lhe permanece inconsciente, em geral, e ela o exterioriza com um sintoma histérico recém-produzido. A dor de cabeça significa a aversão a se deixar influenciar.

3) Quando a paciente se espanta por transferir para a pessoa do médico as ideias penosas que emergem do conteúdo da análise. Isso é frequente e mesmo uma ocorrência regular em algumas análises. A transferência* para o médico se dá por *falsa conexão* (cf. p. 102 [nota 19]). Devo apresentar aqui um exemplo: a origem de certo sintoma histérico era, numa de minhas pacientes, o desejo, havia muitos anos acalentado e logo relegado ao inconsciente, de que o homem com quem então conversara a agarrasse vigorosamente e lhe desse um beijo. Pois bem, um dia, ao término de uma sessão, tal desejo irrompe na paciente em relação a mim; ela se apavora com isso, passa uma noite em claro e, na sessão seguinte, embora não recuse o tratamento, mostra-se imprestável para o trabalho. Depois que percebi e removi o obstáculo, o trabalho volta a avançar e eis que o desejo que tanto a apavora surge como a lembrança patogênica seguinte, a que agora é exigida pelo contexto lógico. Assim, pois, sucedera: primeiro, o conteúdo do desejo havia surgido na consciência da paciente sem as recordações das circunstâncias que podiam situá-lo no passado; o desejo então presente ligou-se, pela compulsão associativa dominante na consciência, à minha pessoa, a quem a paciente

---

* No original, *Übertragung*; aqui o termo é usado no sentido psicanalítico pela primeira vez.

podia dirigir a atenção, e, nessa *mésalliance* [união equivocada] — que chamo de "falsa conexão" —, despertou o mesmo afeto que, naquele tempo, havia impelido a paciente a banir esse desejo ilícito. Desde que constatei isso, posso presumir, a cada solicitação similar da minha pessoa, que tenha voltado a ocorrer uma transferência e falsa conexão. Curiosamente, a paciente é vítima do engano a cada nova ocasião.

Não se pode levar a termo uma análise se não sabemos confrontar a resistência que resulta dessas três ocorrências. Mas podemos achar um meio de fazê-lo se nos propomos tratar esse novo sintoma, produzido segundo um modelo antigo, da mesma forma que tratamos os sintomas antigos. A primeira tarefa é tornar o "obstáculo" consciente para a doente. Com uma de minhas pacientes, por exemplo, na qual o procedimento da pressão fracassou de repente, e eu tive motivo para supor uma ideia inconsciente como a mencionada no item 2, lidei com isso, na primeira vez, tomando-a de surpresa. Disse-lhe que devia ter se produzido um obstáculo à continuação do tratamento, mas que o procedimento da pressão tinha ao menos o poder de lhe mostrar esse obstáculo e fiz pressão sobre sua cabeça. Ela disse, admirada: "Vejo você sentado aqui na poltrona, mas isso é um despropósito; que será que isso significa?". — Pude então esclarecê-la a respeito.

Com outra, o "obstáculo" não se mostrava diretamente como resultado da pressão, mas eu sempre podia evidenciá-lo reconduzindo a paciente ao momento em que ele havia surgido. O procedimento da pressão nunca deixava de trazer de volta esse momento. Com a descoberta e a revelação do obstáculo, a primeira dificuldade estava afastada, mas outra maior persistia. Ela consistia em mover a doente a falar, quando aparentemente estavam em causa relações pessoais e a terceira pessoa coincidia com a do médico. No princípio, fiquei irritado com esse aumento do meu trabalho psíquico, até perceber que todo o processo seguia uma lei e então me dei conta de que tal transferência não acarretava nenhum trabalho adicional considerável. Para a paciente, o trabalho permanecia o mesmo: superar o afeto penoso despertado por ter podido acalentar semelhante desejo durante um momento; e parecia indiferente, no tocante ao êxito, que ela fizesse dessa repulsa psíquica o tema do seu trabalho no caso histórico ou no caso recente, comigo. Aos poucos, os pacientes também vinham a compreender que nessas transferências para a pessoa do médico há uma compulsão e um engano que se esvaem com o término da análise. Mas creio que, se tivesse deixado de lhes explicar a natureza do "obstáculo", eu lhes teria simplesmente substituído um sintoma desenvolvido espontaneamente por um novo sintoma histérico, ainda que mais brando.

Já são suficientes, creio, essas indicações sobre a realização de tais análises e as observações que nelas foram feitas. Elas talvez façam algumas coisas parecerem mais complicadas do que são; muitas se explicam por si mesmas, quando nos encontramos em meio a um trabalho

IV. A PSICOTERAPIA DA HISTERIA

desses. Não enumerei as dificuldades do trabalho para despertar a impressão de que, com tais exigências ao médico e ao doente, apenas em raríssimos casos vale a pena empreender uma análise catártica. É a suposição contrária que influi na minha atividade médica. — Mas certamente não posso formular as indicações mais precisas para o emprego do método terapêutico aqui descrito sem entrar na apreciação do tema mais significativo e abrangente da terapia das neuroses. Muitas vezes comparei a psicoterapia catártica com intervenções cirúrgicas, designei meus tratamentos como *operações psicoterapêuticas*, fazendo analogias com a abertura de uma cavidade repleta de pus, a raspagem de um ponto afetado por cárie etc. Uma analogia dessas tem sua justificação não tanto na remoção do patológico como no estabelecimento de melhores condições para que o processo tome o rumo da cura.

Repetidas vezes, quando lhes prometia ajuda ou alívio pelo tratamento catártico, tive de ouvir de meus doentes a objeção: "Você mesmo diz que meus padecimentos se ligam provavelmente a minhas circunstâncias e vicissitudes: nisso você nada pode mudar; de que maneira, então, quer me ajudar?". A isso eu pude responder: "De fato, não duvido que seria mais fácil para o destino do que para mim eliminar seu sofrimento: mas você se convencerá de que muito se ganha se conseguimos transformar sua miséria histérica em infelicidade comum. Desta última você poderá se defender melhor com uma vida psíquica restabelecida".

ÍNDICE REMISSIVO

AS INDICAÇÕES *NA* E *NT* DESIGNAM
AS NOTAS DO AUTOR E DO TRADUTOR,
RESPECTIVAMENTE.

ÍNDICE REMISSIVO

Abbazia, 78, 91, 99-100
ab-reação, 27, 29NT, 30, 35, 128, 149, 214, 227-9, 233, 235-6, 245, 360
abstinência sexual, 99NA, 131, 365
abulia(s), 129, 131-3
ácido úrico, 121
adolescente(s), 193, 297, 340, 347, 386
afeto(s), afetiva(s), afetivo(s), 20, 22-3, 25-32, 35, 38, 49, 56, 65, 68-70, 72, 97NA, 128-9, 132-4, 142, 149-50, 156, 167-8, 170NA, 177-8, 185, 194, 196, 211, 233-4, 236, 238-9, 248-51, 259, 266-7, 272, 282-96, 299-312, 317-8, 331-2, 335NA, 336-7, 348-9, 351-3, 356, 359, 378, 380, 392-3, 395, 397-8, 400, 417, 425-6
agitação, 76, 84, 86, 107NA, 118, 121, 134, 139NA, 148NA, 149, 278, 281-3, 285, 328, 331, 334
agorafobia, 163NA
agressivo, instinto, 284, 350
água, ingestão de, 59, 120-4, 253, 283
aguda, histeria, 28, 36, 38, 333-5, 354, 370-1, 407
álcool, ingestão de, 282
alegria, 40, 44, 111, 202, 285, 302, 319
Alemanha, 77, 101, 116
alimentação, alimento(s), 20, 40, 42, 48, 50, 57, 121, 251, 282-3
alucinação, alucinações, 20-1, 23, 34, 41, 45, 48-9, 52, 54-5, 57, 62, 64-7, 73, 77, 80, 97NA, 110-1, 128, 142, 156, 160, 190, 255, 260NA, 266-9, 271, 295, 303NA, 306, 328, 334, 336, 340, 356
amaurose, 147NA
ambliopia, 60
amnésia, 31, 38, 46, 68-9, 79, 93NA, 254NT, 303, 305-6, 311, 332, 359
amor, amorosa, 40-1, 152, 206, 210, 223, 226, 232, 237-8, 240, 331, 353, 366, 383, 423
analgesia, 147NA, 155, 269, 344
analogia(s), 22, 266, 271, 281, 296, 305, 318NA, 326, 371, 427
Andersen, 51
anestesia(s), 20-1, 24, 43, 47, 60, 64, 69, 108, 128, 269, 364, 367-8
angina, 92, 299
angústia, 21-2, 43-4, 46, 48-50, 52, 56, 64-6, 68, 70, 77, 95, 99NA, 100, 102NA, 104NA, 111, 117, 121-2, 129, 131, 133, 163NA, 181-3, 189, 191, 193, 196NA, 285-7, 298, 305, 307-10, 320, 332, 345, 349, 351-2, 363-5, 367, 384; *ver também* medo
animal, animais, 24NA, 54, 59, 64, 67, 80-3, 87, 95, 96NA, 97, 110-2, 117, 129, 146, 278, 280, 283-4
Anna O. (paciente), 40, 42, 47-8, 51, 59, 64, 67-8, 72-3, 294,

ÍNDICE REMISSIVO

298, 303, 307-8, 310, 330, 332, 335-6, 344, 355, 365, 371, 401, 404
anorexia, 20, 132-3, 300
ansiedade, 318
Antiguidade, 298NT
Apolo, 298NT
Archives de Neurologie, 133NA
artístico, artística, 246, 259
asco, 77, 122, 132, 298, 300
astasia-abasia, 217, 219, 239, 252
astigmatismo, 97NA
ataque(s) histérico(s), 19-20, 33, 35-6, 107NA, 138NA, 140-2, 156, 165NA, 182, 198, 247, 290, 301, 306, 311, 323, 354
atividade psíquica, 285, 313, 319, 321-5, 327-8, 330, 332, 334, 337, 397
audição, 60
aura histérica, 182, 258
Áustria, 203
autoconsciência, 323-4
auto-hipnose(s), 24, 29, 52, 69, 72, 305-11, 332, 334, 352-3; *ver também* hipnose, hipnótico(s), hipnótica(s)
Automatisme psychologique, L' (Janet), 24NA
autossugestão, 258, 264, 345, 352; *ver também* sugestão, sugestionabilidade
avó, 258, 385-6
avô, 167, 172

babás, 244
bacilo de Koch, 265
Báltico, 77, 95, 115

banho(s), 78-80, 86-7, 103NA, 111, 113, 204-5, 218, 224, 226, 241
bebê, 35
beijo(s), 174, 178, 424
bem-estar, 115, 120, 124, 176, 255, 328, 418
Benedikt, 25NA, 297NA
Bernheim, 102, 115, 148, 158, 160
Bertrand de Born, 338
Bewegungsempfindungen (Mach), 298NA
Binet, 24NA, 31, 269, 322, 324, 355
Bismark, 286
boca, 48, 54, 80, 82, 102NA, 126, 135, 138NA, 145, 174, 244NA, 256, 300, 385
Breuer, 16, 40, 84, 86, 99, 115-6, 119, 152, 255, 260NA, 261, 365, 371, 400, 404

Cabanis, 277NA
Cäcilie M. (paciente), 105NA, 114NA, 152, 162, 252-4, 257-59, 260NA, 328
cãibra(s), 81, 106, 113, 115, 124, 141, 143
cardíaca, atividade, 266, 288
casamento, 78, 96, 124, 151, 154NA, 201, 203, 205, 209, 223, 350, 385
"caso de cura hipnótica, Um" (Freud), 136NT
castigo, 122, 132
catalepsia, cataléptica, 34, 158
catarro nasal, 156
catarse, catártico, catártica(s),

ÍNDICE REMISSIVO

15, 17, 26, 29NT, 112NA, 138, 149, 154NA, 158-9, 199, 361, 367-71, 374-5, 391, 398-400, 402, 422, 427
cavalo(s), 89, 109, 110, 406
células corticais, 273
censura, 99, 106, 203, 378, 390, 396
cérebro, 74, 93, 147, 225, 258, 262, 273-8, 280, 283, 289, 292, 317, 323
Charcot, 33, 36, 38, 69, 114NA, 139NA, 193, 301, 336, 365
choro, 26, 286
ciência, 263
circulação, aparelho circulatório, 288
cisão da consciência, 31, 104NA, 178, 193, 239, 241, 319, 324, 327
cisão psíquica, 270, 305, 307, 311, 314, 319, 321, 324, 327, 330, 333-5, 338, 340, 355-6
coação, 94NA, 127, 179, 379
coitus interruptus, 350
cólera, 48, 285-7, 291, 304, 351
condition seconde, 36, 54, 56, 58, 63, 69-71, 75
confissão, 26, 118, 140, 189, 200, 207, 213, 298, 300, 397
conflito(s), 168, 172, 211, 236-7, 241, 244, 256, 297-8
confusão alucinatória, 142, 354
consciência, 15, 20NT, 25, 27, 30-1, 35, 37-8, 44, 54, 56, 68, 71-2, 74-5, 77NA, 84, 88NA, 93, 95NA, 101, 102NA, 104NA, 114NA, 129, 133, 136, 141, 143, 145, 153, 159-60, 162, 163NA, 169, 170NA, 177-9, 185, 192, 199, 208, 226, 236, 238, 240, 249, 251, 255, 273, 284-5, 290, 295, 297-8, 302-4, 313-9, 321-2, 324-7, 331-2, 334-6, 338, 345, 348, 350, 353-5, 359, 376, 378, 382, 401, 405, 408, 415, 419, 421, 423-4
conscientes, atos e processos, 44, 102NA, 273, 308, 311, 314-5, 317, 323, 332, 377, 380, 405
contrações, 76, 107, 113, 272, 286, 290
contravontade histérica, 21, 89NA
conversão, 128-9, 135, 141, 168-9, 177, 179, 189, 193, 211-2, 217, 225, 236-7, 239-43, 248-52, 256, 258, 287, 292-3, 296, 301-2, 305-6, 308, 310-1, 317, 352, 356, 379, 390, 400, 416
convulsão, convulsões, 20, 22, 34, 81, 130, 140NA, 290, 346
coração, 166, 174, 204, 224, 230, 258-9, 268, 289, 327
cordas vocais, 243
corrente galvânica, 274
criança(s), 21, 29, 89, 92-3, 96, 116, 122, 132, 157, 166, 167, 169-70, 173-5, 178-9, 186, 192, 204, 206, 244, 354, 383, 386; *ver também* infância, infantil, infantis
culpa, 345
cultura, cultural, 76, 83, 144, 152, 291NA
cura, 24NA, 53, 72, 75, 89NA, 93,

ÍNDICE REMISSIVO

149, 180, 199, 205, 207, 246, 331, 360, 370, 375, 427

Darwin, 135, 260
defesa, 14, 177, 187, 211, 225, 239-40, 256, 302, 305, 333, 371, 378, 391, 393, 395, 397, 400-2
degenerescência psíquica, 364
deglutição, 299
Delbœuf, 24, 148
delírio histérico, 77NA, 113NA, 114, 306
delírio(s), 29, 33, 80, 87, 95, 107, 110, 128, 141-3, 254, 354, 356
dementia praecox, 140NA
demônio, 100, 356
dente(s), 87, 118, 122, 139, 253, 256, 286-7, 295
depressão, 74, 129, 136, 155, 171
desejo(s), 66, 77NA, 94, 116, 127, 171, 202, 218, 224, 228, 424-6
desmaio(s), 81, 147NA, 183NA, 319
desprazer, 169, 278-9, 317
determinação por simbolismo, 295
Deus, 100, 390
devaneio(s), 32, 41, 68, 226, 307-10, 331-2, 353
diagnóstico(s), 34, 196, 231, 250, 253, 334, 347, 361-4, 376, 389, 395
digestão, 288
dinheiro, 228, 252
dispneia, 282-3
dissociação, 31-2, 68, 321-2, 356

doença(s), doente(s), 14, 19, 21-3, 24NA, 26NT, 27-31, 34, 36, 40-4, 46, 49-52, 54-5, 57-8, 60-2, 64, 66-78, 83, 85, 87, 88NA, 90, 92-4, 97NA, 98, 102NA, 106, 107NA, 112NA, 113NA, 114-6, 118, 120, 123-4, 127-8, 131-2, 134, 136, 139NA, 140-1, 146, 147NA, 148NA, 149-50, 153, 154NA, 156-63, 166-7, 175-7, 181, 183NA, 192, 194, 196-200, 202, 204-16, 218-20, 222-4, 227, 230-4, 235NA, 236-42, 244NA, 247, 249, 251-5, 257, 268-71, 289-90, 294, 300, 307-13, 317-20, 323-9, 331-8, 344-7, 350NA, 351, 353, 355-6, 359-60, 362-3, 370-84, 388, 391-3, 395-9, 403, 409-12, 414, 416-7, 419, 421-3, 425-7
dor física, 197, 212, 251
dor psíquica, 22, 25, 239, 250, 285, 297, 313, 378
dores, 78-9, 82, 84, 86-7, 91, 93, 96-8, 102, 106, 108-10, 113, 115, 117, 121-2, 134-5, 147NA, 194-7, 199, 202, 204, 206-8, 211, 213, 216-8, 221-3, 225-6, 229-30, 237-8, 242, 250, 252, 254-7, 268, 299, 342, 363, 415, 423
double conscience, 31, 68, 321, 325, 335NA

ecmnésia, 254NT
educação, 78, 135, 139NA, 153, 171, 175, 297

ÍNDICE REMISSIVO

ejaculatio praecox, 350
elaboração, 30, 104, 169, 189, 193, 284, 301, 408
eletricidade/ sistema elétrico (em analogia à excitação nervosa), 287
Elisabeth von R. (paciente), 138NT, 194, 199-208, 210, 217, 219, 221, 224-5, 228-31, 236, 241, 249-50, 252, 257, 366
Emmy von N. (paciente), 75, 80NA, 91, 93NA, 97NA, 103NA, 107NA, 111, 114, 119-21, 124, 126-8, 133, 135, 140-1, 143, 145, 148-50, 152-3, 154NA, 249, 365, 399, 405
emoção, emoções, emocional, 43, 46, 135, 148NA, 149, 233, 255, 260, 278, 287, 289, 292-4, 304, 311, 328, 346, 348, 389
enamoramento, 284
energia psíquica, 68, 338-9
enxaqueca, 81NA, 107NA, 141
epilepsia(s), 20, 138NA
eretismo dos vasomotores, 266, 268
Eros, 350
erotismo, erótico(s), erótica(s), 118, 131, 192, 211, 236-7, 241-2, 350, 400, 423
esgotamento psíquico, 151, 153-4
espasmo(s), 23, 66, 71, 82, 255, 298
espirro, reflexo do, 292
estado(s) hipnoide(s), 31-2, 35-6, 38, 185, 304-5, 307-8, 310, 332-5, 352-3, 355-6, 401; *ver também* hipnose, hipnótico(s), hipnótica(s)
estigmas psíquicos, 131, 153
estímulos sensoriais, 278, 280
estômago, 82, 84, 96-8, 120-2
estrabismo, 41-3, 46, 60, 66, 294
etmoide, osso, 155, 172
Eu, 73, 136, 153, 169, 177-8, 180, 185, 192, 239, 241, 245, 323-4, 370-1, 378-9, 391, 401, 403, 407-8, 419-20
excitação, excitações, 37, 77, 88-9, 91, 128-9, 138, 141, 150-1, 168-9, 177-8, 197-8, 207, 212, 225, 227, 241, 243, 244NA, 245-6, 251, 256, 262, 267-8, 271-302, 305-6, 308-9, 317, 337-8, 341-3, 345-9, 351-2, 375, 383, 390-400
Exner, 274, 276, 342

fadiga, 155, 195, 285, 308
"falsa conexão", 106, 424-5
família(s), 40-1, 63, 77, 86, 123-5, 130, 138NA, 143-4, 150, 171, 188, 194, 201-6, 209, 218, 228-30, 232, 244NA, 245, 257, 299, 340, 383
fantasia(s), 40, 52, 55-6, 58, 68, 73, 308
faringe, 245, 259
Fat and Blood: an essay on the treatment of certain forms of neurasthenia and hysteria (Weir-Mitchell), 375NT
Fausto (Goethe), 129NT, 199NT, 272NT, 324NT

ÍNDICE REMISSIVO

felicidade, 114NA, 202-3, 206, 210-1, 218, 224, 297
feminino(s), feminina, 32, 203, 232, 396; *ver também* mulher(es)
fenômenos histéricos, 14, 18, 27, 29-30, 33, 38, 59, 69, 72, 74, 105NA, 193, 263, 265, 270, 296, 299, 307, 311, 313, 317, 320-1, 325, 334, 351-4, 356, 366
filho(s), filha(s), 77, 80, 83, 91, 96, 99-101, 102NA, 108-9, 115, 117-20, 124, 126, 136, 140, 151, 153, 154NA, 155NA, 170NA, 171, 180, 187, 194NA, 201, 204, 208-9, 214, 244, 299
fisiologia, fisiológicos, fisiológicas, 266, 282, 284, 357
fleumático, sanguíneo, temperamento, 329, 339
fobia(s), 129-32, 363, 365, 386
fome, 121, 123, 282-3, 304
fórmula protetora, 77NA, 87-8, 135, 140
Frankfurter Zeitung, 80
Freud, 17, 75, 155, 292, 298-300, 302, 305, 333, 351, 358
fuga, 286
funções psíquicas, 281, 324

gagueira, 83, 88-9, 94, 109, 112NA, 117, 135, 137, 141-2
garganta, 181-2, 243, 259
Gastein, 205, 218, 223, 225
gastrite, 123
"Gegenwärtige Auffassung der Hysterie" (Möbius), 354NA

genital, 269, 344
glândulas sexuais, 283-4, 341
glote, 66, 71, 298
Goethe, 129NT, 199NT, 272NT, 293, 324NT
gravidez, grávida, 205, 223, 256

Hatto, bispo, 110
Hecker, 363
hemianestesia, 22, 269, 333
hidropático, tratamento, 171
hiperalgesia, 195, 198, 342
hiperestesia, 280, 363
hipnoide, histeria, 241, 401-2
hipnose, hipnótico(s), hipnótica(s), 19, 28-9, 31-2, 34-5, 38, 49-50, 52-5, 57-61, 63, 65, 69, 71-5, 79-81, 83-4, 86-9, 91-2, 94, 98, 100-1, 102NA, 108-9, 111, 113NA, 114, 116-9, 121-3, 125-7, 131, 133, 138, 139NA, 141, 144-6, 147NA, 148NA, 149, 151, 154NA, 158-9, 165, 183, 192, 200, 208, 215, 235NA, 236NA, 244, 247, 254-5, 269, 300, 303-7, 309-10, 317-8, 320, 325, 328, 336, 339, 353, 355, 359-60, 373-4, 376-7, 380, 385, 398-400
hipnotizável, hipnotizáveis, 209, 360, 376
hipocondria, hipocondríaco, 196NA, 345, 363
Hohe Tauern, 180
homem, homens, 21, 77, 91, 95, 101, 113, 117-8, 154NA, 170NA, 171, 184-5, 203-4, 206, 223-4, 237, 247, 297, 300, 315, 334,

ÍNDICE REMISSIVO

350, 424; *ver também* masculino, masculina
Horácio, 331NT
hospício(s), 85, 94-5
Hungria, 201
Hypnotismus und Suggestion (Benedikt), 297NA

Idade Média, 100
ideias obsessivas, 361-3, 386, 388, 394
ideogênicas, manifestações, 263-4, 312, 346-7, 353NA
ilusão, ilusões, 109, 142, 419
impulso(s), 40, 49, 71, 151, 239, 247, 278-9, 282, 291NA, 292, 298, 315-6, 385
inconsciente, 0, 17, 73, 113NA, 114NA, 178, 202, 319, 324, 336-7, 339, 399, 411, 421-2, 424
inconscientes, atos e processos, 303NA, 313-4, 316, 318, 321-3, 325, 334, 336-7, 349, 412, 421
incubação da histeria, 41, 58, 64, 189, 193, 301, 310, 335NA, 370
inervação somática, 400
infância, infantil, infantis, 20-1, 64, 68, 74, 81-2, 96NA, 130, 139NA, 171, 247, 300, 337, 385, 387, 396; *ver também* criança(s)
infantilismo, 17
inibição, inibições, inibido, inibidas, 46, 68, 73, 119, 125, 129, 131, 137, 286, 296-7, 304NA, 308-9, 315

instinto(s), 47, 151, 279, 282, 284, 291NA, 350
"insuficiência psíquica", 152
inteligência, 32, 40, 76, 114NA, 152, 245, 373, 382, 386, 403, 410
intracerebral, excitação, 272, 274-5, 277-80, 287-9, 293, 308-9
investimento(s), 133, 219NT
irmão(s), irmã(s), 21, 61, 81, 83, 87, 90, 98, 103NA, 107, 108NA, 111, 123-4, 130, 132, 139NA, 194, 201, 203, 205, 214-8, 223-7, 229-30, 232, 237, 240-1, 246, 319-20, 384, 387-8, 396
irracional, 71, 271, 291NA, 306, 335
irradiações, 268

Janet, J., 31
Janet, P., 24NA, 31, 136, 153, 269, 322, 324-7, 329-30, 336, 338, 340, 355
jogos de palavras, 295
jovens, 183, 350, 364, 386

Karplus, 301NA
Katharina (paciente), 180, 185, 192-3, 366

lactentes, 289
lágrimas, 25, 66, 234, 266, 300, 313, 384
Lange, 285
laringe, 245
Leçons cliniques sur l'hystérie et l'hypnotisme (Pitres), 254NT

lembrança(s), 19, 23, 25-31, 33-7, 58, 60, 62-3, 73, 79, 81, 82NA, 83, 85-6, 89-93, 97, 102NA, 107NA, 110, 112NA, 122, 127, 132, 134, 137-8, 142-3, 145, 156-62, 164NA, 168, 170NA, 171-5, 179, 188-9, 191-2, 200, 209, 211-6, 222, 225, 238, 243, 248, 268, 290-2, 294-5, 297, 301-2, 303NA, 310-3, 315, 317, 319, 324, 328, 333, 336-7, 339, 359, 376-9, 381-2, 384, 387, 393-4, 396, 403-5, 408-9, 413-7, 419, 421-2, 424; *ver também* memória; recordação, recordações

Liébeault, 158

Lilium martagon, 144NT

linguagem, 26, 45, 66, 68, 185, 249, 260, 262, 275, 281, 286, 323

Livônia, 75

Livro de imagens sem imagens (Andersen), 51

Lucy R. (paciente), 155, 157, 161, 165, 169, 175, 177, 179, 209, 365

Macbeth (Shakespeare), 349NA

Mach, 298NA

macropsia, 60, 66, 97NA

mãe, 21, 28, 57, 64, 77NA, 85, 90, 101, 102NA, 108NA, 115, 122, 124, 155NA, 157, 166-7, 170, 194, 201-6, 217, 223, 225, 228-30, 232, 235NA, 244, 246, 300, 386

manicômio(s), 85, 94, 101, 130

masculino, masculina, 152, 388; *ver também* homem, homens

masturbação, 297

material psíquico patogênico, 200, 403, 406-9, 416, 418, 420-1

Mathilde H. (paciente), 235NA

medicina, médico(s), 14, 48, 54, 58, 63, 65, 71, 75, 78, 84, 91-3, 103NA, 107NA, 113, 116, 119, 123, 125, 127, 147NA, 150, 152, 154NA, 155, 159, 180-1, 183, 196, 205, 207-8, 233, 244NA, 253, 257, 260NA, 299, 301NA, 318, 328, 340, 345, 350NA, 368-70, 373, 379, 386, 397-9, 408, 411, 416, 418, 422-4, 426-7

médium de hospital, 146NT

medo, 83, 91, 94, 96NA, 98-9, 110, 112, 114NA, 129-30, 146, 163NA, 182, 184, 191, 257, 345, 349NA, 363; *ver também* angústia

Mefistófeles, 129

melancolia, melancólicos, 101, 235NA, 321

memória, 28, 30, 35, 82, 93NA, 101, 105NA, 125, 128, 142-3, 148, 159, 162-3, 174, 181, 203, 254NT, 267NA, 268, 291, 376, 403; *ver também* lembrança(s); recordação, recordações; reminiscência(s)

menina(s), 64, 78, 102NA, 115, 120, 130, 139NA, 147NA, 166, 183NA, 201-2, 341, 349-50, 386

menino(s), 80, 184, 299-300, 396
menstruação, 88, 102, 139NA, 165NA, 319
metáfora(s), 322-3
método breueriano, 360-2, 374
método catártico, 15, 112NA, 149, 158-9, 361, 367-71, 374, 398, 402
Meynert, 267NA
Midas, 298
miopia, 97NA
Möbius, 264-6, 270, 304-5, 311, 346, 353NA, 354-5
Moebius, 25NA
Monatsschrift für Geburtshilfe und Gynäkologie, 354NA
moral, morais, 22, 55, 73, 152, 178, 189, 226-7, 232, 236-8, 297-8, 346, 349, 351, 390
morte, 42, 48-9, 52, 78, 83, 89-90, 92, 96, 98-9, 115, 133, 148NA, 150, 163NA, 167, 202-5, 210, 229, 233-4, 237, 242, 273, 368, 383
mulher(es), 29, 81NA, 84, 99NA, 101, 107NA, 108, 114NA, 125, 135, 143, 145, 150-2, 163NA, 171, 174, 192, 194, 202-6, 209, 217, 223-5, 228-9, 233, 236, 240, 244, 246, 258, 266, 289, 295, 297, 311, 315, 319, 329, 331, 334, 345, 349NA, 350, 354, 385-6, 388, 399, 422; *ver também* feminino(s), feminina
músculos, musculatura, 41, 43, 72, 76, 107, 109, 134, 137, 195, 197-8, 243, 250, 278, 286, 290, 320, 324

mutismo, 45

narcótico(s), narcose, 21, 53, 253, 283
nariz, 47, 155, 157, 168, 172, 176, 268
nervos, 109, 181, 268, 343
nervosismo, 40, 120, 266, 288, 290
neurastenia, neurastênico, neurastênica(s), 127, 196-7, 212, 251NA, 362-4, 366-7
Neurologisches Zentralblatt, 14NA, 18NA, 104NA, 211NA, 302, 351NA
"Neuropsicoses de defesa, As" (Freud), 211NA, 302
neurose(s), neurótico(s), neurótica(s), 20, 22, 31-2, 38, 69, 99NA, 127, 129, 131, 134, 136, 138NA, 140NA, 141, 163NA, 176-7, 180-1, 183NA, 194, 196NA, 198, 232, 235NA, 240, 250, 269, 271, 284, 296, 321, 333, 343, 350-1, 360-70, 374-5, 384, 404, 412, 419, 427
nevralgia(s), 20, 22-3, 60, 108NA, 253-6, 267-8, 295, 328
noiva de Messina, A (Schiller), 291NT
noxas sexuais, 350
núpcias, noite de, 350

obsessiva, neurose, 362, 364
ocultismo, 391
Odes (Horácio), 331NT
ódio, 97, 244

ÍNDICE REMISSIVO

odor(es), 156-7, 166, 168, 172-3, 176-7
olfato, 155-6, 173
oníricos, estados, 295; *ver também* sonho(s)
operações psicoterapêuticas, 427
opistótono, 290
Oppenheim, 270NA, 287, 343NA, 348
oral, expressão, 54, 416
órgãos vitais, 288
orgasmo, 284, 353
ovarialgia, 102NA, 128, 269, 320, 334, 343
oxigênio, 282

paciente(s), 14, 31, 42-3, 50-1, 55, 57-9, 61-6, 69-75, 89NA, 102NA, 108NA, 115, 119, 131, 139NA, 143, 147NA, 148NA, 149, 151, 155, 158, 160-2, 165NA, 169, 178-9, 181, 194, 196, 202, 207, 223, 235NA, 242-3, 246, 254, 257, 259, 319-20, 345, 365, 369, 375-8, 380, 382, 385-6, 391, 393-400, 402, 405, 408-11, 413-8, 420-6
pai, 42, 46, 48-50, 52, 56, 58, 60-2, 64, 66-7, 69, 120-1, 139NA, 147NA, 163, 167, 174, 184, 194, 201-4, 209-11, 213-6, 232, 236, 241, 244, 250, 299
pais, 40, 87, 183NA, 201, 341, 386
paixão, 227
parafasia, 41, 46, 68
paralisia(s), 20, 24, 38, 41, 64, 68-9, 72, 93, 98, 106, 132-3, 220, 235NA, 264, 271, 306, 315, 399
paranoia, 124
paresia(s), 21, 41, 43, 54, 60, 69, 72, 345
paroxismo histérico, 141, 369
pavor, 22, 27, 29, 52, 62, 69, 77, 80, 83-4, 87, 95, 109, 111, 118, 123, 126, 135, 137, 183, 190, 216, 285-7, 294, 299, 301, 304, 310, 319, 333, 351-2
pênis, 300
pensamento(s), 29, 32, 36, 41, 60, 73-4, 77NA, 87, 95NA, 109, 113NA, 114NA, 115-6, 120, 128, 139NA, 164NA, 171, 197, 205-6, 218-21, 223-5, 235NA, 237-8, 240, 242-3, 248, 254, 256, 258-9, 260NA, 263, 284, 297, 302-3, 306-7, 309, 315-6, 318-9, 321-3, 326-8, 330-3, 335-9, 355-6, 378, 380-3, 388, 391, 393-4, 404, 407, 411-2, 415-7, 420-3
percepções sensoriais, 168, 325
peritonite, 320, 334
personalidade, 68, 74-5, 100, 128, 244, 297, 325, 356, 397, 403, 419
perversão, perversa(s), 343, 349, 350, 364
pincelamento elétrico, 253
pincelamento farádico, 109
Pitres, 254
predisposição histérica, 153, 252, 327, 340, 346-8, 352
pressentimento(s), 113NA, 114NA, 193, 227, 418

princípio de constância, 279NT
psicologia, 262, 284
psicose histérica, 28, 73, 105NA, 370
psicose(s), 28, 32, 40-1, 73-5, 105, 124, 142, 231, 354, 370-1
psicoterapia, 37, 149, 159, 358, 362, 375, 408, 427
psique, 52, 55-6, 152, 207, 265, 270, 299, 305, 307, 314, 319, 321, 323-4, 326-7, 329, 331-4, 337-9, 341, 344, 355; *ver também* vida psíquica
psiquiatria, psiquiatras, 129, 285
puberdade, 283, 289, 341, 347, 349
pulmões, 123

raiva, 26, 191, 286
rancor, 133
rato(s), 80, 95, 109-10, 129
recordação, recordações, 28, 160, 201, 224, 248, 291NA, 292, 377, 424; *ver também* lembranças; memória
reflexo anormal, 292-4, 302
reflexos psíquicos, 291-2, 296
reminiscência(s), 25, 86, 93, 100-1, 105NA, 106, 111, 114, 117, 120, 177-8, 189, 216, 224, 227, 236, 313, 384-5, 388, 395-6, 400, 410, 414-5, 420, 422-3
repouso, 42, 107NA, 195, 274-5, 278-9, 280, 282, 341, 345, 375
repressão, 15, 151, 164NA, 169, 178, 334, 378, 400
resfriado, 204, 382

resistência(s), 43, 69, 79, 112, 116, 145, 147, 158, 171, 199, 222, 226, 238, 288-9, 294, 304, 339-40, 342, 347, 371-2, 377-9, 383, 387, 391-403, 405, 408-11, 413-4, 416, 422-5
restos mnêmicos, 417
retenção, histeria de, 233, 245, 299, 401-2
reumatismo, 108, 198, 247
Revista de Hipnotismo, 136
rinite, 155, 157
riso(s), 84, 258, 319
Roma, 101, 144, 244NA
Romberg, 312
Rosalia H. (paciente), 243-4, 246, 248
Rügen, 99, 109-10, 130
Rússia, 101

S. Domingo, revolução em, 103NA, 133
sacrifício(s), 204, 209, 423
saliva, 266
sanatório, 78, 84, 116-7, 119, 144, 257, 387
sangue, 280, 349NA, 353NA
sanguíneo, temperamento, 339
São Petersburgo, 111
sapo(s), 85, 95, 101, 111, 125-6, 129-30
satisfação, 114NA, 229, 232, 279, 283, 350
saúde, 67, 78, 93NA, 114NA, 126, 130, 144, 154NA, 201, 205, 214, 229, 232, 235NA, 254, 300, 332
Schiller, 148NT, 291INT
sede, 58, 282-3

sedução, 194NA, 350
seios paranasais, 268
sensações, 155-7, 177, 181, 196, 209, 215, 219, 245, 258-9, 268, 278, 282, 297, 298NA, 308, 338, 341, 343, 345, 349, 415
sensual, 349, 385
sentimento(s), 43-4, 46, 49, 62, 65, 70, 98, 150, 151, 169-70, 175, 210, 219, 223, 227-8, 279, 297-8, 317, 324, 378, 384
ser humano, 26, 41, 291NA, 314
serpentes, 45, 64, 95, 129, 390
sexualidade, sexual, sexuais, 14-5, 32, 40, 131, 151, 183, 187, 191-4, 244, 283-4, 297, 300-1, 332, 341, 347, 349-51, 353, 362-6, 369, 384, 388
Shakespeare, 48, 349NA, 357
simbologia do inconsciente, 17
símbolos mnêmicos, 417
sintoma(s) histérico(s), 19-20, 22-3, 29, 33, 35-6, 38, 65, 72, 99NA, 112NA, 114, 128, 131-2, 137, 138NA, 141, 146, 147NA, 155-6, 179, 207-8, 225, 236, 240-1, 243, 245, 247-8, 250, 252, 255, 257-8, 263, 269, 296, 299-300, 307, 311-2, 328, 348, 355, 359-60, 363, 367-72, 377, 382, 387, 397, 403, 416-7, 424, 426
sistema nervoso, 69, 128, 270, 272, 277NA, 280, 283, 284, 288-9, 293NA, 308, 312, 341-2, 344, 347-8, 352-3, 371
"Sobre a justificação para separar da *neurasthenia*, como neurose de angústia, um determinado complexo de sintomas" (Freud), 351NA
"Sobre o mecanismo psíquico dos fenômenos histéricos" (Breuer & Freud), 14NA
sofrimento(s), 23-4, 26, 75, 105NA, 163NA, 199, 208, 214, 238, 244, 342, 345, 427
sonambulismo, sonâmbulo(s), 31, 38, 42, 52, 54, 75, 79, 87, 128, 143-5, 148, 157-62, 163NA, 165, 235NA, 333, 359, 377, 399-400
Sonho de uma noite de verão (Shakespeare), 357
sonho(s), 17, 22, 32, 63-4, 72, 91, 95, 104NA, 111, 142, 235NA, 271-3, 305, 339
sono, 34, 50, 53, 79, 94NA, 104NA, 116, 136, 159, 187-8, 232, 235NA, 268, 272-6, 278, 301, 308-10, 339
Strachey, 29NT, 133NT, 137NT, 279NT, 327NT
Strümpell, 25NA, 348NA
subconsciência, 322-3, 327, 333
subconsciente, 0, 324
subconscientes, ideias, 314-6, 319
sugestão, sugestionabilidade, 24NA, 38, 63, 70, 78, 80-2, 88, 91, 94, 95NA, 102NA, 115, 143, 145-7, 148NA, 149, 158, 264, 271, 320, 338-40, 352, 356, 359
superstição, supersticiosos, 114NA, 356
surdez, 61

ÍNDICE REMISSIVO

"*talking cure*", 53-4, 63, 67
telefônicas, linhas (em analogia ao funcionamento cerebral), 274
tempestades, medo de, 129-30
tensão nervosa, 275NA
teoria da histeria, 208, 303, 312, 325
"teoria do reflexo", 343, 356
terapeuta, 226, 379
terapia, 24NA, 34, 82, 93NA, 97NA, 103NA, 115, 134, 141, 158, 172, 179, 198, 253, 361, 367-71, 374, 385-6, 388, 391, 399, 407, 421, 427
ternura, 166-7, 169, 229, 386
Teseu, 357
"tétano intercelular", 274
Tíflis, 80
tique(s), 20-1, 76, 77NA, 83, 89NA, 97, 100, 109, 135, 137-8, 140, 346
tosse, 42, 66, 71, 298, 382
tranquilidade psíquica, 290-1
transferência, 116NT, 424-6
trauma(s), traumático(s), traumática(s), 14, 19-20, 22-3, 26-30, 32-6, 42, 46, 69, 82, 88, 105NA, 112NA, 128-30, 132-3, 137-8, 141-2, 149-51, 156-7, 168-9, 172, 174, 177-9, 187, 192-3, 207, 216, 226, 233, 241, 249, 255, 269, 296, 299-301, 310, 313, 328, 333, 343, 350-1, 369, 375, 388, 403-4
tremores, 60, 311
tristeza, 40, 318

tuberculose, 265
Türkenlilie, 144
typus hystericus, 327

"Über Astasie-Abasie" (Möbius), 304NA
Über den Begriff der Hysterie (Möbius), 264NA
Über Gemütsbewegungen (Lange), 285NA
Über Zwangsvorstellungen (Westphal), 361INT
Uhland, 338
urina, 121
útero, 115, 344, 351INT

vergonha, 22, 139NA, 271, 378
vida psíquica, 41, 168, 313, 355, 363, 417, 427; *ver também* psique
vida sexual, 192, 297, 369
Viena, 17, 38, 49, 64, 67, 78, 115, 117, 125, 127, 155, 225, 230, 246, 248
vigília, 32, 50, 65, 71, 79NA, 80NA, 83NA, 86-7, 94NA, 100, 109, 112-3, 118, 160, 165NA, 272-3, 275, 277-8, 301, 305-8, 310, 325, 354, 399
vingança, 26, 102NA, 291NA, 292
visão, 20, 22, 41, 43, 60, 63, 65, 73, 156, 189, 215, 223, 256, 264, 294-5, 304, 332, 344, 351, 394, 401, 403
vociferação, 286
vômito(s), 20-2, 189, 191, 298, 300, 317, 343, 415-6

Weir-Mitchell, 375
Westphal, 361

Zentralblatt für Nervenheilkunde,
   363NA
zona histerógena, 37, 198, 213, 251
zoopsia, 96NA

**SIGMUND FREUD,
OBRAS COMPLETAS
EM 20 VOLUMES**

COORDENAÇÃO DE PAULO CÉSAR DE SOUZA

1. TEXTOS PRÉ-PSICANALÍTICOS (1886-1899)
2. ESTUDOS SOBRE A HISTERIA (1893-1895)
3. PRIMEIROS ESCRITOS PSICANALÍTICOS (1893-1899)
4. A INTERPRETAÇÃO DOS SONHOS (1900)
5. PSICOPATOLOGIA DA VIDA COTIDIANA E SOBRE OS SONHOS (1901)
6. TRÊS ENSAIOS SOBRE A TEORIA DA SEXUALIDADE, ANÁLISE FRAGMENTÁRIA DE UMA HISTERIA ("O CASO DORA") E OUTROS TEXTOS (1901-1905)
7. O CHISTE E SUA RELAÇÃO COM O INCONSCIENTE (1905)
8. O DELÍRIO E OS SONHOS NA GRADIVA, ANÁLISE DA FOBIA DE UM GAROTO DE CINCO ANOS ("O PEQUENO HANS") E OUTROS TEXTOS (1906-1909)
9. OBSERVAÇÕES SOBRE UM CASO DE NEUROSE OBSESSIVA ("O HOMEM DOS RATOS"), UMA RECORDAÇÃO DE INFÂNCIA DE LEONARDO DA VINCI E OUTROS TEXTOS (1909-1910)
10. OBSERVAÇÕES PSICANALÍTICAS SOBRE UM CASO DE PARANOIA RELATADO EM AUTOBIOGRAFIA ("O CASO SCHREBER"), ARTIGOS SOBRE TÉCNICA E OUTROS TEXTOS (1911-1913)
11. TOTEM E TABU, HISTÓRIA DO MOVIMENTO PSICANALÍTICO E OUTROS TEXTOS (1913-1914)
12. INTRODUÇÃO AO NARCISISMO, ENSAIOS DE METAPSICOLOGIA E OUTROS TEXTOS (1914-1916)
13. CONFERÊNCIAS INTRODUTÓRIAS À PSICANÁLISE (1916-1917)
14. HISTÓRIA DE UMA NEUROSE INFANTIL ("O HOMEM DOS LOBOS"), ALÉM DO PRINCÍPIO DO PRAZER E OUTROS TEXTOS (1917-1920)
15. PSICOLOGIA DAS MASSAS E ANÁLISE DO EU E OUTROS TEXTOS (1920-1923)
16. O EU E O ID, ESTUDO AUTOBIOGRÁFICO E OUTROS TEXTOS (1923-1925)
17. INIBIÇÃO, SINTOMA E ANGÚSTIA, O FUTURO DE UMA ILUSÃO E OUTROS TEXTOS (1926-1929)
18. O MAL-ESTAR NA CIVILIZAÇÃO, NOVAS CONFERÊNCIAS INTRODUTÓRIAS E OUTROS TEXTOS (1930-1936)
19. MOISÉS E O MONOTEÍSMO, COMPÊNDIO DE PSICANÁLISE E OUTROS TEXTOS (1937-1939)
20. ÍNDICES E BIBLIOGRAFIA

PARA MAIS INFORMAÇÕES SOBRE OS VOLUMES PUBLICADOS, ACESSE:
www.companhiadasletras.com.br

ESTA OBRA FOI COMPOSTA
EM FOURNIER E CONDUIT
POR MARINA STRANNER
E IMPRESSA EM OFSETE PELA
GEOGRÁFICA SOBRE PAPEL
PÓLEN DA SUZANO S.A.
PARA A EDITORA SCHWARCZ
EM JUNHO DE 2024

A marca FSC® é a garantia de que a madeira utilizada na fabricação do papel deste livro provém de florestas que foram gerenciadas de maneira ambientalmente correta, socialmente justa e economicamente viável, além de outras fontes de origem controlada.